JN237653

豊富な事例でリスクに備える

最新 企業活動と倒産法務

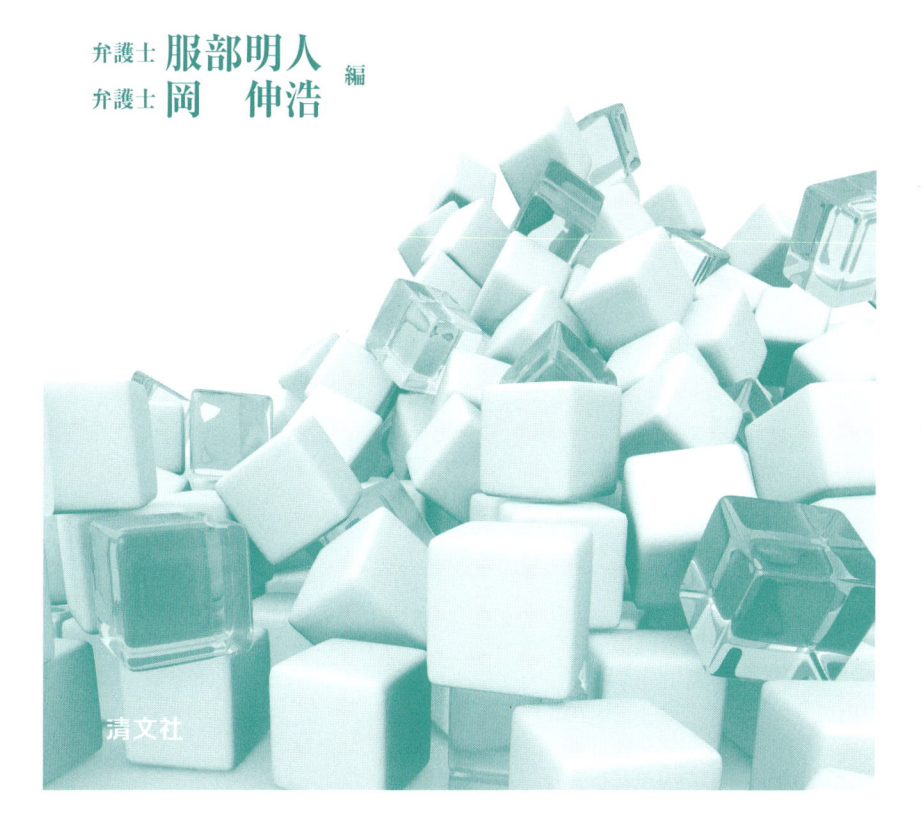

弁護士 服部明人 編
弁護士 岡　伸浩 編

清文社

はしがき

　企業活動に関するご相談を受ける機会に、倒産の局面にある相手方企業への対応に関連するご質問が少なくないように思います。

　再建型にせよ清算型にせよ倒産手続を担当する弁護士にとって職務上当然に知っておくべき知識についてはすでに優れた専門書が多数存在しております。そこでは体系的な倒産法解釈はもちろん、各論点について判例や学説をふまえた緻密な分析が展開されています。

　しかし、日々多様な業務に追われる企業の法務担当者の方にとって、このような法律専門書を一から紐解き、問題点の把握と正確な理解を重ねていくことは負担も大きく、効率的なアプローチにはつながりにくい面もあると思います。

　そこで、本書の企画・構成につきましては、問題設定と解説の両面でわかり易さと読者の方のピンポイントで知りたいというニーズにマッチする実務本を執筆することを強く意識いたしました。

　第1に倒産法実務に関し知りたいであろうテーマを企業の法務担当者の方の視点（学術的な関心の所在にこだわらない）にて収集し、可能な限り具体的な事例形式で問題設定を行うよう努めました。第2にその解説として、条文や制度の背景にある趣旨・目的や判例の考え方の紹介を優先し、論点ごとの諸見解の対立については原則として言及しないことを基本としました（その関係で本書は裁判例の引用は明示しておりますが、学説等の引用は最小限にとどめました）。また図表を使うことで全体的な把握を容易にしたり、視覚的なわかり易さを重視いたしました。

　本文中の「**ケース**」における設例は当該テーマ全般を説明するのに必要な事例を想定し、「**Q&A**」ではテーマを掘り下げるという目的でより突っ込んだ事例設定を行いました。「**担当者として留意すべき事項**」では、企

業実務上押さえておくべきノウハウを記述することにより当該テーマのご理解の一助になればと考えました。また関連する論点について法律問題をやや専門的に掘り下げる箇所として「COLUMN」というコーナーを設けました。

　本書は服部明人法律事務所と岡綜合法律事務所の弁護士を中心に執筆いたしました。もともと両事務所の独立前に服部と岡の所属していた各事務所が兄弟事務所の関係にあり、第一東京弁護士会総合法律研究所倒産法研究部会の執行部として両名が一緒に活動していた縁から本書の執筆に力を合わせることとなりました。

　平成24年に『会社分割と倒産法』を清文社から出版させていただいたことがあり、その際大変お世話になった清文社の東海林良氏から企業実務の現場で倒産法関連の問題に即応する書籍の企画ができないかというお話を今回頂戴し、本書出版の機会をいただきました。東海林良氏、折原容子氏には企画段階から校正に至るまで精力的なご支援を賜り誠にありがたく存じます。

　出版意図を反映しきれていない面もあるかとは存じますが、本書が少しでも企業の法務担当者の方のお役に立つことができればと心より願います。

平成26年7月　弁護士　服　部　明　人
　　　　　　　弁護士　岡　　　伸　浩

目次 CONTENTS

はしがき

第1章 倒産手続と債権管理

1 倒産手続における理念・原理・原則 …… 2
第1 倒産手続の目的 …… 2
1. 総説　2
2. 倒産手続の目的　3

第2 公平・平等の理念 …… 4
1. 債権者間の公平・平等　4
2. 債権者以外の利害関係人の公平・平等　5

第3 手続保障の理念 …… 5
1. 総説　5
2. 破産手続　6
3. 民事再生手続、会社更生手続　7

2 債権回収のための担保・保全 …… 8
1 担保 …… 8
第1 担保の意義 …… 8
第2 人的担保 …… 9
1. 人的担保の意義　9
2. 保証契約を締結する場合の留意点　10
3. 主たる債務者の倒産手続と保証人　14

第3　物的担保 …………………………………………………… 14
1. 担保権の種類　14
2. 各種担保権の意義　14
- **担当者として留意すべき事項**
  各種担保権の設定時の留意点　24

2 仮差押え・仮処分 ………………………………………… 25
第1　民事保全の意義 ………………………………………… 25
第2　仮差押え ………………………………………………… 25
1. 仮差押えの意義　25
2. 仮差押えの要件　26
3. 仮差押えの手続　27
4. 仮差押えの効力　29
5. 仮差押えの特徴　31
第3　仮処分 …………………………………………………… 32
1. 仮処分の意義　32
2. 占有移転禁止の仮処分　33
3. 処分禁止の仮処分　34
4. 断行の仮処分　36

3 債権者代位権 ……………………………………………… 38
第1　債権者代位権の意義 …………………………………… 38
1. 債権者代位権の意義　38
2. 債権者代位権の要件　39
3. 債権者代位権の行使方法と範囲　42
4. 債権者代位権の効果　43
5. 債権者代位権の転用事例　44

6. 債権者代位訴訟と倒産手続　45

４ 詐害行為取消権 ……………………………………………………………… 47
第1　詐害行為取消権の意義 ……………………………………………… 47
　　　1. 詐害行為取消権とは　48
　　　2. 詐害行為取消権の要件　48
　　　3. 詐害行為取消権の効果〜相対的無効説の意味　58
　・**担当者として留意すべき事項**
　　　事実上の優先弁済効と相殺禁止（破72）　59
　・**コラム**
　　　債務超過、支払不能、無資力の意義　52

3　債権回収と否認・相殺禁止の問題 …………………………… 60
１ 否認権 ………………………………………………………………………… 60
第1　否認権が行使されるとどのようなことになるか ……………… 60
第2　否認権について ………………………………………………………… 61
　　　1. 否認権の意義　61
　　　2. 詐害行為否認（破160）　62
　　　3. 相当対価否認（破161）　70
　　　4. 偏頗行為否認（破162）　74
第3　債権者として取るべき対応 ………………………………………… 81

２ 相殺の禁止 ………………………………………………………………… 83
第1　倒産した会社相手に相殺権を行使することが
　　　　許されるか ……………………………………………………………… 83
第2　相殺権について ………………………………………………………… 84
　　　1. 相殺権の意義　84
　　　2. 倒産手続における相殺権行使の要件　85

第3　相殺禁止 …………………………………………………… 91
　　1．倒産手続における相殺禁止の趣旨　91
　　2．受働債権の負担時期に関する相殺禁止　93
　　3．自働債権の取得時期に関する相殺禁止　95
第4　相殺禁止の例外 ………………………………………… 99
　　1．相殺禁止の例外（除外事由の内容と趣旨）　100
　　2．「前に生じた原因」（破71Ⅱ②等）の解釈　101
　・**担当者として留意すべき事項**
　　経営状況の悪化した取引先と取引する場合の留意点　66
　　経営状況の悪化した取引先から債務の弁済を受ける場合の留意点　79
　　銀行からの相殺を受けるリスク　103
　・**コラム**
　　否認権の一般的要件　69
　　代物弁済と否認　69
　　相当の対価を得てした財産の処分（破161）　73
　　詐害行為否認と偏頗行為否認の区別　78
　　同時交換行為の意義　80
　　対抗要件否認の法的性格　81
　　執行行為否認　82

4　債権者等の法的倒産手続への参加 ………………………… 105
第1　はじめに ……………………………………………… 105
第2　債権届出から配当・弁済まで〜債権届出を中心に〜 …… 105
　　1．弁済を受けるためのルールと債権届出の要否　106
　　2．倒産債権の届出　109
　　3．債権届出後の債権変動　113

　　　　4．債権届出から配当・弁済までの流れ　114
　第3　議決権行使 ……………………………………………………… 115
　　　　1．倒産債権者の議決権　115
　　　　2．議決権の行使方法　116
　　　　3．再建計画案可決要件　116
　第4　労働組合等への通知および意見聴取 …………………………… 116
　　　・担当者として留意すべき事項
　　　　　予備的届出　112

■ 第2章　債権者の立場からみた倒産事件

1　債権者の立場からみた場合の倒産手続 ……………… 120
❶ 法的整理 ……………………………………………………………… 120
　第1　法的整理の特徴 …………………………………………………… 120
　　　　1．倒産手続における倒産債権の取扱い　120
　　　　2．破産と再建型手続の異同　129
❷ 私的整理 ……………………………………………………………… 136
　第1　私的整理 …………………………………………………………… 136
　　　　1．私的整理の意義　136
　　　　2．法的整理と私的整理のメリット・デメリット　137
　第2　私的整理の手法 …………………………………………………… 140
　　　　1．事業再生ＡＤＲ　140
　　　　2．中小企業再生支援協議会の特徴　143
　　　　3．私的整理ガイドラインの特徴　145
　　　　4．特定調停　150

3 清算 ·· 152

第1 通常清算の特徴 ·· 152
1. 通常清算の意義 152
2. 通常清算の手続の概要 152

第2 特別清算の特徴 ·· 157
1. 特別清算の意義 157
2. 特別清算の特徴 158

・担当者として留意すべき事項

債権の申出① 156

債権の申出② 164

2 動産売買先取特権と倒産手続 ······················· 165

第1 事例 ·· 165
第2 解説 ·· 166
1. 動産売買先取特権とは 166
2. 動産売買先取特権の行使が効を奏するための要件等 168
3. 倒産手続においての動産売買先取特権 172
4. 転売代金債権に対しての物上代位権 177

・コラム

担保価値維持義務 174

・担当者として留意すべき事項

更生手続における債権届出 176

3 集合動産譲渡担保・集合債権譲渡担保 ·········· 180

第1 はじめに ··· 180
第2 集合動産譲渡担保権 ·· 180
1. 集合動産譲渡担保権とは 181

　　　　2. 集合動産譲渡担保権の成立要件　181

　　　　3. 対抗要件　182

　　　　4. 実行方法　183

　　　　5. 集合動産譲渡担保権の破産手続における取扱い　183

　　第3　集合債権譲渡担保権 …………………………………………… 185

　　　　1. 集合債権譲渡担保権とは　186

　　　　2. 集合債権譲渡担保権の成立要件　186

　　　　3. 対抗要件　187

　　　　4. 実行方法　188

　　　　5. 集合債権譲渡担保権の破産手続における取扱い　188

　　　・コラム

　　　　　再生手続における集合債権譲渡担保権の取扱い　190

4　リース債権と倒産手続 …………………………………………… 192

　　第1　はじめに …………………………………………………………… 192

　　　　1. リース契約の意義　192

　　　　2. リース契約の法的性質　193

　　第2　リース契約のユーザーが破産した場合 ………………………… 194

　　　　1. 破産手続開始時の未払リース料債権　194

　　　　2. リース会社による契約の解除　196

　　　　3. リース物件の取扱い　197

　　　　4. 不足額の確定　199

　　第3　リース会社が破産した場合 ……………………………………… 200

5　別除権協定への関与 …………………………………………… 201

　　第1　倒産手続と担保権 ………………………………………………… 201

　　　　1. 倒産手続と担保権　201

2. 会社更生手続　202

　　3. 破産手続　202

　　4. 民事再生手続　203

第2　別除権協定 ………………………………………………… 204

　　1. 別除権者協定の必要性　204

　　2. 別除権協定の意義　205

　　3. 別除権者が別除権協定に応じるメリット　208

　　4. 手続　209

第3　担保権実行手続中止命令 ………………………………… 209

　　1. 制度の内容　209

　　2. 手続　210

第4　担保権消滅許可制度 ……………………………………… 211

　　1. 制度の内容　211

　　2. 手続　211

　　3. 担保権消滅許可制度の利用される場面　212

6　商取引債権の保護 ……………………………………………… 216

第1　破産手続における商取引債権の保護 …………………… 216

　　1. 取引の相手方が別除権者である場合　216

　　2. 取引の相手方が破産債権者である場合　217

第2　再建型手続のもとでの商取引債権の保護 ……………… 220

　　1. 再建型手続のもとでの商取引債権の保護の必要性　220

　　2. 再生手続開始の申立て後、再生手続開始決定前の商取引債権の保護　221

　　3. 再生手続開始決定後の商取引債権の保護　223

　　・コラム

　　　民事再生法85条5項後段の少額性　225

・担当者として留意すべき事項
　　　民事再生法85条5項後段に基づく少額債権の弁済　226

7　情報開示 ……………………………………………………… 227
第1　はじめに ………………………………………………… 227
1. 倒産手続における情報開示の意義　227
2. 情報開示の限界　228
3. 情報開示要求の高まりとその背景　229
4. 情報開示の手段と方法　230

第2　債権者説明会および債権者集会 ………………………… 230
1. 破産手続　231
2. 民事再生・会社更生手続　232

第3　倒産事件記録の閲覧・謄写等 …………………………… 233
1. 倒産事件記録の閲覧・謄写等　233
2. 支障部分の閲覧等の制限（破12、民再17、会更12）　236

8　債権者委員会 ………………………………………………… 237
第1　はじめに ………………………………………………… 237
1. 債権者委員会の概要　237
2. 近時注目されている背景　237

第2　要件・権限等 …………………………………………… 238
1. 債権者委員会の承認要件（民再117、民再規52Ⅰ、
　 会更117Ⅰ・Ⅵ・Ⅶ、会更規30Ⅰ）　238
2. 債権者委員会の権限　240
3. 債権者委員会の活動費用の償還（民再117Ⅳ、会更117Ⅳ）　242

第3　債権者委員会の活用論と問題点 ………………………… 242
・コラム

再建型手続の手続構造と債権者委員会の権限　241

第3章　倒産手続と契約実務

1　倒産解除条項 ... 246
第1　倒産解除条項 ... 246
1. 倒産解除条項の意義　246
2. 会社更生手続　247
3. 民事再生手続　247
4. 破産手続　249

第2　違約金条項 ... 250
1. 違約金条項の意義　250
2. 賃貸借契約の場合　251
3. 請負契約の場合　254

2　主な契約類型別の対応 ... 256
❶ 売買と倒産手続 ... 256
第1　はじめに ... 256
第2　売買契約の処理 ... 257
1. 売主の引渡義務が履行済みで、買主の代金支払義務が未履行の場合　257
2. 売主の引渡義務が未履行で、買主の代金支払義務が履行済みの場合　257
3. 売主の引渡義務および買主の代金支払義務の双方が未履行の場合　257
4. 所有権留保売買　259

❷ 賃貸借 ··· 264
第1　賃借人の破産 ·· 264
　　1.　賃貸借契約の意義～双務契約　265
　　2.　双方未履行双務契約の解除権の意義　265
　　3.　賃料および賃料相当損害金の請求　266
　　4.　賃貸借契約と違約金条項　267
　　5.　原状回復請求権の意義　270
　　6.　破産手続開始決定前に賃貸借契約が終了していた場合　270
　　7.　破産手続開始決定時点で賃貸借契約が終了していない場合　271
第2　賃貸人の破産 ·· 273
　　1.　破産法56条1項について　273
　　2.　賃借人から破産管財人に対する賃料の寄託請求　274
　　3.　不動産の任意売却　275

❸ 倒産手続と請負契約 ··· 276
第1　はじめに ··· 276
第2　注文者が破産した場合 ·· 276
　　1.　債務の履行または契約の解除　276
　　2.　契約の解除を選択した場合　277
　　3.　債務の履行を選択した場合　278
　　4.　催告権　279
　　5.　商事留置権の行使　279
第3　請負人が破産した場合 ·· 280
　　1.　破産法53条に基づく債務の履行または契約の解除　281
　　2.　請負人の破産管財人が履行を選択した場合　281
　　3.　請負人の破産管財人が契約を解除した場合　282
　　4.　注文者の民法641条に基づく解除権　283

4 倒産手続と委任契約 ……………………………… 285
第1 はじめに ……………………………………………… 285
第2 委任者が破産した場合 ……………………………… 285
  1. 委任契約の終了　286
  2. 特約の有効性　287
  3. 受任者が委任者の破産の事実を知らない場合　287
  4. 株式会社が破産した場合　288
第3 受任者が破産した場合 ……………………………… 289
  1. 委任契約の終了　289
  2. 委任者が受任者の破産の事実を知らない場合　290

5 信託 …………………………………………………… 292
第1 信託の基本構造 ……………………………………… 292
  1. 信託とは　292
  2. 信託を利用した資金調達の仕組み　293
第2 委託者の倒産について ……………………………… 294
  1. 詐害信託の否認権等について　294
  2. コミングリングリスクについて　296
第3 信託法理の適用と分別管理義務（信託34）……… 297
  1. 信託法理の適用　297
  2. 分別管理義務の方法　298
  3. 設例の検討　299
第4 受託者の倒産について ……………………………… 300
  1. 会社更生手続開始に伴う受託者の地位　300
  2. 利益相反取引について　303

- **担当者として留意すべき事項**
    製品の納入を求められた場合　262

破産手続における契約解除の予告期間条項の効力　266
　・コラム
　　　破産手続開始決定前の合意解約の成立と原状回復請求権の法的性格
　　　　　　　　　　　　　　　　　　　　　　　　　　　　　　272

第4章　事業の再生と組織再編

1　会社分割と事業譲渡……………………………………………………306
第1　事　例……………………………………………………………306
第2　解　説……………………………………………………………307
　1．本稿の目的　307
　2．事業承継の手法　307
　3．会社分割と事業譲渡の異同　309
　4．会社分割と事業譲渡の手続の概要　312
　5．倒産法における会社分割と事業譲渡の取扱い　316

2　倒産手続における組織再編と雇用関係………………………320
第1　はじめに…………………………………………………………320
第2　再建型手続における組織再編が雇用関係に
　　　与える影響………………………………………………………322
　1．減増資と雇用関係　323
　2．会社分割と雇用関係　325
　3．事業譲渡と雇用関係　329
　4．小括　332
第3　再建型手続における組織再編と雇用関係への影響………332
　1．事業譲渡を選択する場合　333

2. 会社分割を選択する場合　333
   3. 減増資を選択する場合　335
   ・担当者として留意すべき事項
   　労働者の承継手法の選択　337

3　再建型手続におけるスポンサー選定 …… 338
第1　事業再建を図る上でスポンサー支援はなぜ必要か …… 338
   1. スポンサーの意義　338
   2. 自主再建スキームの問題点と限界　339
第2　債務免除を債権者に求める方法 …… 340
   1. 債務免除を求める手続と手続上の留意点　341
   2. スポンサーによる財務的支援の方法　343
第3　スポンサーの探し方と選定方法 …… 344
   1. ＦＡの起用　344
   2. スポンサー選定プロセス　345
第4　スポンサー選定の判断基準 …… 346
   ・コラム
   　スポンサー選定に関する情報開示　348

第5章　倒産手続と労働問題

1　労働条件の不利益変更 …… 350
第1　はじめに …… 350
第2　就業規則による労働条件の不利益変更 …… 350
   1. 就業規則による労働条件の不利益変更の判断枠組み　350
   2. 就業規則による不利益変更と再建型手続　356

第3　個別合意による労働条件の不利益変更 …………………… 356
1. 賃金や退職手当についての個別合意がある場合　356
2. 勤務地の限定についての個別合意がある場合　359

第4　労働協約による労働条件の不利益変更 …………………… 360
1. 労働協約による労働条件の不利益変更　360
2. 労働協約の不利益変更と再建型手続　362

第5　労働条件の規律と変更対象 ……………………………………… 364
- **担当者として留意すべき事項**
  就業規則の労働者への周知　355
- **コラム**
  再生債務者および管財人の使用者性　364

2　再建型手続と整理解雇 ……………………………………………………… 366
第1　事例 ……………………………………………………………………… 366
第2　解説 ……………………………………………………………………… 367
1. 整理解雇とは　367
2. 整理解雇法理とは　368
3. 再建型手続における整理解雇　376
- **担当者として留意すべき事項**
  人選基準の設定と事前提示　374
- **コラム**
  立証責任　369
  業績回復と人員削減の必要性　379

3　倒産手続における労働債権の取扱い …………………………… 381
第1　労働債権の特殊性 ……………………………………………………… 381
1. 労働債権とは　381

2. 倒産手続における取扱い（総論）　381
第2　各手続における労働債権の取扱い　……………………………………… 382
　　1. 破産手続　382
　　2. 民事再生手続　387
　　3. 会社更生手続　390
第3　賃金立替払い制度　………………………………………………………… 393

4　企業の倒産における退職手当と企業年金の取扱い …… 395
第1　企業の倒産における退職手当の取扱い …………………………… 395
　　1. はじめに　396
　　2. 民法上の退職手当債権の先取特権性　396
　　3. 各種倒産手続における退職手当の取扱い　396
第2　企業年金における年金一時金の取扱い ……………………………… 398
　　1. はじめに　399
　　2. 企業年金制度について　399
　　3. 「基金型」と「規約型」の企業年金の仕組み　400
　　4. 年金一時金給付の場合の法的性格　402
　　5. 設問の検討　402
第3　年金の掛金の倒産手続における影響 ……………………………… 404
　　1. はじめに　404
　　2. 厚生年金保険における「保険料」の取扱い　404
　　3. 確定給付企業年金における「標準掛金」「特別掛金」の取扱い　406
　　4. 設例の検討　410
　・コラム
　　　年金一時金の優先的更生債権部分の取扱い　403
　　　「掛金」の額の権利変更手続　408
　　　外枠方式と内枠方式　411

【凡例】

参考条文の略記は右のとおりです。　破67Ⅱ⑤：破産法67条2項5号

会：会社法	法人税：法人税法	確定給付法：確定給付企業年金法
会施規：会社法施行規則	消費税令：消費税法施行令	
民：民法	国徴法：国税徴収法	産強法：産業競争力強化法
破：破産法	地税：地方税法	機構法：株式会社地域経済活性化支援機構法
破産規則：破規	刑：刑法	
信託：信託法	不登：不動産登記法	特調：特定債務等の調整の促進のための特定調停に関する法律
民保：民事保全法	仮登記担保：仮登記担保契約に関する法律	
民訴：民事訴訟法		
民再：民事再生法	借地借家：借地借家法	判タ：判例タイムズ
会更：会社更生法	平成12年商法等改正：商法等の一部を改正する法律	判時：判例時報
民再規：民事再生規則		金法：旬刊金融法務事情
会更規：会社更生規則	労契法：労働契約法	金判：金融・商事判例
民調：民事調停法	労組法：労働組合法	最判解民事：最高裁判所判例解説民事篇
非訟：非訟事件手続法	労働契約承継、承継法：会社の分割に伴う労働契約の承継等に関する法律	
企業担保：企業担保法		裁判集民：最高裁判所裁判集（民事）
動産・債権譲渡特例法：動産及び債権の譲渡の対抗要件に関する民法の特例等に関する法律		
	承継法規則：労働契約承継法施行規則	労判：労働判例
		労経速：労働経済判例速報
私的整理GL：私的整理に関するガイドライン	承継法指針：労働契約承継法指針	
	厚年法：厚生年金保険法	

第1章
倒産手続と債権管理

1 倒産手続における理念・原理・原則

第1 倒産手続の目的

1．総説

　倒産とは、社会経済的にみれば、債務者が自らの負う債務を返済できなくなり、経済的に破綻した経済状態をいいます。また、倒産という言葉は法律的な意味を有し、法的な倒産手続開始の申立てが裁判所に行われた状態や手形交換所における手形の不渡りが生じたこと等を意味します。倒産手続の目的を考えるために債務者が経済的に破綻する前（平常時）と破綻した後（倒産時）を比べてみましょう。

　平常時では、債権者が債務者に金銭を貸しつけた場合、弁済期が到来すれば債務者に対して債務の弁済を求めることができます。債務者が任意に支払いをしない場合には、保全手続を図ったり（民事保全法）、訴訟を提起したり（民事訴訟法）、強制執行を行うことによって（民事執行法）、債権者は強制的に満足を受けることができます。他方、債務者は債権者に対して自由に弁済することができます。

　それでは、債務者が倒産した場合はどうでしょうか。債務者が経済的に破綻し、すべての債権者に対して債務を弁済できなくなった場合、債権者は自分だけには債務を弁済して欲しいと考え、自己の債権の取立てに奔走することが考えられます。その結果、いち早く権利を行使した者だけが満足を受けることになり、債権者間に不平等が生じます。また、倒産に至っ

た債務者は、その財産を隠匿したり、自分と特別な関係にある特定の債権者に対してのみ優先的な満足を与えるおそれがあります。このような事態は、債権者全体の満足を低下させるとともに債権者間の公平を害し、債務者の経済的な再起を困難にするおそれがあります。そこで、破産法をはじめとする倒産法は、このような事態を回避するために倒産手続に債権者を関与させて個別的な権利行使を禁止し、集団的な債権・債務の処理を図っています。

さらに、債務者が多額の債務を負っている場合、限られた収入から債務の弁済を行うこととなります。しかし、利息が高率であれば利息の支払いに追われ、元本の返済ができないまま債務の弁済を続けていかなければならないことになります。また、債権者から債務の弁済を強行に迫られ、その対応に追われ、経済的に再起を図ることは困難となるおそれがあります。

そこで、倒産法は、債務を強制的に清算する制度（免責・復権）や債務者の事業や経済生活の再生を図る制度（民事再生、会社更生）を設けて、債務者の経済的再起更生の機会を確保しています。

2．倒産手続の目的

倒産処理制度のうち、清算型の法的手続である破産法は、その目的を次のように規定しています。「この法律は、支払不能又は債務超過にある債務者の財産等の清算に関する手続を定めること等により、債権者その他の利害関係人の利害及び債務者と債権者との間の権利関係を適切に調整し、もって債務者の財産等の適正かつ公平な清算を図るとともに、債務者について経済生活の再生の機会の確保を図ることを目的とする」（破1）。

また、再建型の倒産手続である民事再生法は、その目的を次のように規定しています。「この法律は、経済的に窮境にある債務者について、その債権者の同意を得、かつ、裁判所の認可を受けた再生計画を定めること等により、当該債務者とその債権者との間の民事上の権利関係を適切に調整

し、もって当該債務者の事業又は経済生活の再生を図ることを目的とする」（民再Ⅰ）。

このような規定から、倒産手続が総債権者の満足の最大化を図るとともに利害関係人の権利の公平な実現、債務者の経済的再生を図ることを主たる目的とすることがわかります。このような目的を実現するための倒産法の指導理念として、①公平・平等の理念、②手続保障の理念があります。

第2 公平・平等の理念

1．債権者間の公平・平等

債務者が倒産に至った場合、債務者の限られた財産のなかからすべての債権者に対して完全な満足を与えることは期待できません。そこで、各債権者による早い者勝ちの権利行使を防止するために、債務者の財産を各債権者に公平に分配するための規律が必要となります。

実体法上、担保権が設定され、優先的に弁済を受けられる権利が付与されている場合を除いて、債権は互いに優先関係を持ちません。そこで、倒産手続においても、競合する債権者は、債権額に応じた比例的な平等弁済を受けることになります。このような建前を債権者平等の原則といいます。

倒産手続が開始された場合、債権者は原則として手続外での個別的な権利行使が禁止されます（破42Ⅰ①、100Ⅰ、民再39Ⅰ、85Ⅰ、会更47Ⅰ）。たとえば、取引先が倒産した場合、一部の債権者が債務者所有の商品を自力で持ち去り、自己の債権への代物弁済にあてることは認められません。また、倒産手続の開始前に債務者を被告として貸金返還請求等の訴訟を提起していた場合、倒産手続開始の決定により、訴訟手続は中断します（破44、民再44、会更52）。

したがって、債権者が債務者に対して権利行使をする場合は、倒産手続に参加することを強制されることとなります。倒産手続では、債権者は、実体法上の優先順位に従って、債権額に応じて公平に配当ないし弁済を受けるのが原則となります（破194、民再155、会更168）。

2．債権者以外の利害関係人の公平・平等

倒産手続に利害関係を有する者は債権者だけでなく、債権者以外の利害関係人との間でも公平・平等の理念は重要な役割を果たします。

倒産法は、破産手続開始によって破産者の債務者に不測の損害が生じないよう配慮する規定を設けています。たとえば、破産者が破産手続開始前から住居を貸主から賃借していた場合、破産管財人は債務の履行を選択して、賃貸借契約を存続させることができます（破53Ⅰ）。この場合、相手方（貸主）の権利は、財団債権として扱われ（破148Ⅰ⑦）、破産手続によらないで破産財団から随時弁済を受けることができます（破2Ⅶ）。この趣旨は、破産管財人が履行の選択をした場合に相手方の権利が破産債権になるとすれば、破産管財人が完全な履行を受けられるのに対して、相手方は手続外での権利行使を禁止されるために完全な満足を確保できず、公平に反するからです。

第3　手続保障の理念

1．総説

倒産手続は、債務者の財産の公平な分配と債務者の経済的再生を目的とします。このような目的を実現するため、倒産法は債務者の財産の管理処分権に一定の制約を設けています。まず、破産手続や会社更生手続では、債務者は倒産手続開始後は財産の管理処分権を失い、裁判所が選任した破

産管財人（会社更生手続では管財人）に管理処分権が専属します（破78Ⅰ、会更72Ⅰ）。その結果、債務者が行う法律行為や弁済の受領は破産手続においては無効となります（破47、50、会更54、57）。これに対して、民事再生手続では、債権者は財産の管理処分権を失わないものの（民再38Ⅰ）、債権者に対して公平・誠実に財産の管理処分権を行使する義務を負います（民再38Ⅰ）。

　また、債権者は、倒産手続開始後は個別的な権利行使を禁止され、倒産手続外で債務者に弁済を請求したり、強制執行等を行うことを禁止されます。さらに、破産手続では、債務者は免責許可決定を受けた場合には、原則として破産債権についてその責任を免れます（破253Ⅰ）。

　このような権利の制限や変更は、債務者や債権者の意思に関わりなくなされることから、その正当性を担保するために倒産手続で不利益を受ける債権者に対して手続保障を図る必要があります。

　たとえば、倒産手続開始の申立てについての裁判に対しては、いずれの倒産手続でも利害関係人に不服申立ての機会が与えられています（破33Ⅰ、民再36Ⅰ、会更44Ⅰ等）。また、権利変更のための手続については、清算型手続である破産手続と再建型手続である民事再生手続や会社更生手続には以下のような差異があります。

2．破産手続

　破産手続は、破産者の清算を目的とし、破産財団に所属する財産を迅速に換価して債権者に配当する手続であり（破1参照）、債権者は清算価値の配分を受領するという受動的立場にあります。財産の迅速な換価や適正な配分の実現は、裁判所の監督のもとで破産管財人に適切な管財業務の遂行を求めれば足り、債権者としても手続に参加する意欲が低い場合も多く、債権者に意思決定を求める必要性は高いとはいえません。

　そこで、破産手続では、管財業務についての情報を債権者に開示するこ

とや、債権者集会（破135以下）や債権者委員会（破144以下）を通じて、債権者から破産管財人や裁判所に対して意見を述べる機会を与えることによって、債権者の手続保障が図られるにとどまります。

3．民事再生手続、会社更生手続

　民事再生手続は、債務者の事業や経済生活の再生を目的とします（民再1参照）。破産手続と異なり、債権者に対する配分の対象は会社財産の清算価値ではなく、継続事業価値（事業の将来収益）となります。したがって、収益の中から債権者にどの程度を配分するのかという点について、債権者の意思を問う必要があります。そこで、民事再生手続では、再生債務者の作成した再生計画案を可決するには、再生債権者の多数決によることとなります（民再172の3）。

　また、会社更生手続では、一般債権者のみではなく担保権者も更生手続に参加することを強制されます（会更47Ⅰ、50Ⅰ、135Ⅰ）。したがって、それぞれの利害関係人の立場ごとに異なった考え方が成り立ちうることから、会社更生手続では、更生計画案の作成および決議のために権利の性質を考慮した組分けがなされ（会更196Ⅰ、Ⅱ）、許可可決の多数決要件も組ごとに区別することによって（会更196Ⅴ）、手続保障を図っています。

2 債権回収のための担保・保全 ①
担保

第1 担保の意義

　債権回収を実現するためには、訴訟を提起して判決を取得すること（民事訴訟手続）、債務者の財産に対して強制執行すること（民事執行手続）が必要となります。

　これに対し、優先的に弁済を受けることができる手段として、担保権があります。担保権とは、判決等の債務名義なしに、債務者または第三者が提供した特定の財産から、優先的に弁済を受ける権利です。

　債権の弁済を確実にする担保としては、担保権の他に、債務者以外の第三者からも弁済を受けることができる保証（民446）や連帯保証（民454）があります。

　保証や連帯保証は、債務者以外の者の財産から債権回収を図る「人による担保」であるのに対し、担保権は債務者の「物による担保」です。そこで、保証や連帯保証を人的担保、担保権を物的担保と呼びます。

第2　人的担保

1．人的担保の意義
（1）保証の意義
　人的担保は、保証や連帯保証といった債務者以外の者の財産から債権回収を図る担保です。保証とは、債務者が債務の履行をしない場合に、債務者に代わって履行する責任を負うことをいいます（民446）。保証人と債権者との間の保証契約によりこの責任が発生します。この場合の債務者を主たる債務者といいます。

ケース1

　A社はB社に対して、1,000万円を融資することを検討しています。A社はB社からB社の代表取締役Cが連帯保証人となる旨の申入れを受けています。B社の代表取締役Cを連帯保証人として1,000万円を融資する場合、A社はどのような事項に留意すべきでしょうか。Cが連帯保証人でなく、単なる保証人の場合には法的効果がどのように異なるのでしょうか。
　また、Cが融資を受ける1,000万円のうち500万円を限度に連帯保証するという場合、A社はどのような事項に留意すべきでしょうか。

（2）附従性
　保証は主たる債務を担保するものであるため、主たる債務と運命を共にします。すなわち、主たる債務がなければ成立せず、主たる債務より責任が重くなることもありません（民448）。また、主たる債務が消滅すれば保証債務も消滅します。これを保証債務の附従性といいます。
　附従性により、主たる債務が消滅時効により消滅すれば保証債務も消滅

します。また、主たる債務が債権者からの債務免除により消滅すれば、保証債務も消滅し、債権者から期限の猶予を受けたら保証債務も期限が猶予されます。

(3) 随伴性
主たる債務にかかる債権が譲渡された場合には、保証人は新債権者との関係で保証債務を負います。これを保証債務の随伴性といいます。

(4) 物上保証人との違い
物上保証人とは、他人の債務のために自己の所有財産に抵当権や質権を設定した者のことをいいます。保証人は、保証人のすべての財産が他人の債務の担保となっていますが、物上保証人は、抵当権や質権を設定した財産を他人の債務の担保として提供しているため、その担保提供限度で実質的に保証人と同じ地位に立っています。

2．保証契約を締結する場合の留意点
(1) 保証契約の成立要件
保証は、債権者と保証人との間の保証契約によって成立します。保証契約は当事者双方の合意のみで成立する諾成契約ですが、保証人が安易に保証を引き受けることのないように要式行為とされていて、保証契約は書面でしなければその効力は生じません（民446Ⅱ）。

したがって、債権者としては、保証人と保証契約を締結する際には、必ず書面で行う必要があり、口頭での保証契約は無効となるため、留意が必要です。**ケース１**では、A社はCとの保証契約を書面で行う必要があります。実務上は、債権者と主たる債務者との間の契約書に保証文言（たとえば連帯保証の場合は「丙（連帯保証人）は、本契約に基づき、乙（主債務者）が甲に対し負担する一切の債務について連帯して保証する」といった文言）が記載され、連帯保証人が主たる債務者と連名で署名押印することが多いです。

主たる債務者が保証人の署名押印のある契約書を持ってきた場合にも、債権者としては、後日、保証人から保証契約の存在を知らなかったとか、保証意思が存在しなかったといった主張をされることを可及的に回避するため、保証人の保証意思を確認することが肝要です。たとえば、保証人に面接したり、電話で問合せをし、保証人の保証意思を確認した旨を記録化しておくことが有用です。

　また、取締役会の設置されている株式会社を保証人とする場合、会社が保証人となることについて、取締役会による承認決議を要する場合があります。保証人となることが会社法362条4項2号の「多額の借財」に該当する場合があるためです。「多額の借財」に該当するかは、「当該借財の額、その会社の総資産及び経常利益等に占める割合、当該借財の目的及び会社における従来の取扱い等の事情を総合的に考慮して判断」すると解されています（東京地判平9・3・17判時1605号141頁）。「多額の借財」に該当する場合には、当該取締役会の議事録を確認し、取締役会による承認決議を経ていることを確認する必要があります。

　さらに、債権者が株式会社を保証人とし、主たる債務者が当該株式会社の取締役である場合、会社法356条1項3号の利益相反取引に該当します。この場合には、株主総会または取締役会（取締役会設置会社の場合。以下、同じ。会365）の承認が必要となります（会356Ⅰ③）。したがって、当該株主総会または取締役会の議事録を確認し、株主総会または取締役会による承認決議を経ていることを確認する必要があります。たとえば、**ケース1**でB社が融資を受けるのではなく、代表取締役Cが融資を受け、B社が連帯保証人となる場合には、会社法356条1項3号の利益相反取引に該当するため、B社の株主総会または取締役会の承認が必要となります。

(2) 保証と連帯保証の違い

　連帯保証とは、保証人が主たる債務者と連帯して債務を負担するという保証をいいます。保証契約において連帯である旨の特約がされたときに連

帯保証が成立します。なお、商法は、主たる債務または保証債務に商事性があるときには保証は連帯保証となる旨を定めています（商511Ⅱ）。具体的には、主たる債務が主たる債務者の商行為により生じた場合および保証が商行為となる場合に、保証契約において連帯である旨の特約がされていなくても、当該保証は連帯保証となります。この趣旨は、商取引上の債務について、保証人の責任を重くすることにより、債権者の人的担保を強化し、債権の回収を容易ならしめる点にあります。

連帯保証人は以下の催告の抗弁権、検索の抗弁権を有していません（民454）。また、保証人が複数いる場合（共同保証）の場合の分別の利益についても、連帯保証人は分別の利益を放棄したものと解されます（大判大10・5・23民録27輯957頁等）。

① 催告の抗弁権

債権者が保証人に債務の履行を請求した場合、保証人は、まず主たる債務者に催告をすべき旨を請求することができ、保証債務の履行を拒絶できます（民452）。この拒絶できる権利を催告の抗弁権といいます。

② 検索の抗弁権

保証人は、主たる債務者に弁済の資力があること、その財産の執行が容易であることを証明した場合は、まず主たる債務者の財産について執行をすべき旨を請求することができます（民453）。これを検索の抗弁権といいます。

③ 分別の利益

保証人が数人いる場合を共同保証といいます。この場合、各保証人は債権者に対して、平等の割合で分割された額についてのみ保証債務を負担すれば足ります（民456）。これを分別の利益といいます。

債権者としては、連帯保証人として保証契約を締結することで、主たる債務者からの回収が図れない場合に連帯保証人に対して主たる債務の全額を請求することができるため、連帯保証人とすることが有利です。

(3) 一部保証と全部保証

　一部保証とは、主たる債務の全額ではなく、その一部を保証するものです。たとえば、**ケース1**のように主たる債務が1,000万円であった場合に、そのうちの500万円のみを保証することをいいます。

　全部保証とは、主たる債務の全額を保証するものです。たとえば、主たる債務が1,000万円であった場合に、1,000万円全額を保証することをいいます。

　全部保証の場合には、保証人は主たる債務の全額について保証債務を履行すべき義務を負うため、主たる債務者が一部弁済をしたときには一部弁済分について保証債務の附従性により消滅し、保証債務は残債部分に限定されることとなります。たとえば、主たる債務が1,000万円であった場合に、主たる債務者が700万円弁済した場合には、保証人の保証債務は残債務である300万円となります。

　しかし、一部保証の場合には、主たる債務者が一部弁済をしたときの処理が問題となります。たとえば、主たる債務が1,000万円であり、保証人がそのうちの500万円を保証し、主たる債務者が700万円弁済したとします。この場合に、一部保証していた500万円に満つる弁済があったとして、残債務の300万円について保証債務を履行すべき義務が消滅するのか、それとも残債務の300万円について依然として保証債務を履行すべき義務が存続するのか、が問題となります。

　①主たる債務が残っている限り保証人が一部保証の限度額まで責任を負うのか、②弁済額が一部保証の限度額に達するまで責任を負うのかは、債権者と保証人との間の保証契約により決定する事項です。

　したがって、債権者としては一部保証をとる場合には、①の主たる債務が残っている限り保証人が一部保証の限度額まで責任を負うとの内容の定めを保証契約に盛り込むことが肝要です。

3．主たる債務者の倒産手続と保証人

　主たる債務者が破産手続等の倒産手続を申し立てた場合、債権者としては当該倒産手続に参加するのとは別に、保証人には通常どおり保証債務の履行を請求することができます。倒産手続により主たる債務が減免されたとしても、債権者の保証人に対する権利は、何ら影響を受けないとされています（破253Ⅱ、民再177Ⅱ、会更203Ⅱ、会571Ⅱ）。保証人は、主たる債務者の信用が失われた場合の担保であり、倒産状態に陥った場面こそ保証人の責任が機能しなくては意味がないためです。

　たとえば、**ケース1**で主たる債務者であるB社が倒産手続を申し立てたとしても、A社は連帯保証人であるCに対して保証債務の履行を請求することができます。

第3　物的担保

1．担保権の種類

　担保権には、法律に定められ、当事者の合意がなくても法律上当然に発生する法定担保物権と、当事者の合意によって発生する約定担保物権があります。また、民法に規定されているかどうかによって、規定されている典型担保と、規定されていない非典型担保の区別があります。

　民法上、法定担保物権として留置権と先取特権が、約定担保物権として質権と抵当権があります。非典型担保としては譲渡担保、所有権留保等があります。

2．各種担保権の意義
(1) 抵当権
　① 抵当権の意義

抵当権とは、債務者または第三者（物上保証人といいます）が、担保として提供した不動産（土地または建物）を従来どおり債務者または物上保証人に利用させながら、債務が履行されない場合は、その不動産を競売して（これを「抵当権を実行する」といいます）、その代金から抵当権の設定登記の順番に従って、優先的に弁済を受ける権利です。

　抵当権は、契約（当事者の合意）によって生じ、担保不動産の占有を債権者に移転しない点に特色があります。さらに、抵当権には、所有権移転禁止効はなく、抵当権設定者は、その担保不動産を第三者に売却することができます。

　この場合、抵当権も移転する（抵当権の随伴性）ため、担保権者に不利益はありません。また、担保不動産への地上権や賃借権等の用益権設定も禁止されません。抵当権設定者は、担保の不動産を第三者に賃貸することができます。

② 抵当権の性質

抵当権には、担保権として次のような性質があります。

　ア　優先弁済的効力

　　担保不動産から優先的に債権を回収することができます。

　イ　附従性

　　抵当権は債権を担保するためのものであるため担保すべき債権（これを「被担保債権」といいます）が無効や取消しにより消滅すると、それに伴い抵当権も消滅します。

　ウ　随伴性

　　被担保債権が譲渡されたときは抵当権も移転します。

　エ　不可分性

　　抵当権者は、被担保債権の全部の弁済を受けるまで担保不動産の全部について抵当権を主張することができます（民372、296）。

　オ　物上代位性

たとえば、抵当権の対象となっていた建物が火災によって焼失した場合、抵当権は消滅しますが、当該建物の代わりに所有者が取得した火災保険金請求権に抵当権の効力を及ぼすことができます。これを物上代位といいます（民372、304）。

（2）先取特権

先取特権は、債務者の財産について、他の債権者に先立って自分の債権の弁済を受ける権利です（民303）。

先取特権には、不動産に関するものと動産に関するものがあります。商品は法律上動産とされていますが、動産を売却した売主は売掛金が回収されるまで、法律によりその売った商品の上に先取特権を有するとされています。これを動産売買先取特権といいます（民311⑤）。したがって、買主が代金未払いの場合は、売主は売掛金の回収のために当該商品を競売して優先的に弁済を受けることができます。

動産売買先取特権を有する債権者は、担保権の存在を証明する文書を提出し、執行裁判所の許可を受けて動産競売をすることができます（民執190Ⅱ）。担保権の存在を証明する文書とは、動産売買先取特権の場合、たとえば、売買契約書や納品書、受領書等です。また、債務者（買主）が第三者に売却した際の売買代金債権を動産売買先取特権に基づく物上代位により差し押さえ、それを取り立てることができます（民執193、143、155）。

もっとも、動産売買先取特権は、債務者の担保目的物の処分を制限する効力はありません。したがって、債務者は、当該動産に先取特権が成立していても、その目的物を自由に処分し、その代金を自由に回収することができます。

債務者がその目的物を処分し、代金を回収した場合には、物上代位の対象となる債務者の第三者（転売先）に対する売買代金債権が消滅し、動産売買先取特権に基づく物上代位による差押えが奏功しなくなります。そこで、債権者としては、債務者が代金を回収するまでの間に動産売買先取特

権に基づく物上代位による差押えを行う必要があります。

(3) 所有権留保

ケース2

> A社は、B社との間で継続的に自社商品を販売する取引を開始する際、取引基本契約に代金の支払いが完了するまで商品の所有権をA社に留保する旨の条項を定めました。このような契約を所有権留保と呼ぶとのことですが、所有権留保の法的性質、設定方法、実行方法について説明してください。

① 所有権留保の意義

所有権留保とは、商品の売主が代金債権を担保するために、商品を引き渡した後も買主が代金を完済するまでは商品の所有権を売主に留保することをいいます。売主と買主の合意により代金の支払いが完了するまで商品の所有権を売主に留保することで成立します。

売主が途中まで受け取った代金をそのままにして、留保された商品の引渡しを受けて、当該商品を任意に他に転売し、または目的物を売主に帰属させて、転売代金または評価額を残代金債権に充当します。

これにより、未払いの代金債権が留保されている所有権によって担保されることとなるため、一種の担保権と捉えられます。

② 所有権留保の法的性質

所有権留保は、形式上は売主に所有権は留保されていますが、その実質は未払いの代金債権の担保にあります。このように形式と実質が異なっているため、所有権留保の法的構成をどのように考えるかについて、所有権的構成と担保的構成という二つの考え方があります。所有権的構成は、所有権の譲渡という形式を重視する考え方をいいます。担保的構成は、留保された所有権を担保権と捉える考え方をいいます。

通説・判例は、その実質が代金債権の担保にあるため、形式よりも実

質を重視して、担保的構成を採用しています。所有権的構成と担保的構成の区別は、破産手続または民事再生手続が開始された際に、留保売主を取戻権者と解するのか（所有権的構成）、別除権者と解するのか（担保的構成）の解釈に影響します。通説は売主が所有権を留保するのは代金債権の担保のためであるという実質や買主の保護のためにも利用権や期待権にとどまらず所有権者としての地位を認めるべきである等の理由から担保的構成を採用しています。そのため、所有権留保があった場合の留保売主は別除権者であると解しています。その結果、留保売主は破産手続や民事再生手続によらずに所有権留保を実行することができると解されます（破65Ⅰ、民再53Ⅰ）。

③ 所有権留保の設定方法

所有権留保は、単に売買契約書中に、目的物の所有権が買主に移転する時期を買主の代金完済時とする旨の特約が合意されるのみで成立します。

もっとも、担保権設定という物権変動が存在するため公示が必要です。公示は、一般的に買主から売主への占有改定（買主が自己の占有物を売主のために占有する意思表示を行うことにより、売主が占有権を取得する方法。民183）により行われます。

④ 所有権留保の実行手続

所有権留保を実行する場合、実務では契約の解除という方法がとられています。そのスキームは次のとおりです。

ア 期限の利益の喪失

割賦代金の不払いまたは信用不安事由（手形の不渡りや差押え等）が発生した場合には何らの請求を要することなく当然に残債務の期限の利益を喪失する旨を定めておきます。

この約定の存在により、債権者は債務者に割賦代金の不払いまたは信用不安事由が発生した場合には、当然に残債務全額を一括にてただちに請求することができます。

イ 解除の通知

　また、所有権留保の実行として、売買契約の解除が必要と考えられています。なぜなら、買主は売買契約に基づいて目的物を占有・利用する権利を有しており、売主が目的物の返還を受けるためには売買契約を解除する必要があるためです。

　民法上、契約解除のためには相当の期間を定めた履行の催告を要するのが原則であるため（民541）、何らの催告を要せずただちに解除することができるよう「無催告解除」を定めておくことが一般的です。

　契約解除の意思表示は、買主に到達することが必要となるため、内容証明により買主宛に通知することが一般的です。

ウ 清算義務

　売主は被担保債権の限度で目的物を支配しているにすぎません。そのため返還を受けた目的物を転売した場合の転売代金の額、または売主に帰属させた場合の目的物の評価額が被担保債権額を超過しているときは、その超過部分を買主に返還しなければなりません（これを「清算義務」といいます）。超過しない場合には、被担保債権に充当し、残額については無担保の債権として残ることになります。

（4）譲渡担保

ケース3

　A社は、B社から運転資金の融資を受けようとしています。しかし、A社は抵当権を設定できるような不動産を所有しておらず、融資額に見合う経済的価値のある動産としては機械しかありません。そこで、A社が所有する機械をB社に売却したことにして、借入金の全額を支払い終えた場合に当該機械をA社が買い戻す（または再売買の予約）という契約を締結しました。このような契約を譲渡担保と呼ぶとのことですが、譲渡担保の法的性質、特色、内容について説明してく

ださい。

① 譲渡担保の意義

　民法は、物権は、民法その他の法律に定めるもののほか、創設することができないと定めています（民175）。これを物権法定主義といいます。物権法定主義には二つの意味があります。一つは民法および特別法で定めている以外の種類の物権を創設できないことを意味し、もう一つは、民法および特別法で定めている種類の物権について、それらの規定に定めるのとは異った内容を与えてはいけないことを意味します。民法では担保物権として、留置権、先取特権、質権および抵当権の4種類を定めています。

　譲渡担保は、民法上規定のない担保権であり、非典型担保に分類されます。たとえば、**ケース3**のように、A社がA社所有の機械を「担保」にB社から運転資金を借りようとする場合、目的物が動産であるために抵当権は設定できません。また、質権を設定すると機械そのものをB社に引き渡さなければならないために義務を行えなくなります。そこで、A社は機械をB社に売却したことにして売買代金に相当する額を借り入れ、その上で機械自体をB社から賃借あるいは消費貸借して賃借料等を支払い（実質的には借入金の返済に相当します）、借入金の全額を返済し終えた場合には機械をB社から買い戻す（またはA社とB社の間で再売買の予約をする）という契約を締結します。この契約により、実質的には動産に対する抵当権を設定したのと同じ効果をもたらそうとするものです。

　このように、譲渡担保は、譲渡担保権設定者があらかじめ所有権を移転する方法で担保としますが、このなかには、ア所有権の移転と同時に賃貸借あるいは消費貸借契約を締結し、譲渡担保権者に債権が存続するものと、イ所有権の移転は行うが、特に賃貸借・消費貸借契約は締結し

ないで、単に売買代金を全額返済すれば目的物を取り戻すことができるもの（法的には買戻しあるいは再売買の予約という方法）があります。

アを「狭義の譲渡担保」といい、イを「売渡担保」といいます。動産を目的とする場合は、「売渡担保」のかたちをとることが一般的です。

② 譲渡担保の法的性質

譲渡担保は、実際には債権を担保とするために所有権を担保権者に移すものです。そこで、所有権留保と同様に、所有権の譲渡という形式を重視する考え方（所有権的構成）、担保権ととらえる考え方（担保的構成）とに考え方が分かれています。

通説・判例は、所有権留保と同様に、その実質が代金債権の担保にあるため、形式よりも実質を重視して担保的構成を採用し、破産手続および民事再生手続での取扱いも所有権留保と同様に譲渡担保権者は別除権者であると解しています。

③ 譲渡担保の特色

ア　担保提供者のメリット

譲渡担保は、債務者または第三者の目的物の所有権を債権者に移転して担保とする方法です。債権者に目的物の占有を移さずに、債権者は譲渡を受けた目的物を債務者の手元に置かせ無償で使わせるのが一般的です。このように譲渡担保は、質権設定と異なり債務者が業務上必要な自己の財産をそのまま使用しながら債務の弁済ができるため、業務に支障が生じない担保の設定方法であるという点で担保提供者にメリットがあるといえます。

イ　債権者のメリット

債務者が弁済をしないときは、裁判手続を経ないで比較的容易に優先弁済を受けることができます。ただし、所有権留保と同様に、債権者（担保権者）には清算義務があり、目的物を売却または評価して清

算し残金があれば債務者に返還しなければならない点には留意が必要です。

④ 譲渡担保の内容

ア 譲渡担保の目的物

目的物は財産的価値があり、譲渡性があれば特に制限はありません。動産・不動産の他、債権も対象となります。動産の集合物や複数の債権（集合債権）も対象となります（集合物譲渡担保、集合債権譲渡担保）。取引社会においては、商品、売掛金の譲渡担保が広く行われています。

イ 被担保債権

金銭債権以外の債権も対象になります。また既存債権だけでなく将来の債権も対象となります。

（5）集合物譲渡担保

ケース4

A社は、B社から運転資金の融資を受けようとしています。しかし、A社は抵当権を設定できるような不動産を所有していません。そこで、A社が日々販売している商品や日々発生する売掛金債権を担保として、譲渡担保を設定することを考えています。日々販売している商品を譲渡担保の対象とした場合を集合物譲渡担保、日々発生する債権を譲渡担保の対象とした場合を集合債権譲渡担保と呼ぶとのことですが、これらの概要について説明してください。

① 集合物譲渡担保

店舗や倉庫内に存在する商品は、仕入や出荷によりその内容が変動します。これらの商品について、一括して譲渡担保を設定するものを集合物譲渡担保といいます。

このように構成部分が変動する集合動産でも、種類、所在場所および

量的範囲を指定する等の方法により、目的物の範囲を特定することができれば譲渡担保の目的とすることができます（最判昭62・11・10民集41巻8号1559頁）。

店舗や倉庫内の商品は出入りをくり返しますが、譲渡担保を実行した時点で存在する商品が優先弁済の対象となります。

② 集合債権譲渡担保

集合債権譲渡担保は、債務者が第三者（第三債務者）に対して有している複数の債権（集合債権）を債権譲渡というかたちで担保にとるものです。

集合債権とは、債務者が第三債務者に対して有している特定の債権と異なり、たとえば債務者がその取引先（第三債務者）に対して継続的に商品を販売し、そこから継続的に発生する売掛債権等を包括的に一つの債権として把握するもので、集合動産と同じ考え方を債権に適用した概念です。集合債権の一部の債権は回収により消滅し、その後の取引によって新たな債権が発生し集合債権に含まれるというように、内容的には変動することを前提として、これを全体として一つの債権と把握し、それを担保の目的物とします。

集合債権譲渡担保においては、譲渡の目的となる債権に将来債権が含まれるため、当初、将来債権を譲渡担保の目的にすることができるか否かが問題となっていました。

しかし、最判平成11年1月29日民集53巻1号151頁が、将来債権の発生の可能性が低かったことは、将来債権を目的とする債権譲渡契約の効力を当然には左右しないと判断し、将来債権も譲渡担保の目的とすることができるようになりました。

さらに、譲渡の目的となる債権が将来債権を含む流動的な債権であるため特定されているといえるか否かも問題となっていました。

最判平成12年4月21日民集54巻4号1562頁は、債権譲渡の予約時に目

的債権が具体的に特定されていなくても、予約完結時に譲渡の目的となるべき債権を譲渡人である債務者が有する他の債権から識別することができる程度に特定されていれば足りるとしました。

　個別の債権は、当事者、契約または事件（不法行為の場合）、発生日時、金額等によって特定されますが、集合債権譲渡の場合は、当事者、発生原因となる取引の種類、金額、発生時期等によって他の債権との識別が可能であるかを判断することになるものと考えられます。上記最判の事案においては、第三債務者、発生原因（特定の商品の売買取引）が特定されており、これらによって他の債権から識別できる程度に特定されているといえるとしています。

担当者として留意すべき事項：各種担保権の設定時の留意点

　物権の取得（所有権、抵当権等）において重要なことは対抗要件の具備です。不動産に関する抵当権、質権その他の担保権は、登記、占有等公示方法を備えなければ第三者にその担保権の権利者であることを主張できません。このような登記・占有を備えることを「対抗要件を具備する」といいます。

　抵当権も抵当権設定契約により発生しますが、不動産の所有権者がある者と抵当権設定契約を締結した後、さらに別の者とも抵当権設定契約を締結し、二重に抵当権設定契約を締結した場合は、その二者は共に抵当権を有効に取得したことになります。しかし、二者間では先に抵当権の設定登記をした者が先順位の抵当権者となります。すなわち、有効な権利を有する当事者間で、決着をつける機能を対抗要件といいます。したがって、抵当権でいえば、抵当権確定契約の締結と同時に抵当権設定登記を具備することが肝要です。

　なお、対抗要件を具備できなかった抵当権者は、所有権者に損害賠償請求をしたり、民法137条3号の担保提供義務の不履行により、被担保債権の期限の到来を理由にただちに被担保債権の請求をすることができます。

2 債権回収のための担保・保全 2
仮差押え・仮処分

第1 民事保全の意義

　債務者に対して債権を有する債権者は、債務名義を取得して強制執行をすることにより債権を回収できます。債務名義とは強制執行を実現するために債権の存在および内容を公証する文書を意味し、典型的には訴訟手続を経て確定した判決があります（民執22Ⅰ）。

　もっとも、強制執行を申し立てるまでには訴訟手続等の債権の存在および内容を確定する手続を要します。その間、債務者は強制執行の目的となる財産を第三者に処分すること等が禁止されるわけではないため、自己の財産を処分することにより、強制執行を免れることが可能となります。

　そこで、民事保全法は、債権者の債権回収を目的として、債権者が債務者の財産の保全を図る手続を用意しています。金銭債権の保全を図る手続を仮差押えといい、金銭債権以外の物の引渡請求権等の権利の保全を図る手続を仮処分といいます。

第2 仮差押え

1．仮差押えの意義

　金銭債権を有する債権者が、民事執行法上の差押え（「仮差押え」との対

比で「本差押え」と呼ぶことがあります）をする前提として、差押えの対象となる財産を保全するために仮に差し押さえる手続を仮差押えといいます。仮差押えを行うことにより、債務者は仮差押命令の対象となった目的物の処分を禁止されます。

本差押えの場合は、裁判所等によりすでにその債権の存在および内容が証明されているため、その存在が覆されるおそれは低く、本差押えの申立てには担保の提供は必要ないとされています。

これに対して、仮差押えの場合は、裁判所等によりすでにその債権の存在および内容が証明されているわけではなく、あくまでも暫定的に債務者の財産を差し押さえる手続です。そのため、事後に債権の存在が覆されるおそれがあります。仮に差し押さえられた財産を処分できなくなることにより、債務者に損害が生じる場合があります。そこで、仮差押えを申し立てる場合には、申立債権者に対して、事後に債権の存在が覆された場合に債務者に生じた損害を回復できるよう担保を積むことが要求されます（民保14Ⅰ）。

ケース1

A社はB社に対して売掛金債権3,000万円を有していましたが、弁済期を経過してもなお弁済されません。B社は倒産の危機に瀕しているとの噂もあるなかで、A社は売掛金債権3,000万円を被保全債権として、B社の所有する不動産に対して仮差押命令の申立てを行うことを検討しています。仮差押えの手続の概要およびその効力について、説明してください。

2．仮差押えの要件

仮差押えは、債権者が裁判所に申立てをすることにより行われます（民保13Ⅰ）。

債権者は、保全されるべき債権（被保全債権）の存在、債務名義を取得する余裕がないほどに緊急を要する事由（保全の必要性）について疎明するよう求められます（民保13Ⅱ）。疎明とは、一応確からしいという裁判所の心証を意味し、債権者は裁判所がこのような心証に至るまで証明活動を行うこととなります。なお、訴訟手続では十中八九間違いないという確信のレベルまで求められますが、仮差押えは暫定的な手続であるため、そこまでのレベルの証明活動は求められません。

　債権者が被保全債権の存在および保全の必要性を疎明し、裁判所が一応確からしいという心証を形成した場合、裁判所は原則として債務者の反論（審尋）を待たずに仮差押命令を発します。

3．仮差押えの手続

(1) 申立ての手続

　申立ての際には、差押財産を特定することが必要です。差押財産により仮差押えの執行方法や執行機関が異なり、管轄もそれにより判断されます。

　申立ての費用として、次のものがあります。

① 申立手数料（収入印紙）は一律に2,000円です。
② 予納郵券金額は裁判所によって異なります。
③ 保証金（担保）は一般的には被保全債権額の3分の1から5分の1の金額となります。
④ 不動産の場合は請求債権額の0.4パーセントの登録免許税の納付が必要です。
⑤ 弁護士に依頼する場合には弁護士費用がかかります。

(2) 裁判所による審理

　裁判所は、被保全債権の存在および、保全の必要性について審理を行います。

審理が書面のみで行われるか、債権者との面接（審尋）を行うかは裁判所の裁量によります。債権者は被保全債権および保全の必要性を疎明する必要がありますが、疎明をするための証拠資料は、即時に取り調べることができる証拠に限られます（民保13Ⅱ、7、民訴188）。即時に取り調べることができる証拠は、たとえば審尋の期日に提出できる書証や検証物、審尋の場に来ている証人、鑑定人、当事者本人の証言が該当します。債権者としては書証の提出および審尋の場に証人等を同行させ裁判官に対して証言させることで疎明することとなります。

裁判所の審理の結果、被保全債権の存在および保全の必要性が疎明され、担保の提供がなされたときに仮差押命令が発令されます。

（3）担保

担保提供の方法としては、金銭または有価証券の供託による方法と支払保証委託契約（ボンド）による方法があります。

支払保証委託契約は、裁判所の許可を得て金銭を供託する代わりに、銀行、保険会社、信用金庫等との間で支払保証委託契約を締結する方法で担保を立てたものとする制度です。銀行等は、将来債権者が債務者に損害賠償金を支払わなければならなくなったとき担保額の範囲内で債務者に金銭を支払います。通常は、銀行等に担保額と同額の定期預金を積んで、これを担保として銀行等と支払保証委託契約を締結します。

（4）仮差押命令の執行

債権者は、仮差押命令を得た後に執行官に対して仮差押えの執行の申立てをする必要があります。この保全執行は仮差押命令が債権者に送達されてから、2週間以内に執行に着手しなければなりません（民保43Ⅱ）。

（5）不服申立て

仮差押えの申立てを却下された債権者は、即時抗告（民保19Ⅰ）によって争うことができます。即時抗告とは、一定の不変期間内に提起しなければならない抗告をいいます。債務者は、認容された仮差押決定に対し、保

全異議（民保26）、保全取消し（民保37～39）の申立てにより争うことができます。

（6）仮差押えの後の手続

① 本案訴訟の提起

仮差押えはあくまで暫定的な保全手続であるため、本案訴訟を提起し、債権者の有する債権の存在および内容を確定する手続を経る必要があります。

② 本差押え

判決取得後、執行文が付与された手形判決または通常の判決正本にその送達証明書を添えて、執行裁判所に差押命令の申立てをします。

4．仮差押えの効力

（1）債務者に対する効力

債務者は仮差押命令の対象となった目的物（動産、不動産、債権等）につき、売買、抵当権の設定等の処分の一切を禁止されます（処分禁止効）。これに対して、債務者が目的物を使用したり第三者に賃貸する等して収益を上げることは禁止されません。

（2）第三者に対する効力

仮差押命令が債務者に送達された後に、仮差押命令の対象となった目的物を譲り受けた第三者は、その譲渡の有効性を民事執行法に基づく本差押手続において主張できません。

（3）債権者に対する効力

① 被保全債権の時効中断（民147②）

債権者は仮差押命令の発令より、自己の有する債権について時効中断効を得られます。ただし、債権者の請求によりまたは法律の規定に従わないことにより取り消されたときは、時効中断効が生じないこととなります（民154）。

② 配当手続への参加（民執51Ⅰ、165等）

　他の債権者が仮差押命令の対象となっている債務者の財産に対して強制執行を行った場合、仮差押債権者は、当該強制執行により行われる配当手続に参加することができます。配当手続では債権額の按分により配当されることとなります。

③ 二重申立ての禁止（東京地判昭55・6・17判時993号76頁）

　本案訴訟においても同一の債権について二重に訴訟提起することは禁止されます（民訴142）。この趣旨は、同一の事件についてさらに応訴しなければならないという相手方の応訴の負担の回避、二重に審理することの訴訟不経済の回避および同一の事件について矛盾した判断が出ることの回避という点にあります。仮差押命令申立手続でも同様であり、同一の債権を被保全債権として同一の目的物に対して仮差押命令を申し立てることは禁止されます。

　もっとも、すでに仮差押命令を得た債権者が、さらに保全の必要性を有する場合には、同一の被保全債権に基づき、異なる目的物に対して、さらに仮差押命令の申立てを行うことはできると解されています（最決平15・1・31民集57巻1号74頁）。ある被保全債権に基づく仮差押命令が発せられた後でも異なる目的物についての強制執行を保全しなければ当該債権の完全な弁済を得ることができないとして仮差押命令の必要性が認められるときはすでに発せられた仮差押命令の必要性とは異なる必要性が存在するといえるためです。

④ 違法申立てによる損害賠償義務（最判平8・5・28判時1572号51頁）

　不動産の仮差押命令の申立ておよびその執行が行われた場合に、債務者は仮差押解放金を供託してその執行の取消しを求めるため、金融機関から資金を借り入れ、または自己の資金をもってこれにあてることがあります。このとき、仮差押命令の申立てやその執行が債務者に対する不法行為となる場合（違法申立ての場合）、仮差押解放金の供託期間中に債

務者が支払った上記借入金に対する通常予測し得る範囲内の利息および上記自己資金に対する法定利率の割合に相当する金員は、上記不法行為により債務者に通常生ずべき損害にあたると解されています。

5．仮差押えの特徴

(1) 他の債権者との平等弁済

仮差押えをした後、他の債権者が仮差押えをしたり本差押え（民事執行法に基づく差押え）をした場合には、民事執行法上の配当手続において債権額に応じた按分比例による平等弁済となります。したがって、仮差押えは、他の債権者との関係で優先性を有する手続ではないといえます。

(2) 担保の必要性

仮差押えをするには多額の保証金を積む必要があります。最終的に還付を受けられる可能性があるとはいえ、仮差押命令の申立て時に保証金を用意できることが前提となります。

(3) 執行可能性

仮差押えは債務者の財産（たとえば、不動産や動産、債権等）に対して行うため、債務者に財産がなければまったく無意味なものとなります。したがって、仮差押えを行うには、債務者に財産があるか、どのような財産があるか、当該財産にどの程度の経済的価値があるかを判断することが必要となります。

Q&A

Q 債務者が倒産手続を申し立てる直前である場合でも、債権者は仮差押命令を受けておいたほうが倒産手続で優位な立場となるのでしょうか？

A 倒産手続開始決定により、仮差押命令はその効力を失うため、仮差押命令を受けておくことで優位な立場となるわけではありません。

> **解説**
> 　仮差押命令を受けたとしても、債務者が倒産手続を申し立てた場合、倒産手続開始決定により、仮差押命令はその効力を失います（破42Ⅱ、民再39Ⅰ、会更50Ⅰ）。
> 　また、倒産手続開始決定により、仮差押命令を申し立てることもできなくなります（破42Ⅰ、民再39Ⅰ、会更50Ⅰ）。
> 　したがって、仮差押命令を申し立てる場合には、債務者が倒産手続を申し立てる可能性がないかを検討する必要があります。仮差押命令を申し立てたとしても、債務者が倒産手続を申し立てた場合には無に帰するためです。

第3　仮処分

1．仮処分の意義

　仮処分とは、民事上の権利の実現が困難となっている場合に、その保全のため、暫定的・仮定的になされる裁判またはその執行をいいます。

　たとえば、売買契約を締結して、売買代金を支払っているにもかかわらず売主が売買目的物を引き渡さない場合や、譲渡担保権を有する債権者が譲渡担保権を実行しても債務者が譲渡担保の対象物を引き渡さない場合には、訴訟により当該目的物の引渡しを求めることとなります。

　しかし、訴訟手続を経て当該目的物について給付判決を得るまでには時間がかかります。その間、債務者は当該目的物を第三者に処分することは禁止されていないため、第三者への処分が自由にできます。

　そこで、民事保全法は、債権者の申立てにより裁判所を通じて目的物を仮に引き揚げたり（断行の仮処分）、債務者から第三者に移転できないようにする（占有移転禁止の仮処分）手続を用意しています。

　仮処分についても、債務者に損害が生じるおそれがあります。そこで、これを担保するために、仮処分の申立てを行う債権者に担保を積むことを

求めます。

　仮差押えは、将来、その財産を金銭執行して換価代金により金銭債権の弁済を確保する手続ですが、仮処分は、将来、その財産を非金銭執行により取り戻すことを確保する手続です。

　仮処分には二つの種類があります。一つは、占有移転禁止の仮処分、処分禁止の仮処分のように目的物についての給付請求権（引渡請求権、明渡請求権、登記手続請求権）を保全するものであり、これを「係争物に関する仮処分」と呼びます。

　もう一つは、解雇された従業員が解雇無効に基づく従業員地位の確認を求める前提として、雇用者に対し、暫定的に従業員たる地位を認めさせて給料の支払いを求める場合や目的物を仮に引き揚げることを求める場合（断行の仮処分）で、「仮の地位を定める仮処分」と呼びます。

ケース2

　A社はB社に対して売買契約に基づき不動産の引渡請求権を有していたところ、引渡期日を経過してもなお引渡しが行われません。B社が倒産の危機に瀕し、当該不動産を第三者に譲渡しようと画策しているとの噂を聞いたA社は不動産の引渡請求権を被保全債権として、当該不動産に対する占有移転禁止の仮処分の申立てを行うことを検討しています。占有移転禁止の仮処分の他、仮処分の手続の概要およびその効力について、説明してください。

2．占有移転禁止の仮処分

(1) 占有移転禁止の仮処分の意義

　占有移転禁止の仮処分は、物の引渡しまたは明渡しの請求権を保全する仮処分です。

　占有移転禁止の仮処分命令が発令され、執行されると、たとえ債務者が

第三者に対して占有を移転した場合にも債権者はその後の占有者に対し債務者に対する債務名義をもって新占有者に対する執行文の付与を受けて、強制執行（引渡しまたは明渡し）を行うことができます（民保62Ⅰ）。

債権者としては、占有移転禁止の仮処分を得ておけば、債務者を当事者として本案訴訟を提起して、債務者に対する債務名義を取得しさえすれば、債務者から占有を承継した占有者に対しても強制執行を行うことができます。このような占有移転禁止の仮処分の効果を「当事者恒定効」といいます。本案訴訟中に占有を承継した占有者に対する訴訟承継手続を経る必要がなく、あくまで債務者を当事者として訴訟手続を進行すれば足りる、つまり当事者が債務者に固定されるという意味です。

（2）占有移転禁止の仮処分の執行方法

① 申立先

占有移転禁止の仮処分の執行の申立ては、債務者の占有する目的物の所在地を管轄する地方裁判所の執行官にしなければなりません。

② 占有移転禁止の仮処分命令の執行

占有移転禁止の仮処分命令が発令され、執行された場合、債務者は仮処分命令の目的物の占有を移転することを禁止されます。また、原則として占有を解いて執行官に対して目的物を引き渡さなければなりません。執行官は目的物を保管し、その旨を公示します。例外的に、債務者の使用を許容する仮処分命令が発令されることもあります。

3．処分禁止の仮処分

（1）処分禁止の仮処分の意義

処分禁止の仮処分は、債権者の特定物についての給付請求権の実現を保全する目的で、債務者の目的物に対する法律上の処分を禁止する手続です（民保53～55）。

（2）処分禁止の仮処分の種類

① 不動産の登記請求権保全のための処分禁止の仮処分（民保53）

不動産について売買契約を締結したにもかかわらず、売主が所有権移転登記手続をしない場合、買主は所有権または売買契約に基づく所有権移転登記請求権を被保全権利として処分禁止の仮処分を求めることができます。

不動産について処分禁止の仮処分命令が発令された場合には、当該不動産について処分禁止の登記がなされます。

② 抵当権設定登記請求権保全のための処分禁止の仮処分

抵当権設定契約を締結したにもかかわらず、抵当権設定者（債務者）が抵当権設定登記手続をしない場合、抵当権者（債権者）は、抵当権設定契約に基づく抵当権設定登記請求権を被保全権利として処分禁止の仮処分を求めることができます（民保53Ⅰ）。

この場合には、処分禁止の登記とともに、仮処分による仮登記がなされます。仮登記とは、将来の本登記の順位を保全することを目的としてあらかじめする登記をいいます。たとえば、抵当権の設定登記請求権を保全するためであれば、登記簿の甲区欄（所有権に関する事項）に処分禁止の登記がなされるとともに、乙区欄（所有権以外の権利に関する事項）に抵当権設定の仮登記（保全仮登記）がなされることとなります（民保53Ⅱ）。

債権者は、抵当権設定登記請求権について訴訟手続を経て判決を得た場合に、処分禁止の仮処分に後れる第三者の抵当権設定登記の抹消をするのではなく、保全仮登記に基づき先順位の抵当権設定の本登記をすることとなります。

③ 建物収去土地明渡請求権保全のための処分禁止の仮処分

たとえば、土地の賃借人が当該土地上に建物を建築した場合、賃貸人は土地の賃貸借契約の終了により原状回復として土地上の建物の収去を

求めることができます（民616、598）。

　土地の賃借人が当該土地を明け渡さない場合、土地の賃貸人としては土地の明渡請求権を保全するため占有移転禁止の仮処分を申し立てることが考えられます。もっとも、占有移転禁止の仮処分は当該土地にしか及ばないため、賃借人が自己所有の建物を第三者に譲渡した場合、賃貸人としては建物を譲り受けた第三者に対して建物の収去を求めて訴訟手続を行う必要が生じてしまいます。

　そこで民事保全法は、建物収去土地明渡請求権保全のための処分禁止の仮処分を定め、収去の対象となる建物に対する処分禁止を求めることができるようにしています（民保55）。

4．断行の仮処分

（1）断行の仮処分の意義

　断行の仮処分とは、仮の地位を定める仮処分のうち、金銭の給付、物の引渡し、明渡しを命ずる仮処分をいいます。目前に急迫した危険を除去するための暫定的措置として、本案判決に基づき強制執行がされたと同一の状態を仮に実現させるものです（民保23Ⅱ）。暫定的な手続であるにもかかわらず、強制執行がされたと同一の状態を実現させる手続であり、他の仮処分よりも債務者に対する影響が強いため、裁判所は断行の仮処分命令を発令する前に、原則として債務者に対する審尋を行わなければならないとしています（民保23Ⅳ）。

（2）断行の仮処分の特徴

　上記のように債務者に対する影響が強いため、断行の仮処分が認められるための保全の必要性は、他の仮差押えや仮処分よりも厳格に定められています。すなわち、債権者に生ずる著しい損害または急迫の危険を避ける必要性があることが要件となります（民保23Ⅱ）。

　断行の仮処分は、債権者に判決に基づく強制執行の場合と同じ結果を作

出するため、①担保額が高く、②債権者が敗訴した場合は損害賠償義務が発生する等の特徴があります。

Q&A

Q 債務者が倒産手続を申し立てる直前である場合でも、債権者は仮処分命令を受けておいたほうが倒産手続で優位な立場となるのでしょうか？

A **倒産手続開始決定により、仮処分命令はその効力を失うため、仮差押命令を受けておくことで優位な立場となるわけではありません。**

解説

　仮処分命令を受けたとしても、債務者が倒産手続を申し立てた場合、倒産手続開始決定により、仮処分命令はその効力を失います（破42Ⅱ、民再39Ⅰ、会更50Ⅰ）。

　また、倒産手続開始決定により、仮処分命令を申し立てることもできなくなります（破42Ⅰ、民再39Ⅰ、会更50Ⅰ）。

　したがって、仮処分命令を申し立てる場合には、債務者が倒産手続を申し立てる可能性がないかを検討する必要があります。仮処分命令を申し立てたとしても、債務者が倒産手続を申し立てた場合には無に帰するためです。

2 債権回収のための担保・保全 ③
債権者代位権

第1 債権者代位権の意義

1. 債権者代位権の意義

　債権者は、自己の債権を保全するため債務者に属する権利を行使することができます（民423Ⅰ本文）。

　通常、債権者は債務者に対して強制執行を申し立て、債務者の財産から債権回収を図ります。しかし、債務者の財産が十分でない場合には強制執行によることができないことがあります。そこで、民法は債権者が債務者に代わって債務者の有する権利を行うことのできる制度を用意しています。

　たとえば、債務者が自己の有する債権の時効中断をしなかったり、購入した不動産の移転登記を求めない場合等、債務者が自らの権利を行使せずに責任財産の減少を回避しようとしないときに、債権者は債務者に代わってその権利を行使することができます。

　債権者代位権の趣旨は、債権者が債務者に代わって債務者の有する権利を行使し、債務者の責任財産（債権者の債権回収の対象となる財産）を保全する点にあります。

ケース1

　　A社はX社に対して、300万円の貸金債権を有しています。すでに

返済期限を過ぎていますが、X社は一切返済しません。A社はX社に対して返済を求める一方で、X社の財産を調査したところ、X社がB社に対して500万円の売買代金債権を有していることが判明しました。

そこで、A社はB社に対して債権者代位権を行使して、B社からX社に対する貸金債権の回収を図ることを検討しています。債権者代位権の要件および行使方法とその効果について教えてください。

また、A社がB社に対して債権者代位訴訟を提起した後に、X社が倒産手続を申し立てた場合の債権者代位訴訟の帰趨について教えてください。

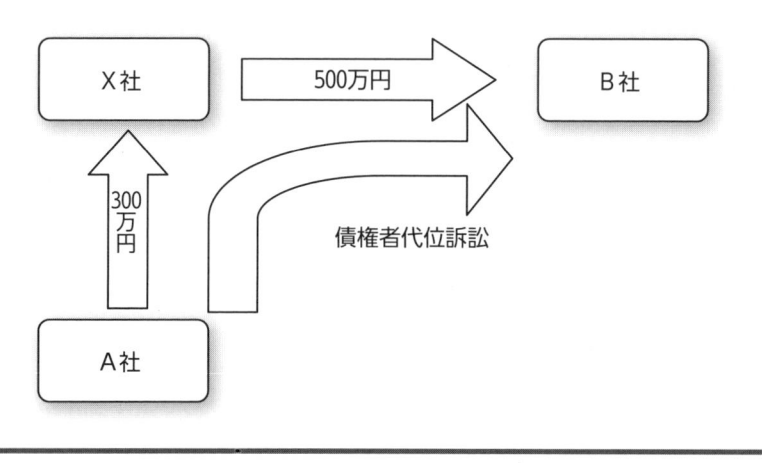

```
    X社 ──500万円──▶ B社
     ▲              ▲
     │300万円        │
     │         債権者代位訴訟
    A社 ────────────┘
```

2．債権者代位権の要件

債権者が債権者代位権を行使するためには、次の要件が必要となります。

（1）債権者が債務者に対して債権を有すること

債権者代位権は、債務者に対して債権を有する債権者が債務者に代わって第三者への権利行使を認める制度であるため、債権者が債務者に対して債権（この債権を「被保全債権」といいます）を有することが前提となります。

被保全債権の種類は金銭債権に限られません。具体的には、取消権、解

除権といった形成権や第三者のためにする契約における第三者の受益の意思表示も被保全債権となります。

（2）債権者が自己の債権を保全する必要があること（無資力要件）

債権者は第三者に対して権利を有するわけではないことから、第三者に対して直接自己の債権について請求することはできません。債権者代位権は、債務者が第三者に対して権利を行使しない場合にやむを得ず債権者が債務者に代わって、債務者の第三者に対する債権を行使することを例外的に許す制度です。

したがって、やむを得ない状態、すなわち債権者が債務者の有する権利を行使しなければ自己の債権を回収できなくなる危険性がある場合に限って、債務者の第三者に対する債権の行使が許されます。このことは、債務者が無資力（債務者の債務額の総計が財産額の総計を上回ること）であることが要件となることを意味します。判例も債務者が無資力であることを要するとしています（最判昭40・10・12民集19巻7号1777頁）。なお、債権者代位権を行使するときに債務者が無資力である必要があります。

（3）債務者が代位の対象の権利を行使していないこと

債務者がその権利を行使している場合に債権者の代位を許すことは債務者の財産管理への不当な干渉となると考えられるため、許されません。

（4）債権者の債務者に対する債権（被保全債権）が弁済期にあること

債権者は、自己の有する債権が弁済期にあることが求められます（民423Ⅱ本文参照）。債権者の債務者に対する財産管理権への介入を広範に認めるべきでないとの趣旨に基づきます。しかし、以下の二つの場面では被保全債権が弁済期になくとも債権者代位権を行使することができます。

　① 裁判上の代位

　　債権者の債権が弁済期にない場合でも、弁済期前に債務者の権利を行わないとその債権を保全することができない場合または債権を保全するのに困難を生ずるおそれがあるときには、裁判所の許可を得て代位する

ことができます（非訟85）。もっとも、実務上は民事保全法による仮差押え・仮処分制度で債務を保全できるため、裁判上の代位制度は利用されていません。

② 保存行為

保存行為とは、債務者の財産の現状を維持する行為をいいます。保存行為は債務者にとって不利益がなく、また、緊急性が高い場合が多いため、被保全債権が弁済期になくとも債権者代位権を行使することが許容されています（民423Ⅱ但書）。

（5）債務者の権利が共同担保の保全に適するものであること

債権者代位権は、債務者の責任財産（債権者の債権回収の対象となる財産）を保全することを目的としたものです。そのため、責任財産の保全に適する権利は債権者代位権の対象となります。

これに対して、以下の責任財産の保全に適さない権利は、債権者代位権の対象となりません。

① 一身専属権

まず、債務者の一身に専属する権利は、債権者代位権の対象となりません（民423Ⅰ但書）。一身に専属する権利とは、権利主体の意思のみによって権利を行使するか否かを決定することができる権利を意味します（行使上の一身専属権といいます）。

たとえば、身分そのものの得喪・変更を目的とする権利、具体的には婚姻・養子縁組の取消権（民743、803）、夫婦間の契約取消権（民754）、認知請求権（民787）等は、身分関係の構築に向けた行為者の意思を尊重すべきとして、債権者代位権の対象とならないと解されています。

また、相続人の相続回復請求権（民884）、遺産分割請求権（民907）、遺留分減殺請求権（民1031）といった財産権と関連する身分行為について、議論はあるものの、相続人の自由な意思決定に委ねるべきとして、債権者代位権の対象とならないと解されています。

② 差押禁止債権

　民事執行法152条は、年金受給権や給料債権といった継続的に給付を受けるもので生活の基盤となるような債権について、原則としてその4分の3は差押えが禁止される旨を定めています。この趣旨は、債務者の生活の保障にあります。

　この差押禁止債権は、債務者の責任財産を構成しない財産であるため、責任財産の保全を趣旨とする債権者代位権の対象にはなりません。

3．債権者代位権の行使方法と範囲

（1）行使方法

　債権者は、自己を当事者として債務者に代わって債務者の権利を行使します。詐害行為取消権とは異なり、債権者代位権は裁判上で行使する必要はありません。

　また、債権者は債務者の第三者に対する権利を行使するにあたって、物や金銭を自己に引き渡すよう請求することができます（最判昭29・9・24民集8巻9号1658頁）。債務者が第三者からの引渡しを拒絶する場合に、債権者代位権の実効性が失われてしまうためです。

（2）行使の範囲

　債権者は、自己の債権を保全するのに必要な範囲で債権者代位権を行使することができるにとどまります（最判昭44・6・24民集23巻7号1079頁）。債務者の財産管理権への介入を広範に認めるべきでないとの理由によると解されています。

　ケース1の場合、A社（債権者）はX社（債務者）に対して300万円の貸金債権を有し、X社（債務者）がB社（第三者）に対して500万円の売買代金債権を有していますが、A社（債権者）は自己の300万円の範囲でX社（債務者）のB社（第三者）に対する金銭債権を代位行使できるにすぎません。

　もっとも、X社（債務者）のB社（第三者）に対する権利が不可分な権

利である場合には、A社（債権者）はそれを代位行使することができます（民428）。たとえば、X社（債務者）のB社（第三者）に対する権利が時価500万円の土地引渡請求権であった場合には、A社（債権者）はX社（債務者）のB社（第三者）に対する土地引渡請求権を代位行使することができます。

4．債権者代位権の効果
（1）債務者の処分権の制限
　債権者が債権者代位権を行使した場合には、債務者は代位権の対象となった債権についての処分権が制限されます。すなわち、①債権者が債務者に対して代位権の行使に着手したことの通知をしたとき、または②債権者が代位権の行使に着手した事実を債務者が知ったときに、その時点から債務者の処分権が制限されます（大判昭14・5・16民集18巻557頁）。
　債権者が債権者代位権を行使したにも関わらず、債務者が依然として代位権の対象となった債権を行使することができるとした場合には、債権者代位制度が無意味なものとなってしまうためです。

（2）債務者への効果帰属と事実上の優先弁済効
　債権者代位権は債務者の権利を行使するため、その効果は債務者に直接帰属することとなります。債権者が第三者から引渡しを受けた財産は、総債権者のための責任財産であるため、代位権を行使した債権者は、自ら引渡しを受けたときでも、債務者に引き渡さなければなりません。
　当該財産を自己の債権の弁済にあてるためには改めて債務者から任意弁済を受けるか、当該財産に対する強制執行手続により回収を図る必要があります。強制執行手続を経た場合にも、他の債権者から配当加入の申出があれば、平等の割合で弁済を受けることができるにすぎません。
　すなわち、債権者代位権を行使した債権者は、優先的に弁済を受ける権利を有するわけではなく、あくまでも他の債権者と平等に弁済を受けるこ

とができるにすぎないということとなります。

　もっとも、債権者の債務者に対する債権が金銭債権で債務者の第三者に対する債権も金銭債権の場合、債権者は債権者代位権を行使し、第三者に対して自己に直接金銭を給付するよう求めることとなります。

　債権者が第三者から金銭を受領した場合、本来であれば債権者は債務者に対して金銭を給付しなければならないはずです。債権者は第三者との間で契約等の法律関係がなく、当該金銭を保持する法律上の根拠がないにも関わらず当該金銭を保持していることとなるため、債務者は債権者に対して不当利得返還請求権を有することとなります。

　ここで、債権者は債務者に対する金銭債権と債務者の債権者に対する不当利得返還請求権を相殺することで、自己の債権の回収を図ることができます。債権者は債権者代位権を行使しても、優先的に弁済を受ける権利を有することとはなりませんが、債権者の債務者に対する債権と債務者の第三者に対する債権が金銭債権である場合には、事実上優先的に弁済を受けることができます（これを「事実上の優先弁済効」といいます）。

5．債権者代位権の転用事例

　債権者代位権制度は、債務者の責任財産（債権者の債権回収の対象となる財産）を保全することで、債権者が自己の債権との回収を図ることを目的としています。しかし、この制度の本来の適用場面と異なった場面で債権者の有する特定の債権自体の内容を端的に実現するために用いられることがあります。本来の債権者代位権の行使方法とは異なる行使方法という意味で、債権者代位権の「転用事例」といいます。この場合、責任財産の保全を目的とするわけではないため、債権者代位権を行使する際、債務者の無資力要件は求められません。

　たとえば、ある不動産がAからBを経てCに転売された場合に、登記名義がAに残存している場合に、AやBが登記手続に協力しない場合、Cは

BのAに対する登記請求権を代位行使することができます。

また、不動産を賃借している者がその使用を第三者から妨害されている場合、賃借人は賃貸人（不動産所有者）の第三者に対する所有権に基づく妨害排除請求権を代位行使することができます。

6．債権者代位訴訟と倒産手続

債権者代位権は、裁判外で行使することができるため、債権者が債務者の第三者に対する権利を行使した場合に、第三者が任意に債権者に対して物や金銭を引き渡した場合には問題ありません。しかし、任意に引き渡さない場合には債権者は自己を原告、第三者を被告として債権者代位訴訟を提起することとなります。

このような債権者代位訴訟が係属しているときに、債務者が倒産手続開始決定を受けた場合、当該債権者代位訴訟は中断します（破45Ⅰ、民再40の2Ⅰ、会更52の2Ⅰ）。この趣旨は、①倒産手続が開始された時点で、債権者の個別の権利行使が禁止されるため、債権者代位訴訟を債権者に遂行させることは適当でないこと、②債権者代位により事実上の優先弁済効が生じるおそれがあり、倒産手続開始決定後にそのような優先弁済効を認めるのは適当でないこと、という点にあります。

中断した債権者代位訴訟は、破産管財人、再生債務者等（管財人が選任されていない場合には再生債務者、管財人が選任されている場合には管財人をいいます。民再2②）、管財人（以下「破産管財人等」といいます）が受継することができます（破45Ⅱ、民再40の2Ⅱ、会更52の2Ⅱ）。また、訴訟の相手方も受継の申立てをすることができます（同条）。

いったん破産管財人等が受継した後、倒産手続が終了した場合には、当該債権者代位訴訟は再度中断します（破45Ⅳ、民再40の2Ⅳ、会更52の2Ⅳ）。倒産手続が終了した場合には、破産管財人等は当事者適格を欠くこととなるため、代位債権者が受継することとなります（破45Ⅴ、民再40の

2Ⅴ、会更52の2Ⅴ)。また、訴訟の相手方も受継の申立てをすることができます(同条)。

　破産管財人等が受継せずに、倒産手続が終了した場合には、代位債権者が当然に受継することとなります(破45Ⅵ、民再40の2Ⅵ、会更52の2Ⅵ)。

2 債権回収のための担保・保全 ④ 詐害行為取消権

第1 詐害行為取消権の意義

ケース1

　A社は、多額の負債を抱え、債務超過状態にあります。A社は唯一の資産として工場を所有しています。A社は、債権者Bから貸付金返還請求訴訟を提起されました。A社は、債権者Bから強制執行を受けて自社の工場を失うことを回避するため、A社の専務取締役が代表取締役を務めるC社にこの工場を廉価で売却しました。

　債権者Bは、これに対してどのような法的手段をとることが考えられるでしょうか。

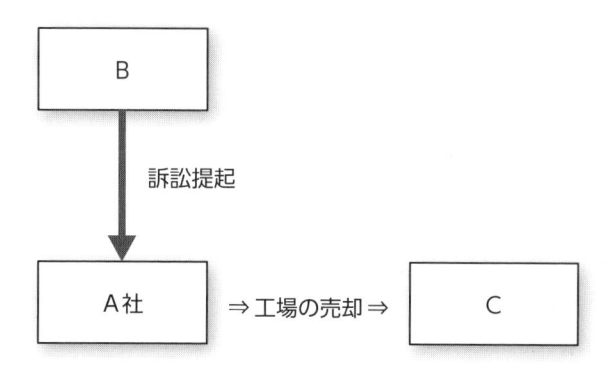

1．詐害行為取消権とは

　詐害行為とは、無資力の状態にある債務者が自己の責任財産を減少させる行為（詐害行為）を行った場合に、債権者がこれを取り消して逸出した財産を債務者の責任財産に回復させる権利をいいます。

　詐害行為取消権の趣旨は、詐害行為を取り消して、逸出財産を回復し、責任財産の確保を図る点にあります。

　責任財産とは、債権者による強制執行の引当てとなる財産をいいます。債権者が債務者に対して訴訟提起し勝訴したとしても、債務者に責任財産がなければ、その後強制執行しても債権回収はできず、無意味となります。

　詐害行為取消権の制度趣旨は、債務者が財産を減少させる行為を行った場合に債権者による取消権を認めることで責任財産の確保を図る点にあります。

　ケース1で債務者A社は、Bとの間の訴訟で敗訴し、その後Bから工場の強制執行を受けることを回避するため、唯一の資産である工場を第三者C社に廉価で売却しています。このような場合、Bは、A社に対する訴訟に勝訴したとしてもA社には強制執行の引当てとなる資産がないため債権回収を図ることが困難となります。そこで、Bは、A社の強制執行の引当てとなる財産（責任財産）を確保するためA社に対して詐害行為取消権を行使することが考えられます。

2．詐害行為取消権の要件

　ケース1のA社からC社に対する工場の売却行為は、本来であれば有効な法律行為です。詐害行為取消権は、当事者間でなされた有効な法律行為を例外的に取り消す制度であり、当事者間の有効な法律行為を後に第三者が介入して取り消すことを意味します。

　このように詐害行為取消権は、債務者の法律行為を取り消すという重大な効果を伴い第三者に対して及ぼす影響の程度が大きいため、裁判所で慎

重に審理する必要があります。そこで、債権者が詐害行為取消権を行使するためには、債務者の法律行為の取消を「裁判所に請求」し、詐害行為取消訴訟を提起することが必要となります。詐害行為取消権は、必ず訴訟を提起して行使する必要がある点で、債権者の債権が期限未到来の場合に限って訴訟提起を要求した債権者代位権（民423Ⅱ）とは異なります（民424Ⅰ）。

詐害行為取消権の行使が認められるためには、責任財産を確保するという制度趣旨を実現する観点から、以下の要件を充足する必要があります。

債権者が責任財産の確保を図るため詐害行為取消権を行使することを検討する場合には、以下の①～④が認められる必要があります。

① 被保全債権の存在
② 債務者による詐害行為
③ 債務者の詐害意思
④ 受益者・転得者の悪意

(1) 被保全債権の存在（金銭債権に限定されるか）

被保全債権とは、詐害行為取消権を行使しようとする債権者の債務者に対する権利をいいます。たとえば**ケース1**では、BのA社に対する貸付金債権が被保全債権となります。詐害行為取消権は、詐害行為によって損害を受ける債権者に対して責任財産の確保を図るために認められた権利であるため、詐害行為以前に被保全債権が発生している必要があります。

ケース2

AはBに対して建物を売却し、移転登記と同時にBから残代金の支払いを受ける内容の契約を締結しました。ところが、Aは資金のショートを回避するため、Cと通謀してCに対して建物を市場価格よりも低い価格で譲渡し、Bに先行してCが所有権移転登記を具備しま

した。

　この場合、BはAC間の売買契約が詐害行為にあたるとして、Cに対して詐害行為取消権を行使することはできるでしょうか。

　詐害行為取消権は、債権者の金銭債権の回収を図るため債務者の責任財産を確保する制度です。したがって、被保全権利は、原則として金銭債権である必要があります。
　もっとも、判例は、被保全債権が金銭債権でない債権（特定債権）である場合でも究極的には金銭債権たる損害賠償に転化するため詐害行為取消権を肯定しています（最判昭36・7・19民集15巻7号1875頁）。
　このように、判例は詐害行為の時点で被保全債権が金銭債権であることは要求していません。
　ケース2では、BはAC間の売買契約が詐害行為にあたるとしてCに対して詐害行為取消権を行使することができます。

（2）債務者による詐害行為

ケース3

　5年連続で営業利益を出し、資産が負債を大幅に上回っているA社は、事業のスリム化を図るため、保有する重要な工場を第三者Cに対して廉価で譲渡しました。債権者Bは、A社の上記譲渡に対して詐害行為取消権を行使することができるでしょうか。

```
        ┌──────┐
        │  B   │
        └──────┘
           │ 訴訟提起
           ▼
        ┌──────┐              ┌──────┐
        │ A社  │ ⇒工場の売却⇒ │  C   │
        └──────┘              └──────┘
```

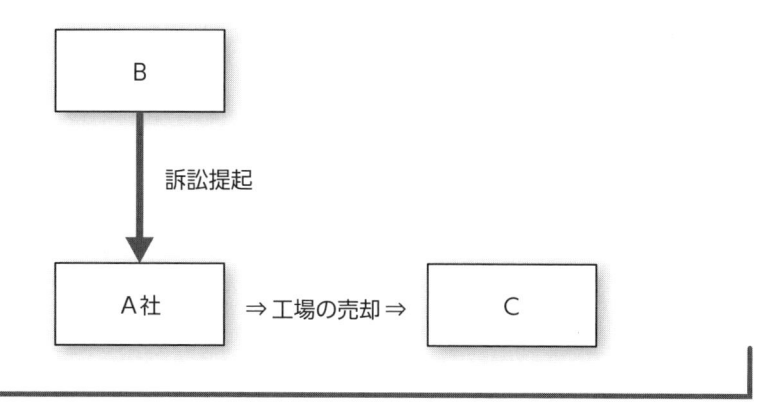

① 詐害行為とは

　詐害行為とは、債権者を害することを知って債務者の行った債権者を害する行為をいいます。たとえば、債務超過状態にあるX社が債権者から強制執行を受けることを防ぐために唯一の資産である不動産をX社の代表取締役の親族に贈与する場合が、詐害行為の典型例です。

　詐害行為というためには債権者を害する債務者の行為によって、債務者の責任財産が減少し、その結果、債権者が債務者から債権回収を図ることが困難になったことが必要です。したがって、詐害行為が成立するためには、無資力状態にある債務者が財産を処分することにより責任財産を減少させることが必要になると解されます。

　判例は、無資力である債務者の行った行為が「債権者を害する」行為にあたるかどうかは、債務者の単なる計数上の債務超過のみならずその信用等の存否をも考慮して判断すべきと解しています（最判昭41・5・27民集20巻5号1004頁）。

　また、債務者が無資力であることは、詐害行為時だけでなく、事実審の口頭弁論終結時においても必要です。したがって、債権者が詐害行為取消訴訟を提起した後、詐害行為取消訴訟係属中に債務者の資力が回復した場合、詐害行為取消権の行使は認められなくなります。

なお、債務者の財産が減少する行為であっても債務者に十分な資力がある場合には、詐害行為にはあたりません。なぜなら、この場合、債権者は債務者の財産に対して強制執行することにより、債権回収を図ることが十分可能であり、あえて詐害行為取消権を行使して責任財産を確保する必要性が乏しいためです。

ケース3では、A社からCに対する工場の廉価売却は、債務者の財産を減少させる行為にあたりますが、債務者であるA社には他の債権者に対する十分な弁済資力があるため、「債権者を害する」行為にはあたらず、BからCに対する詐害行為取消権の行使は認められません。

債務超過、支払不能、無資力の意義　COLUMN

破産法上用いられる債務超過、支払不能と詐害行為取消権における無資力要件の意義については、以下のように整理することができます。

	多数説	有力説
無資力	債務額の総計が資産額の総計を超過しているという計数上の概念を基本としつつ、債務者の信用をも考慮して判断する（債務者の信用を考慮する）。	債務超過と同義である。
債務超過	債務額の総計が資産額の総計を超過しているという計数上の概念をいう（債務者の信用は考慮されない）。	債務額の総計が資産額の総計を超過している場合をいう。ただし債務超過の有無を判断する基準としての資産の評価は清算価値ではなく、継続企業価値（ゴーイング・コンサーン・バリュー）で捉える。この見解は債務者の信用を考慮する見解に近づく。
支払不能	債務者が、弁済能力を欠くために、その債務のうち弁済期のあるものにつき、一般的かつ継続的に弁済することができない状態をいう（債務者の信用を考慮する）。なお、弁済期の到来した債務の弁済可能性を問題とし、将来の支払不能が予想されるとしても現在の時点で履行期が到来し即時に履行すべき債務の弁済が可能である場合には、支払不能にはあたらない。	債務者が、弁済能力を欠くために、その債務のうち弁済期のあるものにつき、一般的かつ継続的に弁済することができない状態をいう。なお、特定の債務を履行期に弁済できないだけでなく、将来履行期の到来する債務についてもその大部分を継続的に弁済できないことが確実となった場合、そのような予測が成り立った時点を支払不能発生時とすべき。

② 財産権を目的とする法律行為

詐害行為取消権の対象は、財産権を目的とする法律行為に限られま

す。財産権を目的としない法律行為を取り消したとしても責任財産の回復を図ることはできず、詐害行為取消権の制度目的を実現することができないといえるからです。

したがって、たとえば、婚姻や離婚等の身分行為は詐害行為の対象とはなりません。

もっとも、離婚に伴う財産分与（民768）の場合、夫婦が偽装離婚し債務者である夫から妻に対して過大な財産分与を行う等して、債務者である夫の責任財産を減少させるおそれがあります。

そこで、判例は、離婚に伴う財産分与は原則として詐害行為取消権の対象とならないとしたうえで、民法768条3項の規定の趣旨に反して不相当に過大であり、財産分与に仮託してされた財産処分であると認めるに足りるような特段の事情がある場合に例外的に詐害行為取消権の対象となる旨を判示しました（最判昭58・12・19民集37巻10号1532頁）。ここにいう特段の事情は、婚姻の期間、財産分与請求者の寄与の程度、財産分与請求者の離婚後の生活状況、財産分与請求者の有責性の有無・程度等を総合考慮して判断されます。

ケース4

Aは、多額の負債を抱え、取引先から取引の停止を受けています。Aの資産は3億円、負債は10億円です。AはCと5年前に婚姻していましたが、Cと離婚し、自己の所有する不動産および預金を配偶者であるCに財産分与することとし、Aの全資産3億円のうち2億円に相当する資産をCに対して財産分与しました。

Bは、Cに対して、どのような請求をすることができるでしょうか。

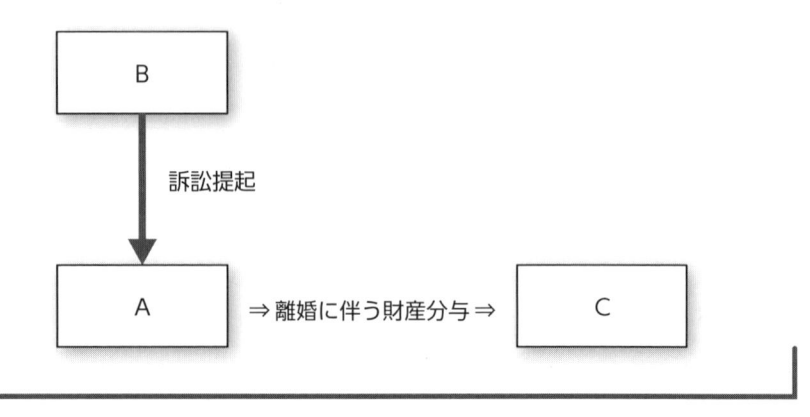

```
       ┌─────┐
       │  B  │
       └──┬──┘
          │ 訴訟提起
          ▼
       ┌─────┐                        ┌─────┐
       │  A  │ ⇒ 離婚に伴う財産分与 ⇒ │  C  │
       └─────┘                        └─────┘
```

　ケース4では、Aの資産が3億円であるのに対し、負債は10億円です。しかもAは取引先から取引停止を受ける等信用が低下しているため無資力状態にあります。Aは無資力であるにも関わらず、離婚に伴う財産分与としてCに対して2億円の資産の財産分与を行っており、Cとの婚姻期間が5年と短く、財産への寄与度の程度も高いとはいえないため民法768条3項の規定の趣旨に反して不相当に過大であり、財産分与に仮託してされた財産処分であると認めるに足りる特段の事情があるといえます（最判昭58・12・19民集37巻10号1532頁）。

（3）詐害意思

　詐害意思とは、債務者が行為をした時点で、債権者が債権者を害することを知っていたことをいいます。詐害意思の内容に関して、債務者が債権者を積極的に害する意思を有していることが必要か否かについて見解が分かれます。通説は、民法424条1項が「債権者を害することを知ってした法律行為」を詐害行為取消の対象としていることを理由に債務者は、自己の行為によって債務者の責任財産が減少することを認識していれば足りると解しています。

　判例も「詐害行為の成立には債務者がその債権者を害することを知って法律行為をしたことを要するが、必ずしも害することを意図しもしくは欲

してこれをしたことを要しないと解するのが相当である」と判示しています（最判昭41・5・27民集20巻5号1004頁）。

もっとも、たとえば最判昭和33年9月26日民集12巻13号3022頁は、債務者から一部の債権者の弁済について、特定の債権者と通謀し、他の債権者を害する意思をもってなされた弁済にあたる場合に詐害行為になると判示しています。

判例は、債務者が債権者に対してすでに負担する自己の債務を支払う行為は、義務の履行であるため、本来的には詐害行為にならないことを前提にしています。もっとも、債務者が特定の債権者と通謀して一部の債権者に対してのみ弁済した場合に詐害行為の成立を認めています。このように判例は、客観的要件（詐害行為と主観的要件（詐害意思））を相関的に判断する立場を採用しています。

Q&A

Q 当社は、経営状態の悪化した債務者に対して債務の支払いを求めています。当社が当該債務者から弁済を受けた場合、他の債権者から詐害行為取消権の行使を受けるでしょうか。

A **原則として弁済を受ける行為は詐害行為取消権の対象とはなりません。ただし、貴社が債務者と通謀して債務者から弁済を受けたような場合には他の債権者から詐害行為取消権の行使を受ける可能性がありますので注意する必要があります。**

解説

判例は、債権者を害する意思がなく、自己の負担する既存の債務を弁済する行為は義務の履行であるため、詐害行為となることを原則として否定しています。もっとも、債務者が債権者と通謀して他の債権者を害する意思をもって弁済をした場合には、義務の履行である弁済行為も詐害行為になると判断しています（最判昭52・7・12判時867号58頁）。

（4）受益者および転得者の悪意

　債権者が債務者の行為を詐害行為として詐害行為取消権を行使する場合、受益者（債務者から直接財産処分を受けた者）が転得者（受益者から財産の処分を受けた者）が財産処分行為を受けた時点で「債権者を害すべき事実」（詐害行為）を知っていたことが必要となります。なぜなら、受益者および転得者が債権者を害すべき事実を知らない場合（善意である場合）にまで詐害行為取消権の行使を認めると善意の第三者である受益者および転得者の利益を害する結果となり、取引安全を確保する観点から妥当でないからです。

① 受益者が悪意で、転得者が善意の場合

ケース5

　Aは、多額の負債を抱えていますが、唯一の資産として不動産を所有しています。Aは、債権者Bから強制執行を受けて不動産を失うことを回避するため、知人Cに事情を説明して、当該不動産を廉価で売却しました。債権者を害する事実につき悪意のCは、これを知らないDに当該不動産を転売しました。債権者Bは、どのような法的手段をとることが考えられるでしょうか。

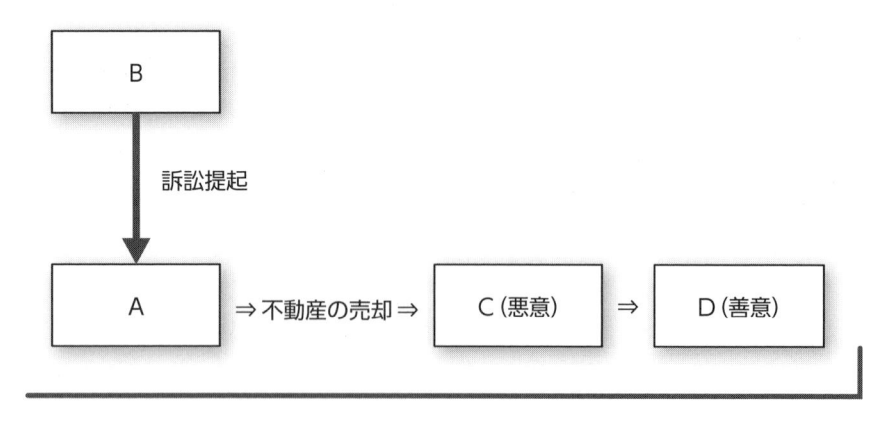

```
        ┌─────┐
        │  B  │
        └─────┘
           │ 訴訟提起
           ▼
        ┌─────┐                    ┌───────┐         ┌───────┐
        │  A  │ ⇒ 不動産の売却 ⇒   │C（悪意）│  ⇒    │D（善意）│
        └─────┘                    └───────┘         └───────┘
```

　受益者が悪意で、転得者が善意である場合、債権者は、善意の転得者

に対して詐害行為取消権を行使することはできません（民424Ⅰ但書）。もっとも、債権者は、悪意の受益者に対して価額賠償を請求することができます（大判明44・3・24民録17輯117頁）。

ケース5で、BはDに対して詐害行為取消権を行使することはできませんが、Cに対しては、価額賠償請求をすることができます。

② 受益者が善意で、転得者が悪意の場合

ケース6

Aは、多額の負債を抱えていますが、唯一の資産として居住用の家屋を所有しています。Aは、債権者Bから強制執行を受けて不動産を失うことを回避するため、事情を隠して第三者Cに廉価で処分しました。Aの親族であるDは、Aから事情の説明を受け、Cから上記家屋を買い受けました。債権者Bはどのような法的手段をとることが考えられるでしょうか。

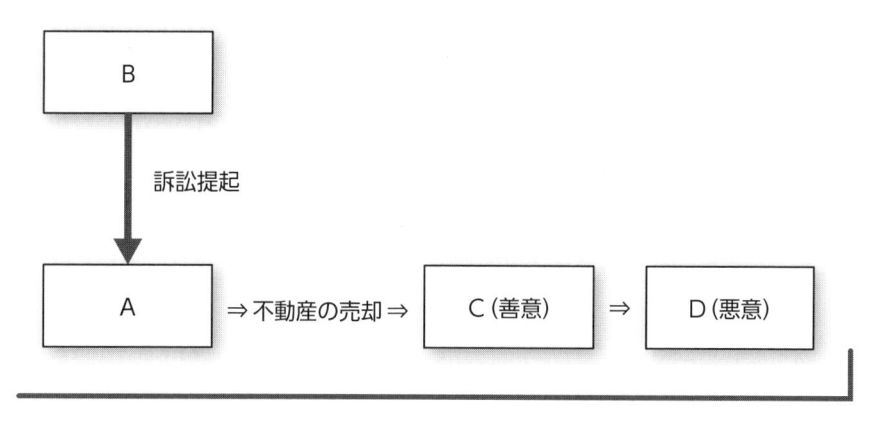

```
┌───┐
│ B │
└─┬─┘
  │訴訟提起
  ▼
┌───┐           ┌────────┐       ┌────────┐
│ A │⇒不動産の売却⇒│ C(善意) │ ⇒ │ D(悪意) │
└───┘           └────────┘       └────────┘
```

受益者が善意で、転得者が悪意である場合、債権者は、善意の受益者に対して詐害行為取消権を行使することはできません（民424Ⅰ但書）。では、債権者は、悪意の転得者に対して詐害行為取消権を行使することができるでしょうか。

判例は、債権者が悪意の転得者を被告として詐害行為取消権を行使す

ることを認めています（最判昭49・12・12金法743号31頁。相対的構成説）。

これに対して、いったん善意の受益者が現れた以上、その後に現れた転得者が悪意であった場合でも、債権者は詐害行為取消権を行使することができないとする立場も有力です（絶対的構成説）。

絶対的構成説は、取引の安全を確保し、善意の受益者が詐害行為取消による転得者からの責任追及をおそれて自己の財産処分を躊躇することのないようにしなければならないことを根拠として挙げます（潮見佳男『債権総論Ⅱ　第3版』信山社、170頁）。

しかし、詐害行為取消権は、債権者と悪意の転得者との間でのみ効果が生じ、受益者と転得者との間では詐害行為取消権の効果は生じないため、転得者から善意の受益者に対する責任追及（追奪担保責任の追及）がなされるおそれはないといえます。また、悪意の転得者を保護する必要性は乏しいといえます。

したがって、判例の立場が妥当です。この立場によった場合**ケース6**で、Bは、Dに対して詐害行為取消権を行使することが可能です。

3．詐害行為取消権の効果〜相対的無効説の意味

通説・判例は、詐害行為取消の効果は、債務者の詐害行為により逸出した財産の回復をするのに必要な範囲でのみ生じ、詐害行為取消権の相手方である受益者または転得者との関係でのみ生じると解しています（大判明44・3・24民録17輯117頁）。このような考え方を相対的無効説といいます。

判例は、詐害行為取消権の効果について以下のように取戻対象物ごとに異なる取扱いをしています。

【各取戻対象物の返還先】

詐害行為取消権の対象物	返 還 先
不動産	債務者
動産	取消債権者
金銭	取消債権者

　詐害行為取消権は、債務者の責任財産を確保する制度であるため、本来は、詐害行為取消の対象となった財産は、債務者の責任財産に戻すのが原則といえます。ところが、動産や金銭については、債務者が受領拒否をする可能性があるため、いったん取消債権者が受領することを認めているのです。

　このように判例の立場では、金銭は取消債権者が受領することとなり、取消債権者は債務者に対する金銭の不当利得返還債務と自己の債務者に対して有する債権（被保全債権）とを対当額で相殺することにより債権回収を図ることが可能となります（これを事実上の優先弁済効といいます）。

担当者として留意すべき事項

事実上の優先弁済効と相殺禁止（破72）

　取消債権者は詐害行為取消権を行使し、受益者から金銭を受領した場合、債務者に対する金銭の返還債務と債務者に対して有する債権とを対当額で相殺することができます。

　もっとも、債務者が破産の申立てをした場合には、時期や取消債権者の認識によっては、破産法72条により上記の相殺が禁止される可能性があります。この場合、取消債権者が相殺した金額について破産管財人から返還請求を受ける可能性がありますので、留意する必要があります（相殺禁止については、本書第1章**3**参照）。

3 債権回収と否認・相殺禁止の問題 ①
否認権

第1 否認権が行使されるとどのようなことになるか

ケース1

　A社は、1回目の手形不渡りを出しました。A社が資金繰りに窮し手形不渡りを出したとの情報を得たB社は、A社の所有する不動産を市場価格（3億円）の3割（9,000万円）で購入しました。その後、A社は、資金繰りに行き詰まり、破産手続開始の申立てを行い破産手続開始決定を受けて破産管財人としてEが選任されました。Eは、A社とB社の不動産の売買契約について否認権を行使し、B社に対して不動産の返還を求めました。Eの否認権行使がなされた場合、当該不動産を巡る法律関係はどうなるでしょうか。

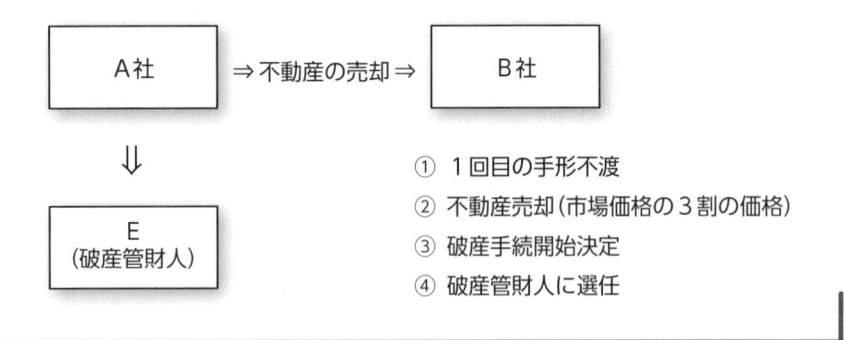

```
   A社      ⇒ 不動産の売却 ⇒    B社

    ⇓                  ① 1回目の手形不渡
                       ② 不動産売却（市場価格の3割の価格）
    E                  ③ 破産手続開始決定
 （破産管財人）          ④ 破産管財人に選任
```

　ケース1で、B社は、A社の法的倒産手続開始の申立ての直前にA社か

ら不動産を買い受けています。

売買契約は、当事者間の意思表示の合致により成立します（民555）。しかし、破産法は、債務者が他の債権者に対する弁済資力がないにも関わらず保有する資産を安い価格で売却処分したような場合、総債権者に対する債務の支払いにあてるべき債務者の総資産（これを責任財産といいます）の回復を図るため、債務者の行った行為の効果を否定する制度（否認制度）を設けています（破160、161、162）。

破産管財人が否認権を行使した場合、債務者の行為の効力は否定されます（破167）。そのため、**ケース1**の事例では、A社からB社に対して売却された不動産は破産管財人の管理する破産財団に復帰し、否認の相手方であるB社は、破産管財人に対して破産者に給付した不動産売買代金（9,000万円）の返還を求めることとなります（破168Ⅰ）。

このように経営状況の悪化した会社と取引をする場合、破産管財人から事後的に否認権の行使を受け、取引の効果を否定される可能性があります。そこで、以下では経営状況の悪化した会社と取引を行う場面で企業担当者として留意するべき点をふまえて、否認権の内容について説明します。

第2　否認権について

1．否認権の意義

（1）定義

否認権とは、倒産手続開始決定前に債務者が行った行為またはこれと同視される第三者の行為の効力を否定する権能をいいます。

（2）否認権の種類

否認権には、5種類の類型が存在します。

- ①詐害行為否認（破160）─┬─第1類型（破160Ⅰ①）
- 　　　　　　　　　　　　└─第2類型（破160Ⅰ②）
- ②相当対価を得てなされた行為に対する相当対価否認（破161）
- ③偏頗行為否認（破162）
- ④対抗要件具備行為の否認（破164）
- ⑤執行行為の否認（破165）

　取引先との行為が後に取引先の破産管財人から否認されるかどうかを検討するにあたっては、各否認類型の要件にあたるかどうかを中心に検討する必要があります。

2．詐害行為否認（破160）

　以下では、どのような場合に破産管財人が否認権を行使するかという点を中心に説明します。

(1) 詐害行為否認の意義

　詐害行為否認（破160）は、破産者が破産債権者を害する行為を行った場合に、当該行為の効果を否定し、責任財産の回復を図る制度です。詐害行為とは、破産者が破産債権者を害することを知って行った財産減少行為をいいます。

　ケース1の事例のように倒産手続直前に債務者が安い価格で資産を売却したような場合、総債権者に対する債務の支払いの引当て（原資）となるべき債務者の総資産が減少します。破産法は、債務者の責任財産を減少させる行為（詐害行為）の法的効果を否定し責任財産の回復を図るために、詐害行為否認の制度を設けました。

　たとえば、債務者が無資力であるにも関わらず、財産を著しく低い価格で第三者に譲渡したような場合が、詐害行為の典型例です。

　詐害行為否認には、破産者が詐害意思をもって破産債権者を害する行為

に対する否認類型（第1類型）と破産者の詐害意思の有無に関わらず、支払停止等があった後の破産債権者を害する行為に対する否認類型（第2類型）が存在します。第2類型を設けた趣旨は、支払停止等があった後になされた財産減少行為がなされた場合、破産者が破産債権者を害することを知らなかったとはいえないため、第2類型にあたる場合、破産者の詐害意思の立証を不要とした点にあります。

(2) 第1類型（破160Ⅰ①）

① 第1類型の詐害行為否認の要件

以下の要件を満たす場合、詐害行為否認が認められます。

> ア　破産者が詐害意思をもって破産債権者を害する行為をしたこと
> イ　受益者が行為の当時破産債権者を害する事実を知っていたこと

破産債権者を害する行為とは、相手方の給付する財産の価値が破産者の給付する財産の価値よりも低い取引をいいます。

たとえば、時価を下回る価格での財産の売却等は、破産債権者を害する行為に該当します。

ケース1では、A社はB社に対して市場価格の3割の価格で、不動産を販売しており、当該売却行為は、破産債権者を害する行為にあたるといえます。

詐害意思の内容については、破産債権者を害することの認識があれば足りるとする見解と、加害の意思ないし意図が必要であるとする見解が存在しますが、責任財産が減少し、破産債権者の満足が低下するという点で破産債権者を害することの認識があれば詐害意思が肯定されるとするのが近時の多数説です。

ケース1では、受益者であるB社は、A社の窮境につけこんでA社の保有する不動産を市場価格の3割という低い価格で購入しており、B社は、「行為の当時破産債権者を害する事実を知っていた」といえます（破160Ⅰ①）。

破産管財人が、否認権を行使しようとする場合、上記アの要件については、破産管財人が証明する必要があります。

これに対して、イの要件については、破産者の行為により利益を受けた受益者の側で行為の当時破産債権者を害する事実を知らなかったことを証明する必要があります。

② 第1類型の詐害行為否認の効果

ケース1の事例では、ア、イの要件を満たし、破産管財人による否認権行使は認められるといえるでしょう。

したがって、**ケース1**では、A社の破産管財人からの否認権行使が認められ、この場合、B社は不動産をA社の破産管財人に対して返還しなければなりません。また、B社は、A社の破産管財人に対して、不動産の買取代金相当額を財団債権として主張することができます（破168Ⅰ）。この点、財団債権とは、破産手続によらずに破産債権に先立って優先して弁済を受けることができる権利（破151）をいいます。もっとも、A社の破産財団に不動産売買代金を返還するだけの資力がない場合には、B社は最終的に不動産売買代金（9,000万円）の返還を受けることができなくなるおそれがあります。

Q&A

Q 経営状態の悪化した取引先の取引に注意をしなければならないことはわかりましたが、その取引先が支払不能状態にもなく、また債務超過状態にもないのであれば、否認のリスクはないと考えてよいでしょうか？

A 取引先において、支払不能状態の発生または債務超過状態の発生が確実に予測されるのであれば、その時期に廉価で財産の購入をすることは、「詐害行為」に該当する可能性があり、否認されるリスクは存在します。

解説

　本来、自己の財産をどのように処分するかは、その所有者等の自由な意思にゆだねられていて、経済的に均衡を失する廉価での処分は自由なはずです。しかし、「債務者が債権者に対しその財産を責任財産として維持することが求められる時期」に入ると、本文のとおり、債務者の廉価での処分が「詐害行為」であるとして否認権行使の対象となるので、実質的にはその処分に関し制限を受けることになります。

　取引先が支払不能状態でも債務超過でもないならば、「債務者が債権者に対しその財産を責任財産として維持することが求められる時期」には未だ入っておらず、どのような価額で処分をするのかは取引先の自由な裁量であると考えてよいか、という問題については以下のように考えることができます。

　一般に、支払不能がすでに発生している時期が上記時期に該当することに争いはありません。一方で、支払不能の発生が確実に予測される時期や、債務超過状態が発生している時期、債務超過状態の発生が確実に予測される時期がこれに該当するのかは争いがありますが、これを肯定する見解が有力に主張されています。

　取引先において、支払不能状態や債務超過状態の発生が確実に予測されるというのであれば、その時期の廉価での購入は「詐害行為」に該当する可能性があると把握しておく必要があります。

> **担当者として留意すべき事項**
>
> **経営状況の悪化した取引先と取引する場合の留意点**
>
> 会社が日常取引を行うにあたって各取引先の経営状況をすべて把握することは容易ではありません。
> また、会社は営利を目的とする企業であるため、日常的な取引活動の過程で、取引先から商品を安く仕入れるよう交渉することは会社に課された使命といえます。ところが、経営状況の悪化している取引先との間で取引し、取引先が破産手続開始の決定を受けた場合、破産管財人から否認権行使を受けるリスクが高まります。
> そこで、経営状況の悪化した取引先と取引をする場合、破産法160条の要件に該当するか否かを検討し、リスクの程度をふまえたうえで取引を行うよう留意する必要があります。

(3) 第2類型（破160Ⅰ②）

ケース2

　不動産を売買することを主たる事業とするA社は、2回目の手形不渡りを出し銀行取引停止処分を受けました。上記手形不渡りを出した日の翌日にA社は、B社に対して手形不渡りを出したことを告げ、運転資金をつなぐために販売用の不動産を早期に売却する必要があるとして3割で売却しました。その後、A社は、運転資金が足りなくなり、破産手続開始決定を受け、B社はA社の破産管財人から否認権行使を受けました。

　　　　A社　⇒ 不動産の売却 ⇒　　B社

①　2回目の手形不渡り
②　不動産売却（市場価格の3割）
③　破産手続開始決定

① 第2類型の詐害行為否認の要件

以下の要件を満たす場合、詐害行為否認が認められます。

> ア　破産者が支払の停止または破産手続開始の申立て（以下「支払停止等」といいます）があった後に、破産債権者を害する行為があったこと
> イ　受益者が行為の当時支払停止等があったことまたは破産債権者を害する事実を知っていたこと

　第1類型（**2.(2)** ①）の場合と異なり、第2類型（**2.(3)**）の場合、破産者が破産債権者を害することを知らなかったということは通常考えられないため、立証責任を緩和する観点から破産者の詐害意思は不要とされています。

　支払停止とは、破産者が弁済能力の欠乏のために弁済期が到来した債務を一般的かつ継続的に弁済することができないことを外部に表示することをいいます。

　たとえば、手形不渡りを2回続けて出し銀行取引停止処分を受けた場合や弁護士名で破産の申立てをする旨の受任通知を発した場合（最判平24・10・19集民241号199頁）等が支払停止の典型例です。

　破産者の詐害意思を不要としたのは、支払停止があった後に破産者が詐害行為を行ったような場合、破産者が破産債権者を害することを知らなかったということは通常想定できないため、あえて詐害意思を要求しなかった点にあります。

　破産管財人が否認権を行使する場合、上記アの要件については、破産管財人が証明し、イの要件については、受益者側が行為の当時支払停止等がなかったことおよび破産債権者を害する事実を知らなかったことを証明する必要があります。

② アの要件について

ケース2では、A社は2回目の手形不渡りを出し、銀行取引停止処分を受けているため、支払停止の事実が認められます。
　A社は支払停止があった後、市場価格の3割の価格で不動産を販売しており、「支払いの停止…があった後に…破産債権者を害する行為」をしたといえます。
③　イの要件について
　次に、**ケース2**では、A社の売却契約締結当時の受益者であるB社の認識が問題となります。
　具体的には、受益者であるB社が行為の当時支払停止等があったことと、または破産債権者を害する事実を知っていたといえるかどうかが問題となります。
　この点、A社は、B社に対し、2回目の手形不渡りを出したことを説明しています。したがって、B社はA社との売買契約締結当時支払停止の事実について認識していたといえます。
　また、A社は、B社に対して運転資金をつなぐために販売用の不動産を早期に売却する必要があるとして市場価格の3割の価格で売却しています。運転資金をつなぐためとはいえ、市場価格の3割の価格で販売する行為は、総債権者に対して支払われるべき責任財産を減少させている点で、破産債権者を害する行為にあたります。
　したがって、受益者であるB社は市場価格での3割での売却が破産債権者を害することを認識していたといえます。
④　第2類型の詐害行為否認の効果
　よって、**ケース2**では、A社の破産管財人からの否認権行使が認められ、この場合、B社は不動産をA社の破産管財人に対して返還しなければなりません。また、B社は、A社の破産管財人に対して、不動産の買取代金相当額を財団債権として主張することができます（破168Ⅰ）。
　財団債権とは、破産手続によらずに破産債権に先立って弁済を受ける

ことができる権利（破151）ですが、A社に弁済するだけの資力がない場合には、返還を受けることができなくなるおそれがあります。

否認権の一般的要件 COLUMN

否認権行使が認められるためには、一般的要件として当該行為に有害性、不当性が認められることが必要であるという議論があります。

有害性とは、否認権行使の対象となる行為が債権者を害する行為であることをいいます。たとえば、債務者が唯一保有する資産を廉価で売却する行為は、一般的には債権者を害する行為にあたり、有害性が認められるといえます。

不当性とは、行為の内容、目的、動機等に照らして、債務者の行為について相当性が認められないことをいいます。有害性を有する行為であっても、その内容や目的等から相当性が認められる場合には、破産管財人による否認権が認められないことになります。たとえば、破産者が仕掛途中の製品を完成させるため、必要な費用を下請負人に支払う場合には、その行為の内容、目的等に照らして不当性が認められないといえます。

代物弁済と否認 COLUMN

債務超過状態に陥ったA社がメインバンクに対する借金を返済するため、販売目的で購入した不動産を代物弁済に供した場合に、代物弁済の目的物の価値が、債務に比べて過大であったときは、どのような法的問題が生じるでしょうか。

代物弁済は、債務の消滅に関する行為に該当するため、本来であれば、詐害行為には該当しません。もっとも、代物弁済の目的物の価値が過大であった場合には、その過大な部分については、財産減少行為にあたるといえます。そこで、当該過大な部分については、詐害行為否認の対象となります（破160Ⅱ）。

3. 相当対価否認（破161）

ケース3

　不動産を売買することを主たる事業とするA社は、多額の借金を負い、1回目の手形不渡りを出しました。A社の代表取締役は、B社の営業本部長に対して、販売目的の下で仕入れた不動産を早期に転売し売却代金をA社の運転資金に回す必要があるとして、市場価格の9割の金額で不動産を売却したいと伝えました。その際、A社の代表取締役は、B社の営業本部長に対して、A社は、不動産を転売した後、直ちに再生手続開始の申立てを検討しており、運転資金をつなぐために販売用の不動産を早期に売却する必要があることを説明しました。その後、A社は、運転資金が足りなくなり、破産手続開始決定を受け、A社の破産管財人から否認権行使を受けました。

```
┌─────┐                    ┌─────┐
│ A社 │ ⇒不動産の売却⇒    │ B社 │
└─────┘                    └─────┘
```

① 1回目の手形不渡り
② 不動産売却（市場価格の9割）
③ 破産手続開始決定

ケース4

　A社が、債務超過に陥った後、債権者からの差押えを免れるため、A社の総株主の議決権の過半数を有するFに対して、市場価格の7割の価格で不動産を売却し、いったんA社が受領した売却代金をA社代表者の個人口座に送金した場合、どのような問題があるでしょうか。

（1）相当対価否認の意義

　破産者が所有する財産を相当対価で売却したのであれば、当該売却財産

が責任財産から失われる代わりに、その対価が責任財産に組み入れられることになります。破産者の行為は責任財産減少行為とはいえず詐害性を欠くはずです。しかし、たとえば売却をするのが不動産の場合には、不動産が金銭に代わることで、破産者においてこれを費消・隠匿しやすくなりますので、実質的には責任財産が減少したとみなされる場合があります。

そこで、破産法161条は、相当の対価を得て財産の処分行為をした場合でも破産管財人による否認権行使を認めています。

(2) 相当対価否認の要件

もっとも、破産者が相当の対価を得て行った財産の処分を行った場合、破産債権者を害する度合いは大きくなく、取引が有効であることを前提に破産者と取引を行った第三者の利益を保護する必要があります。

そこで、破産法は破産者が相当対価を得て行った取引に対する否認権行使は、以下の要件を充足しなければ認めないこととしました。

① 不動産の金銭への換価その他の当該処分による財産の種類の変更によって破産者が隠匿、無償の供与その他破産債権者を害する処分をするおそれを現に生じさせること（破161Ⅰ①）
② 破産者が、当該行為の当時、対価として取得した金銭その他の財産について、隠匿等の処分をする意思を有していたこと（破161Ⅰ②）
③ 相手方が、当該行為の当時、破産者が隠匿等の処分をする意思を有していたことを知っていたこと（破161Ⅰ③）

破産者が相当な対価を取得して財産処分行為を行った事案について破産管財人による否認権行使が認められるためには、①ないし③の要件を破産管財人が証明する必要があります。

経営状況の悪化した会社と取引を行う場合、会社が取引先に対して相当の対価を支払うよう留意すれば、①財産の種類の変更によって隠匿、無償の供与その他破産債権者を害する処分をするおそれが現にあり、②破産者

が隠匿処分を有し、③破産者の隠匿処分の意思を受益者が知っていた場合にあたらない限り破産管財人から否認権を行使されるリスクは低いといえます。それではどのような場合に、相当の対価を支払ったといえるでしょうか。

（3）相当の対価とは

相当の対価を得たといえるかどうかは、時価からみて適正価格といえるか否かによって決定するべきと解されます。具体的には、債務者が処分の時点で置かれていた状況や処分の目的をふまえて、処分の時点で予想される処分価格からみて実際に処分した価格と均衡がとれているかどうかという観点から決定するべきです。取引先の経営状況が悪化しているような事案では、当該取引先から購入を検討している不動産について簡易鑑定を取得する等して、価格の相当性について担保した上で取引をする方法も考えられます。

（4）各ケースの検討

ケース3で、A社がB社に対して不動産を売却した価格は市場価格の9割の価格であり、早期売却価格として評価した場合、相当の対価を得た売買といえ、この場合、破産法161条1項1号の各要件を充足するかどうかを検討することになります。**ケース3**では、A社は、行為の当時、対価として取得した金銭その他の財産について、上記②の隠匿等の処分をする意思を有していたとはいえません。したがって、**ケース3**では、破産管財人による否認権行使は認められないといえるでしょう。

次に、**ケース4**でも、不動産を市場価格の7割の価格で売却しているため、その価格は早期売却価格として相当な対価を取得して行った財産処分行為に該当するといえるでしょう。したがって、破産管財人による否認権行使が認められるためには、上記①ないし③の要件すべてを充足することが必要となります。

ケース4では不動産を金銭に換価しているため、破産法161条1項1号

の要件（①）を充足するといえます。

　また、破産者は、債権者による差押えを免れる意思の下、不動産を現金化し、代表者の個人口座に移しているため、破産法161条1項2号（②の隠匿等の処分をする意思）も認められるといえます。

　ケース4では、A社の総株主の議決権の過半数を有するFに対して不動産を売却しています。破産法161条2項は、行為の相手方である受益者が、①破産者が法人である場合の理事、取締役、執行役、監事、監査役、清算人またはこれらに準じる者にあたる場合（破161Ⅱ①）や②破産者が株式会社である場合の総議決権の過半数を有する支配株主、破産者が孫会社である場合の親会社や親法人、またはこれらに準じる者にあたる場合（破161Ⅱ②）、これらの者を内部者として取り扱い、隠匿等の処分を知っていたものと推定します。この趣旨は、これらの内部者は、破産者との密接な関係があり隠匿等の処分の意思を知っている蓋然性が高いため、立証責任を転換した点にあります。A社の総株主の議決権の過半数を有するFは、内部者であり、破産者と密接な関係が認められるため、経験則上、破産者の隠匿等の処分の意思を知っていることが推定されます（破161Ⅱ②）。そこで、**ケース4**では、破産法161条1項3号の事実（③）は推定され（破161Ⅱ②イ）、FがA社の隠匿等の処分の意思を知らなかったことを証明しない限り③相手方が、当該行為の当時、破産者が隠匿等の処分をする意思を有していたことを知っていたものとして扱われます。

相当の対価を得てした財産の処分（破161）　COLUMN

　相当の対価を得てした財産の処分といえるかどうかは、時価を基準に処分の時点で予想される処分価格からみて、実際に処分した価格と均衡がとれているかどうかという観点から判断する必要があります。その際、債務者が処分の時点で置かれていた状況や処分の目的等もふまえて判断する必要があります。**ケース3、4**の事例では、債務者は、資金繰りに窮してお

り、不動産を短期間に処分しなければならない状況に置かれています。そのため、いずれの事例についても、早期の売却を前提に適正と認められる時価といえるかどうかで判断すべきといえます。短期間に財産を処分しようとする場合、相手方を募る期間が短期間であり、競争原理が働きにくく、買いたたかれるため、安価な価格で処分せざるを得なくなる傾向が高いといえます。事案や不動産の種類によっても異なりますが、早期売却を前提に不動産の価格を算定する場合（早期処分価格の場合）、通常の市場価格から30％前後低い金額となる場合もあります。

（5）相当対価否認の効果

ケース4では、A社の破産管財人からの否認権行使が認められ、この場合、Fは不動産をA社の破産管財人に対して返還しなければなりません。また、Fは、A社の破産管財人に対して、不動産の買取代金相当額を財団債権として主張することができます。

財団債権は、破産手続によらずに破産債権に先立って弁済を受けることができる権利（破151）ですが、A社に弁済するだけの資力がない場合には、返還を受けることができなくなるおそれがあります。

4．偏頗行為否認（破162）

ケース5

資金繰りに行き詰ったA社は2回目の手形不渡りを出し、銀行取引停止処分を受けました。A社の手形不渡りを知った大口債権者Zは、A社が所有する不動産を転売するよう求め、当該不動産の転売代金をもってA社からZに対して優先的に借金の返済をさせました。この場合、どのような法的問題が生じるでしょうか。

ケース6

A社が、債務超過に陥った後、メインバンクから融資を受けるた

め、メインバンクに対してＡ社の所有する不動産に抵当権を設定することにより、融資を受けた場合、当該抵当権設定について否認権行使の対象となるでしょうか。

（１）偏頗行為否認と要件

偏頗行為否認とは、特定の債権者に対してのみ優先的に債務を弁済する行為の効果を否定し、債権者間の平等を図る制度です（破162）。偏頗行為とは特定の債権者に対してのみ弁済等を行い、特定の債権者の債務を消滅させる破産者の行為をいいます。

（２）支払不能または破産手続開始申立て後の既存の債務についてされた担保の供与または債務の消滅に関する行為の存在

支払不能または破産手続開始申立て後のすでに存在する債務者の債務についてなされた担保供与または債務の消滅に関する行為が偏頗行為否認の対象となります。

支払不能とは、破産者が弁済能力の欠乏のために弁済期が到来した債務を一般的かつ継続的に弁済することができない状態にあることをいいます。

たとえば、債務者が金融機関や取引債権者に対して多額の借金を負い、弁済期の到来した債務について弁済できない状態等が支払不能の典型例です。

偏頗行為否認の対象となる債務消滅行為は、弁済、相殺、免除、混同、更改、代物弁済等を意味します。弁済以外の代物弁済や免除等も、破産法162条に基づく偏頗行為の対象となります。

（３）受益者の悪意

① 支払不能（破産者が弁済能力の欠乏のために弁済期が到来した債務を一般的かつ継続的に弁済することができない状態にあること）後の偏頗行為の場合

破産者が支払不能に陥りまたは破産者に支払停止があったことについて受益者が知っていた（悪意であった）ことが必要となります（破162Ⅰ

①イ)。

　偏頗行為否認の紛争では、債権者が債務者の支払不能や支払停止を認識せずに弁済を受けることも多く、受益者が支払不能または支払停止があったことについて悪意であったかどうかが争点となる場合も多いといえます。

　破産管財人から偏頗行為否認の主張を受けた場合にも、企業の担当者としては、以下の点を整理する必要があります。

　　ア　取引先からどのような説明を受けたか（たとえば、取引先から他の債権者に対する債務の支払いができていない等の説明を受けていないか、あるいは他の債権者に対する債務の支払いも含めて支払いは継続しているとの説明を受けていたか、何も説明は受けていなかったか等）
　　イ　取引先に手形不渡りによる銀行取引停止処分が出ていないか
　　ウ　弁護士からの債務整理の受任通知が送られていないか

　　破産管財人から否認権の行使がなされた場合、こうした事情を確認し、事実関係を整理・確定した上で、事情を破産管財人に説明し、紛争の解決を図るべきといえます。

② 破産手続開始申立て後の偏頗行為の場合

　破産者に破産手続開始の申立てがあったことについて受益者が知っていたこと（悪意であること）が必要となります。

③ 受益者の悪意について

　破産管財人が証明する必要があります。支払不能後の偏頗行為の場合、破産者が支払不能に陥っていたことを受益者が悪意であった場合だけでなく、支払停止があったことについて悪意であった場合にも偏頗行為否認が認められています。

　受益者の悪意の対象を支払不能のみならず支払停止にまで拡大した趣旨は、破産者が支払不能にあることを外部に表示する支払停止の事実を受益者が知っていた場合には、当該受益者に対する偏頗行為については否認の

対象とされてもやむを得ず、取引の安全を害するものとはいえないという点にあります。

(4) 同時交換行為の除外

偏頗行為否認の対象は既存の債務の消滅行為であるため、新規の融資（債務）について担保を供与する行為や債権の発生と同時になされる弁済等の同時交換行為については否認の対象とならないと解されています。これは、緊急融資を円滑に行うことを可能とするために認められた例外です。

(5) 各ケースの検討

ケース5では、A社が2回目の手形不渡りを出した後、ZはA社の手形不渡りを認識した上で、Zに対してのみに、優先的に借金の返済をさせています。したがって、**ケース5**は、Zに対する典型的な偏頗行為にあたり、偏頗行為否認が認められます。

これに対して、**ケース6**は、同時交換行為の例外として偏頗行為否認の対象とはならないと解されます。

(6) 偏頗行為否認の効果

偏頗行為否認の結果、ZはA社に対して受領した金員に年6分の法定利息を付して返還しなければならないことになります。

詐害行為否認と偏頗行為否認の区別 COLUMN

　詐害行為否認にあたるか、偏頗行為否認にあたるか検討するにあたっては、以下の点がポイントとなります。

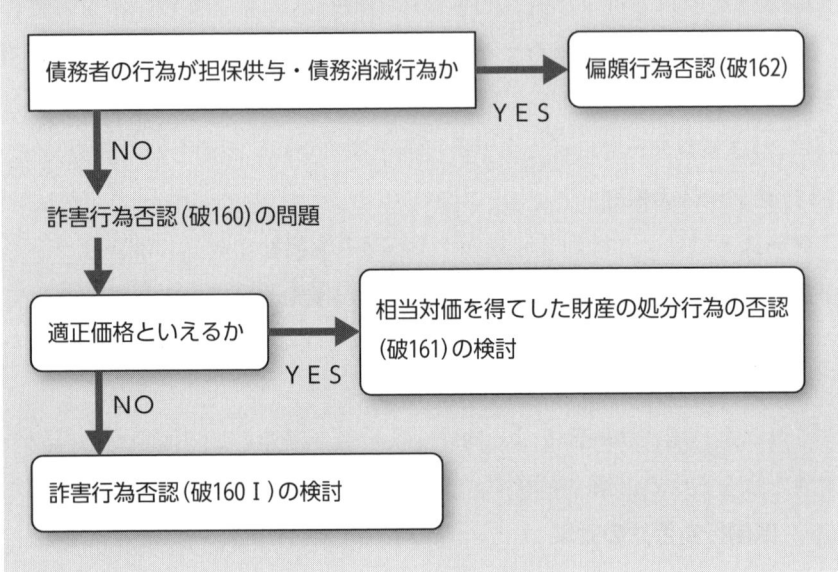

```
┌─────────────────────────────┐      ┌─────────────────────┐
│ 債務者の行為が担保供与・債務消滅行為か │─────▶│ 偏頗行為否認（破162） │
└─────────────────────────────┘ YES  └─────────────────────┘
              │
              │ NO
              ▼
    詐害行為否認（破160）の問題
              │
              ▼
┌──────────────────┐       ┌──────────────────────────────────┐
│ 適正価格といえるか  │──────▶│ 相当対価を得てした財産の処分行為の否認 │
└──────────────────┘  YES  │ （破161）の検討                     │
              │            └──────────────────────────────────┘
              │ NO
              ▼
┌──────────────────────────┐
│ 詐害行為否認（破160Ⅰ）の検討 │
└──────────────────────────┘
```

Q&A

Q A社が所有する不動産を転売させるのではなく、新たな借入れをさせて、その借入代金によって弁済してもらったような場合も同様に偏頗行為否認されてしまうのでしょうか。

A 借入れと弁済とが密着して行われていること、借入れにあたって受益者への弁済目的が明確にされていること等、その借入金が他の債権者のための共同担保とみなされる余地がない状況下での事案において、偏頗行為否認を否定した裁判例（最判平5・1・25民集47巻1号344頁があります）。

解説

仮に借入れと弁済が分離したものであれば、いったん破産者の財産に組み入れられた資金によって弁済がなされる以上、偏頗行為否認の対象となります。一方で、借入れと弁済が一体のものであるといえるのであれば、第三者が受益者に対価を支払って、その破産債権を譲り受けたのと変わりがないので、他の債権者に対しての有害性が否定されるのです。

担当者として留意すべき事項：経営状況の悪化した取引先から債務の弁済を受ける場合の留意点

会社が取引先に対して債権を有している場合、債権回収を図ることは、会社として当然のことですが、経営状況の悪化した取引先から債務の弁済を受ける場合、破産管財人から否認されるリスクがあることを慎重に検討する必要があります。

会社の担当者としては、①取引先からどのような説明を受けたか（たとえば、取引先から他の債権者に対する債務の支払いができていない等の説明を受けていないか、あるいは他の債権者に対する債務の支払いも含めて支払いは継続しているとの説明を受けていたか、何も説明は受けていなかったか等）、②取引先に手形不渡りによる銀行取引停止処分が出ていないか、③弁護士からの債務整理の受任通知が送られていないかといった点を検討する必要があります。

Q&A

Q 甲は乙社の丙共済組合から貸付けを受け、毎月乙社から支払われる給料から一定額を天引きして、乙社を通じて丙共済組合に返済しています。甲は、その他にも借金があったため、弁護士丁に自己破産の申立てを委任しました。甲の代理人弁護士丁から乙社に対して破産手続開始の申立てを行う旨の通知があった後、乙社が甲の給料から天引きして、甲に代わって丙共済組合に対する貸付債権を返済にあてた場合、乙社は甲の破産管財人から否認権行使を受けるでしょうか。

A このような場合、給与天引きの方法による共済組合に対する返済は、破産管財人から否認される可能性があります。

解説

破産者が会社の共済組合から借り入れ、共済組合に対する当該借入金を返済するため、会社に毎月自己の給与から天引きしてもらい、共済組合に返済にあてる行為は、会社が破産者の弁済を代行する行為に他なりません。したがって、弁護士から破産手続開始の申立てをする旨の通知を受けた後に、会社が行った給料天引きおよび共済組合への返済行為は、破産管財人から否認される可能性があります。

この点、最判平成2年7月19日民集44巻5号837頁は、地方公務員の地方公務員共済組合からの借入金について、自己破産申立て後に給与支払機関が法律に基づき、その組合員の給与から未返済額を控除して組合に払い込む行為は、払込みが組合に対する組合員の債務の弁済を代行するものに他ならないとし、否認の対象となると判示しています。

COLUMN 同時交換行為の意義

同時交換行為に該当するためには、融資の際に単に合意しただけでは足りず、少なくとも融資契約と担保権設定契約が同時に締結され、当該担保権設定契約と担保権の対抗要件の具備とが時間的に接着していることが必要であると解されています。

対抗要件否認の法的性格　COLUMN

　不動産の登記、自動車の登録、債権譲渡の通知等権利変動の対抗要件を具備する行為が、破産者の支払停止等の後になされ、かつ、対抗要件具備行為が権利変動の効果が生じた日から15日を経過した後になされた場合、対抗要件具備行為が否認権行使の対象となります。

　破産法164条の趣旨については、破産法が原因行為と区別して特別に対抗要件具備行為に対する否認を認めたものと解する立場（創設説）と対抗要件具備行為も本来破産債権者を害する行為として否認の対象となり得る行為であるものの、支払停止等後の行為であって行為者が支払停止等について悪意である場合には、原因行為から15日を経過する前になされた対抗要件具備行為については否認権行使を制限する趣旨であると解する立場（制限説）が存在します。

　対抗要件具備行為も、詐害行為否認の対象となるべきであるものですが、原因行為そのものに否認の理由がない場合に、できるだけ対抗要件を具備させることによって当事者の所期の目的を達成させようとした点にあると解されます（制限説。最判昭45・8・20民集24巻9号1339頁）。

　また、債務者が支払能力を欠いた状態で原因行為から一定期間経過後に対抗要件が具備された場合、破産債権者を害する行為にあたるといえます。

　したがって、制限説が妥当であると解されます。

第3　債権者として取るべき対応

　以上のとおり、経営状況の悪化した取引先と取引を行う場合、破産管財人から否認権行使を受けるリスクが生じます。

　債権者としては、取引を行うに際して、事前に否認リスクを検討した上で取引を行う必要があります。

　また、取引先の信用状況によっては、必要に応じて可能な限り、事前に

担保権を設定したり、保証人をとる等してリスクを分散化させることが望ましいといえます。

> **執行行為否認** COLUMN
>
> 　破産法165条は、「否認しようとする行為について執行力のある債務名義があるとき、又はその行為が執行行為に基づくものであるときでも、行使することを妨げない」と規定します。たとえば、執行行為の否認は、債権者勝訴の判決文のある債務について債務者が任意に債権者に対して債務の弁済をした場合だけなく、債権者が勝訴判決文に基づき強制執行を行い、債権回収を図った場合も問題となります。たとえば、債権者Aが債務者Bの売掛債権に対する差押命令の申立てを行った時点で、債権者Aが債務者Bの支払停止の事実を認識していた場合（AがBの2回目の手形不渡りの事実を認識していた場合）、AがBに対する強制執行によりBの有する売掛金債権を回収したとしても、Bが破産した場合には、Bの破産管財人から強制執行に基づく債権回収行為を否認される可能性があります。このように、債権者が勝訴判決を得て強制執行を行った場合でも、破産管財人から否認される可能性がありますので、債権者として注意する必要があります。
> 　なお、執行行為否認の要件については、①受益者である債権者が債権差押命令申立て時に債務者の支払停止等の事実を認識していたことが必要であるとする見解と、②受益者である債権者が差押命令時に支払停止等の事実を認識していない場合でも取立時に支払停止等の事実を認識していた場合には、破産管財人は否認することができる見解が存在します。

3 債権回収と否認・相殺禁止の問題 2
相殺の禁止

第1 倒産した会社相手に相殺権を行使することが許されるか

ケース1

　B社は、A社との間で継続的に商品を購入しています。A社が破産手続を開始したと聞いて、B社は2社間の債権債務での相殺によりA社に対する貸金債権の実質回収を図りたいのですが、破産手続での相殺権行使の要件はどのようなものでしょうか。B社のA社に対する貸金債権の弁済期がA社の破産手続開始時点で到来していない場合には相殺できないでしょうか。

ケース2

　ケース1において、A社が破産手続開始ではなく、再建型手続の開始決定を受けた場合に、B社による相殺が認められる要件について破産手続開始との違いはありますか。

　ケース1、**ケース2**では、破産手続を開始したA社に対し債権を有する破産債権者B社とすれば、一般にA社の責任財産からの回収を図ることは期待できないために、自らA社に負担する債務を反対債権として相殺することで実質的回収を図りたいと考えます。

　相殺は簡易な決済機能とともに、担保的機能を有するとされ、担保的機

能はまさに相手方の経営状況が悪化し債権回収を期待できない状態、すなわち倒産の局面において最も先鋭化することとなります（①原則相殺可能）。

　倒産の局面においては、限られた責任財産からの優先的回収を一般の債権者が図ることは禁止され、債権者間の平等という倒産法的秩序で規律されます。このため相殺権の行使について一定の制限が加わることとなり、相殺が禁止される場合も出てきます。倒産の場面での相殺禁止の趣旨は、相殺権行使による相殺の担保的機能を容認することが総債権者間の平等や公平に反することにあり、財務状況が逼迫している相手方に担保権を設定させる行為が偏頗行為否認として後に破産管財人から否認権行使（本書第1章3参照）を受けるのと同趣旨と解されます（②相殺禁止）。

　しかし、他方で相殺の担保的機能に対する債権者の合理的期待は保護されるべきであり、上述の相殺禁止に該当する事案においても後の相殺権行使を期待して取引に入った債権者の合理的期待が保護に値する場合には、相殺禁止の例外として相殺権行使が許容されることとなります（③相殺禁止の例外）。

　債権者間の平等と相殺の合理的期待の保護とのバランスが問題となり、相殺が許容される場合とされない場合の線引きが実務的には重要となります。企業担当者として留意すべき点をふまえ、倒産局面での①相殺権行使の基本的要件、②相殺禁止、③相殺禁止の例外について説明します。

第2　相殺権について

1．相殺権の意義

　相殺は、相対立する両債権の簡易な決済手段であり、倒産の局面でも、倒産した相手方Ａ社に対するＢ社の倒産債権を自働債権とし、倒産会社Ａ社の倒産財団（倒産手続におけるすべての倒産債権に対する配当原資としての

責任財産）に属するB社に対する債権を受働債権とする相殺によって、B社は他の倒産債権者に先立って優先回収を図ることができます（破67Ⅰ、民再92Ⅰ、会更48Ⅰ。相殺の担保的機能）。倒産手続において倒産債権者の相殺が一定の要件のもとで保障されていることを相殺権といいます。

2．倒産手続における相殺権行使の要件
（1）相殺権の行使方法および相殺権の拡張

　A社が倒産手続開始した時点でB社との間でA社に対する倒産債権とA社倒産財団に属するB社に対する債権が存在すれば、両債権につき弁済期が到来し相殺適状になればB社は相殺権を行使できます。これが原則です。

　ここで倒産手続の類型によって相殺権の行使方法や、相殺権の拡張による相殺権者保護が異なることに企業担当者は留意されるとよいでしょう。

　まず清算型の倒産手続である破産手続にA社が入った場合を説明します。第1に、破産手続開始時点で存在する両債権について相殺適状となり次第、B社はA社の破産手続期間中（最後配当の除斥期間経過時までの期間）いつでも相殺権を行使することができ、相殺の時期的制限がありません。第2に、破産手続開始決定後に期限が到来する破産債権は、破産手続開始時に弁済期が到来したものとみなされますし（破103Ⅲ、「現在化」）、破産債権が非金銭債権であっても破産手続開始時の評価額で金銭化されます（破103Ⅱ①イ、「金銭化」）。現在化・金銭化に伴いB社の相殺権行使の機会は拡充されることになります（平時では、自働債権の弁済期が到来していない場合や、受働債権が金銭債権であるのに対し自働債権が非金銭債権である場合には、相殺することができません）。

　ケース1では、A社の破産手続開始時点で、B社のA社に対する貸金債権の弁済期は到来していないですが、上記のとおり現在化する結果、他の相殺権行使の要件を満たしていれば相殺をすることができます。

　これに対し、再建型手続にA社が入った場合には、倒産開始決定時点で

存在する両債権の相殺権行使の期間は、倒産債権の届出期間内に限定されます（民再92Ⅰ、会更48Ⅰ）。また、破産手続のような倒産債権（B社にとっての受働債権）の現実化や金銭化は規定されていません。再建型手続にあってはA社の事業を存続させることが目的であり、倒産債権者からの相殺を事業の清算を目的とする破産手続の場合よりも制限することがA社の資金繰り確保に資するとの法制度上の政策判断が背景にあります。

ケース2では、B社のA社に対する貸金債権の弁済期が、債権届出期間満了前までに到来すれば相殺することができますが、到来しないのであれば、破産手続と異なって現在化はしませんので、B社は相殺をすることができないということになります。

（2）両債権の種類と相殺の可否

ケース3

ケース1において、A社とB社の間の債権（B社からみた自働債権と受働債権）の種類によって、相殺権の行使が許されない場合はあるのでしょうか。A社が破産手続に入った場合と、再建型手続に入った場合とについて説明してください。

ケース3について、A社が倒産手続に入った場合に、B社からみた自働債権と受働債権の法的性質次第で相殺の可否や相殺行使の留意点が異なってくることについて破産手続と再建型手続に分けて説明します。

① 自働債権の種別と相殺の可否

自働債権については、倒産手続開始時に期限が到来している債権以外での相殺の可否について、破産法は、期限付債権、解除条件付債権、非金銭債権、停止条件付債権での相殺を許容しています（前三者について破67Ⅱ前段、停止条件付債権について破70前段）。

すでに述べたとおり、破産手続開始時点で期限未到来の破産債権は期限が到来したものとみなされるので（破103Ⅲ）、期限付債権での相殺は

認められます。また、非金銭債権は金銭評価額にて金銭化することが規定されているので（破103Ⅱ①）、非金銭債権での相殺も認められます。解除条件付債権での相殺は、破産手続開始後に可能としながら、将来条件成就した場合には自働債権が存在しないまま相殺したことの清算（相殺対当額の返還）をB社はA社に行う必要があるので、これに備えて相殺時にB社は担保を供するか、寄託をする義務を負います（破69）。停止条件付債権は、条件成就により相殺適状となれば相殺できることは当然です。なお、B社が自働債権の条件成就前にA社より受働債権の履行を求められた場合には、後に自働債権が条件成就する場合に備えて、A社に対して弁済した金銭を寄託するよう求めることができます（破70前段）。

　A社が民事再生手続または会社更生手続という再建型手続に入った場合の自働債権については、上記破産法67条2項前段、70条前段のような規定がありません。しかし、期限付債権については、破産法と異なり現在化の規定がないことから手続開始時点では期限未到来のままですが、その後に期限到来しそれが相殺権行使期間内（倒産債権届出期間内）であれば、B社は相殺権を行使できることが解釈上明らかです。停止条件付債権についても同様に、後の停止条件成就が相殺権行使期間内であれば解釈上当然に相殺可能です。これに対し非金銭債権を自働債権とする場合は、破産法と異なり金銭化の規定がないために相殺は禁止されることとなります。

Q&A

Q A社が再建型手続に入った場合に、倒産債権届出期間内に自動債権の弁済期が到来しない限り、B社が相殺できないことはわかりました。B社がA社との間で従前取引基本契約のなかで、A社が法的倒産手続開始の申立てを行った場合に、A社がB社に対し負担している債務について期限の利益を失う旨の特約があった場合はどうでしょうか。この特約に基づき、倒産手続開始時点でB社の倒産債権は期限が到来したものとみなして、B社は約条期限の到来前に相殺できるでしょうか。

A このような期限の利益喪失条項の効力について有効であるか否かについては解釈上対立がありますが、肯定説が有力です。B社としては特約に基づき、A社の再建型手続の開始により相殺適状にあるとしてA社に対し相殺通知を速やかに出し、A社との間での早期解決を目指すべきでしょう。

解説

破産法においては自動債権の弁済期が破産手続開始決定時に現在化する規定があり、期限の利益喪失条項の有効性は問題とはなりませんが、再建型手続にあっては事業再建の目的から相殺が制限されるべきとの価値観や、相殺権の行使期間が倒産債権届出期間内に制約されている趣旨との関係で、期限の利益喪失条項自体を無効と解する見解も主張されています。もっとも、B社としては、契約自由の原則に基づき利益喪失条項が有効であるとの見解が有力であることを盾に相殺を主張するべきであり、相殺通知を出して協議解決の土俵を設定することは不可欠です。

② 受働債権の種別と相殺の可否

破産法67条2項後段は、期限付債権、条件付債権、将来の請求権を受働債権とする相殺をすることができる旨を規定しています。受働債権を負担している債務者とすれば、自らの期限の利益を放棄したり、停止条件不成就の利益を放棄することは民法上認められていることから、上記の相殺は許容されます。

再建型手続においては、期限付債権を受働債権とする相殺をすることができる旨の規定のみがあり（民再92Ⅰ後段、会更48Ⅰ後段）、条件付債権を受働債権とする相殺の可否については解釈にゆだねられています。この点、最判平成17年1月17日民集59巻1号1頁を参考にすれば、停止条件付債権を受働債権とする相殺に関しては、債権届出期間満了までに停止条件が成就したのであれば、相殺可能と考えてよいでしょう。

Q&A

Q 賃貸人のC社が倒産した場合に、賃借人D社は将来の賃料債務を受働債権としてC社に相殺を主張できますか。C社が破産手続を開始した場合と再建型手続を開始した場合とで違いがありますか。差入敷金の返還請求権との関係もあわせて教えてください。

A **破産手続では制限なく相殺できますが、再建型手続では相殺を賃料の6か月分の限度に制限する旨特別に定められています（民再92Ⅱ、会更48Ⅱ）。また、敷金を差し入れている場合の賃借人保護として、破産法は賃借人が賃料を支払うことを前提として支払賃料額をC社に寄託させる制度（破70後段）を、民事再生法・会社更生法は敷金返還請求権のうち賃料の6か月分を限度とする支払賃料相当額を共益債権とする制度を設けています（民再92Ⅲ、会更48Ⅲ）。**

解説
（1）C社が破産手続開始した場合

D社が賃料債務を受働債権として、期限到来した貸金債権等のC社に対する自働債権と相殺することについては特に制限する規定はないので、相殺の一般的要件に従ってC社に対し相殺することができます。

また、敷金返還請求権について破産法70条後段によれば、他の停止条件付債権と同じく、条件成就前に賃料債務（受働債権）を支払う賃借人は、弁済額の寄託を破産者C社管財人に対し請求することができます。

後に、賃貸借が終了し賃貸物件をD社が明渡しをした場合には、敷金返還請求権の停止条件が成就します（最判昭48・2・2民集27巻1号80頁）。

停止条件成就時期が破産会社Ｃ社の最終配当についての除斥期間経過前であれば、Ｄ社は寄託金の返還請求権が認められ、財団債権として優先的に保護されます（破148Ⅰ⑤）。

　Ｄ社が寄託請求時点で行った賃料債務の弁済は将来の敷金返還請求権の発生を解除条件とする暫定的なものであるため、敷金返還請求権が発生した時点でＤ社の賃料弁済は遡って失効します。これにより賃料支払債務を受働債権とし敷金返還請求権を自働債権とする相殺（もしくはＣ社管財人による敷金への充当）が認められます。

（２）Ｃ社が再建型手続を開始した場合

　Ｃ社が再建型手続を開始した場合には、Ｄ社の自働債権が弁済期にあっても、賃料債務を受働債権とする相殺は賃料の６か月分に制限されています（民再92Ⅱ、会更48Ⅱ）。

　Ｄ社が敷金を差し入れていた場合には、賃料債務を支払ったＣ社は賃料６か月分を上限として敷金返還請求権のうち弁済賃料相当額部分に関しＣ社に対する共益債権として認められ（民再92Ⅲ、会更48Ⅲ）、実質的に相殺が認められたのと同様の経済的効果を得ることができます。

　敷金債権たる自働債権が倒産債権ではありながらも、賃料債務との相殺についての賃借人の期待を実質保護する点で、破産手続と再生型手続との規定は同一で、保護の方式が破産手続と再建型手続とで異なるということになります。再建型手続で破産手続のような制度を設けていない理由は、事業継続のなかで寄託金をキャッシュとして分別管理しておくことが資金繰り上負担となることによります。

　以上のとおり、企業担当者としては、債務者の倒産手続の種類と、自働債権・受働債権の各種類、弁済期等を確認して相殺権の行使を検討する必要があると思われます。

第3 相殺禁止

1. 倒産手続における相殺禁止の趣旨

　倒産手続に入った会社を相手とする相殺が、倒産債権者にとっては優先的回収を図る上でその担保的機能は大きな意義を有することは前述のとおりです。そして、相殺権行使の要件について破産手続と再建型手続のそれぞれに関し説明しました。

　他方で、倒産手続においては、倒産会社の責任財産をめぐり当該相殺による優先回収が倒産債権者間の平等・公正を害しないかどうかが問題とされ、また当該相殺に対し相殺権者が有していた期待が保護に値すべきものかどうか（相殺の合理的期待）が問題とされます。かかる視点から倒産法は、一定の場合に相殺を禁止する制度を規定しており、相殺禁止については破産法と再建型の民事再生法・会社更生法とで同一の規律となっています。

　倒産手続が開始されると、総債権者間での平等が強く要請され抜け駆け的な回収は禁止され、法的手続のなかで中立な第三者たる管財人のもと責任財産を維持し、財団を拡充して配当原資を確保し、公正公平に倒産債権の弁済が行われます（民事再生においても、再生債務者自体が第三者性を有し総債権者のために責任財産を維持し公平に扱う義務が生じるのは、破産、会社更生の管財人と同じです）。

　このため第１に、倒産手続開始後に新たに相殺権を取得する行為は原則禁止されます。倒産手続開始後に負担した債務を受働債権とする相殺（破71Ⅰ①等）や、倒産手続開始後に取得した他人の倒産債権を自働債権とする相殺（破72Ⅰ①等）が禁止されているのはこの趣旨です。相殺の担保的機能という観点からは、倒産手続開始後に倒産債務者との間で担保権の設定をすることが一般に禁止されるのと同じ目的です。

　第２に自働債権の取得や、受働債権の負担という行為の時期が倒産手続

開始前であっても、それが相手方の倒産債務者が危機時期にあることを知って行われた場合には相殺が禁止されることがあります（破71Ⅰ②③④・72Ⅰ②③④等）。すでに危機時期に入った相手方から担保提供を受けた行為が偏波行為として事後的に否認され担保権設定の効果を否定される場合があるのと同じです。危機時期に相殺権を取得した倒産債権者の当該相殺に対する期待が合理的なものと評価されない場合には、当該相殺は保護に値しないものとして総債権者間での平等が優先されるということです。

以下、受働債権に関する相殺禁止と自働債権に関する相殺禁止に分けて説明を行います。

【倒産手続における相殺権行使の要件一覧表】

破産手続	民事再生手続・会社更生手続
［1］相殺権行使の要件（破67Ⅰ） ①破産手続開始時点での両債権の存在 　⇒現在化（破103Ⅲ）・金銭化（破103Ⅱ①イ）の規定がある ②相殺権行使の期間制限はない 　（最後配当の除斥期間経過前）	［1］相殺権行使の要件（民再92Ⅰ前段、会更48Ⅰ前段） ①倒産手続開始時点での両債権の存在 　⇒現在化、金銭化の規定はない ②債権届出期間内に両債権が適状にあること ③債権届出期間内の相殺権行使
［2］自働債権 ①期限付債権（破67Ⅱ前段）：○ 　⇒破103Ⅲにて開始時点で現在化 ②解除条件付債権（破67Ⅱ前段）：○ 　⇒供担保か寄託の義務（破69） ③非金銭債権（破67Ⅱ前段）：○ 　⇒破103Ⅱ①イにて金銭化 ④停止条件付債権（破70前段）：○ 　⇒後に相殺するための寄託請求権	［2］自働債権 ①期限付債権（規定なし） 　⇒解釈上、弁済期到来すれば○ ②解除条件付債権（規定なし）：○ 　⇒解除条件付債権での相殺は可能（後の条件成就時に清算は必要） ③非金銭債権（規定なし）：× ④停止条件付債権（規定なし） 　⇒解釈上、停止条件成就すれば○
［3］受働債権 ①期限付債権（破67Ⅱ後段）：○ ②条件付債権（破67Ⅱ後段）：○ ③将来の請求権（破67Ⅱ後段）：○	［3］受働債権 ①期限付債権（民再92Ⅰ後段、会更48Ⅰ後段）：○ ②条件付債権（規定なし）：解釈 　⇒停止条件付債権については条件成就すれば○ ③将来の請求権（規定なし）：×

2．受働債権の負担時期に関する相殺禁止

ケース4

　民事再生手続開始決定を受けたE社に対して、F社は1,000万円の貸金債権を有しています。
① E社の民事再生手続開始決定後に、E社経理部は第三者Gに送金すべき300万円を誤ってF社銀行口座に振込送金してしまいました。F社はこの300万円の返還債務を受働債権としてE社に対する自働債権（貸金債権）と相殺できるでしょうか。
② E社が支払不能に陥ったことを知ったF社は、将来の相殺準備のため、E社からE社製品を購入し300万円の代金債務を負担しました。E社の民事再生開始決定後に、F社はこの300万円で貸金債権との相殺をすることができるでしょうか。
③ 同じくE社が支払不能に陥ったことを知ったF社は、E社から原料300万円分を購入しました。この購入は5年前にEF間で締結した基本取引契約に基づき行われたもので、メーカーであるF社の製造に必要な取引であった場合には300万円と貸金債権の相殺はできるでしょうか。

（1）受働債権の取得時期に関する相殺禁止の要件

　この要件についての規律は破産法、民事再生法、会社更生法いずれも共通の規定を設けていて、相殺が禁止される要件は次頁一覧表のとおりです。

（2）ケース4へのあてはめ

　ケース4に下記の相殺禁止規定の適用を検討します。**ケース4**の①については、倒産手続開始後に負担した債務での相殺は禁止されF社による相殺権の行使は許されません（民再93Ⅰ①）。この場合F社がE社の倒産手続開始決定を知っていたかどうかは相殺禁止の要件とされませんし、相殺禁止の例外規定もありません。

次に②は、E社が支払不能になった後の債務負担に基づく相殺ですが、F社がE社の支払不能について悪意で債務負担したものであり、専ら倒産債権をもってする相殺に供する目的で、再生債務者E社の財産の処分を内容とする契約を再生債務者E社との間で締結したものなので、F社による相殺は禁止されます（民再93Ⅰ②）。

最後に③については、F社において「専ら相殺に供する目的」で契約を締結したのか否かが問題となります（民再93Ⅰ②）。従前からの取引であり、F社の事業に必要な取引として原料購入を行ったものであることに注目すれば、F社において「専ら相殺に供する目的」はなく、相殺禁止に該当しないため、相殺権の行使が認められるといえるでしょう。

【受働債権の負担時期に関する相殺禁止の要件】

債務負担時期	相殺禁止の要件			相殺禁止の例外規定
	左欄現象についての悪意	その他の要件	根拠条文	
倒産手続開始後	不要	なし	破71Ⅰ① 民再93Ⅰ① 会更49Ⅰ①	なし
倒産手続開始申立後	必要	なし	破71Ⅰ④ 民再93Ⅰ④ 会更49Ⅰ④	あり
支払停止後	必要	支払停止があったときにおいて支払不能ではなかったこと	破71Ⅰ③ 民再93Ⅰ③ 会更49Ⅰ③	あり
支払不能後	必要	(a) 専ら倒産債権をもってする相殺に供する目的で、倒産債務者の財産の処分を内容とする契約を倒産債務者との間で締結する。 または (b) 倒産債務者に対し債務を負担する者の債務を引き受けることを内容とする契約の締結	破71Ⅰ② 民再93Ⅰ② 会更49Ⅰ②	あり

Q&A

Q 支払不能と支払停止とはいかなる概念でしょうか？ 危機時期の相殺禁止について両者で規定の内容が異なるのはなぜですか？

A 支払停止とは、支払不能であることを債務者自身が外部的に表示することをいいます。支払不能とは、支払能力の不足から弁済期にある債務を一般的かつ継続的に弁済することが不能な状態をいいます（破2 XI）。債務整理を弁護士に委任したことを債権者一般に知らせる行為等は支払停止に該当します。

解説

支払不能は支払停止と異なり外部的表示行為を伴わないことから債権者にとっては一義的な判断が困難です。支払不能悪意の認定について曖昧さが残るなかで、危機状態にある顧客に対して銀行等の取引先が将来の相殺が否定されるリスクを感じ取引自体を自粛してしまうと危機状態にある顧客の再起そのものの機会を奪うことにもなりかねません。この趣旨から支払不能悪意の場合の相殺禁止要件を支払停止悪意の場合のそれと比べてより厳格にしたのです。

3．自働債権の取得時期に関する相殺禁止

ケース5

民事再生手続開始決定を受けたH社に対して、I社は500万円の借入金債務を負担しています。

① I社は、H社の民事再生手続開始決定後に、H社に対し再生債権を有しているJ社から額面300万円の再生債権を50万円で買い取った上で、これを自働債権として、従前のH社に対する500万円の借入金債務を受働債権として相殺することはできるでしょうか。

② I社がH社の民事再生手続開始決定前にH社の支払不能を知った上で、H社に対し商品を売却する契約を締結し売掛金債権300万円

を取得し、H社はその後民事再生手続開始決定を受けました。I社は、従前のH社に対する500万円の借入金債務を受働債権として相殺することができるでしょうか。

（1）自働債権の取得時期に関する相殺禁止の要件

　この要件についての規律は破産法、民事再生法、会社更生法いずれも共通の規定を設けていて、相殺が禁止される要件は下記一覧表のとおりです。

【自働債権の取得時期に関する相殺禁止の要件】

債権取得時期	相殺禁止の要件			相殺禁止の例外規定
	左欄現象についての悪意	その他の要件	根拠条文	
倒産手続開始後	不要	他人の倒産債権の取得であること	破72 I ① 民再93の2 I ① 会更49の2 I ①	なし
倒産手続開始申立後	必要	なし	破72 I ④ 民再93の2 I ④ 会更49の2 I ④	あり
支払停止後	必要	支払停止があったときにおいて支払不能ではなかったこと	破72 I ③ 民再93の2 I ③ 会更49の2 I ③	あり
支払不能後	必要	なし	破72 I ② 民再93の2 I ② 会更49の2 I ②	あり

　倒産手続開始後の債権取得について、他人の倒産債権を取得した場合のみが相殺禁止の対象と規定されているのは（破72 I ①等）、倒産債権の定義からして倒産手続開始後に新たに倒産者に対し債務を負担する者自身が倒産債権を取得することは観念しにくいためです。ただし、後に**ケース6**で説明しますが、他人の倒産債権の取得そのものではなく自身の倒産債権の取得と解釈される事案でも、なお他人の倒産債権の取得についての相殺禁止規定が類推適用される場合があることを、最判平成24年5月28日民集66巻7号3123頁は無委託保証人の事後求償権を自働債権とする相殺の事案

で明示しており、立法論として「他人の倒産債権の取得」に限定することを疑問とする見解も主張されています。

また、危機時期を知った後の倒産債権の取得については、それが倒産者との間の契約に基づき取得した場合には相殺禁止の除外事由として相殺が許容されること（破72Ⅱ④等）から、相殺禁止の要件自体については、支払不能を知った後の債務負担の場合のような限定はありません。

相殺禁止の除外事由として、後の倒産者との間の契約に基づき取得した倒産債権の取得が規定されたのは（破72Ⅱ④等）、危機時期において与信を伴う新たな取引のための担保権設定が同時交換的行為として偏頗行為否認の対象から除外されるのと同一の理由です。危機時期に陥った相手方が新たな取引を従前の取引先から自粛されないための政策的な規定であり、危機に陥った者の事業継続の機会を奪わない目的です。

(2) ケース5へのあてはめ

ケース5について、上記の相殺禁止規定の適用を検討します。①は、民事再生手続開始後にI社が他人であるJ社の再生債務者H社に対する再生債権を取得した事案なので、相殺は禁止されます（民再93Ⅰ①）。この場合には相殺禁止の例外規定がないことも上述のとおりです。

これに対し②は、H社の支払不能を知ったI社が、その後H社との間で商品売買取引を行ったことで売掛金債権を取得し、同債権がH社の民事再生手続開始によって再生債権となった事案です。これは相殺禁止を定める民事再生法93条の2第1項2号に該当します。しかし、この再生債権の取得は再生債務者H社との間の契約に基づくものなので、民事再生法93条の2第2項4号の相殺禁止の除外事由に該当し、B社からの相殺は認められることとなります。

(3) 「他人の倒産債権の取得」の解釈と破産法72条1項1号の類推適用

ケース6

K社に対し債務を負担していたL社は、K社が民事再生手続開始決

定を受けた後に、以下の立場で代位を伴う弁済を行った場合Ｋ社に対し取得した求償権を自働債権として、Ｋ社に相殺することができるでしょうか。いずれもＫ社がＭ社に対し負担している主債務をＬ社が代位弁済したものとします。

① 委託保証人
② 第三者
③ 無委託保証人

ケース6は、いずれも代位弁済したＬ社は、代位弁済前の債権者であるＭ社がＫ社に対して有していた原債権を代位取得するとともに（民501）、それとは別に求償権をＫ社に対して取得します（民459、462、474）。

まず、代位取得した原債権は、もともとＫ社の民事再生手続開始前にＭ社が有していた再生債権ですから、代位弁済したＬ社の原債権の取得は「他人の倒産債権の取得」となりこれを自働債権とする相殺は禁止されることになります（民再93Ⅰ①）。**ケース6**の①ないし③のいずれも、代位弁済により代位取得した原債権での相殺は認められません。

問題は、代位弁済によってＬ社が求償権を取得したことが、「他人の倒産債権の取得」と評価され、これを自働債権とする相殺が禁止されるかにあります。

まず、①の委託保証人Ｌ社によるＫ社の民事再生手続開始後の代位弁済については、主債務者であるＫ社からの委託に基づきＬ社は債権者Ｍ社と保証契約を締結していたもので、Ｋ社の民事再生手続開始時点で将来Ｌ社がＭ社に代位弁済することを停止条件とした事後求償権が存在していたものとみることができます。したがって、①の事後求償権が現実化した場合にその債権はＬ社自身の再生債権として解され、他人の再生債権を取得したものではないので相殺禁止の対象とならないと考えられています。

これに対し、②の第三者の代位弁済については、Ｋ社の民事再生手続開

始時点ではL社は、K社はもとよりM社との間でも何らの法律関係はなく、K社の民事再生手続開始後にL社が独自に代位弁済したものです。この場合のL社の事後求償権は、開始後の弁済という事務管理に基づき発生したもので、K社に対するL社の再生債権と解することはできません。また、L社の相殺に対する期待を保護すべき必要性もありません。名古屋高判昭和57年12月22日判時1073号91頁は、破産手続開始後に他人の破産債権を取得したものと解し当該相殺は許されないとしました。

　さらに、③の無委託保証人L社による代位弁済により生じた事後求償権を自働債権とする相殺の可否については見解の対立がありましたが、前掲最判平成24年5月28日は、破産法72条1項1号を類推適用して相殺は許されないと判断しました。同判決は、無委託保証人が事後求償権を自働債権とする相殺は、破産手続開始後に、破産者の意思に基づくことなく破産手続上破産債権を行使する者が入れ替わった結果相殺適状が生ずる点において、破産債権についての債権者の公平・平等な扱いを基本原則とする破産手続上許容し難いと判示しており、参考になります。

第4　相殺禁止の例外

ケース7

　N社は、O社に対し継続的に商品の販売を行っており、O社からの売掛金の入金はP銀行N社名義普通預金口座に送金されていました。N社の民事再生手続開始申立てをP銀行が知った後に、上記N社名義普通預金口座にO社から入金された金員について、P銀行は同預金返還債務とN社に対するP銀行の貸金債権を相殺できるでしょうか。N社の民事再生手続申立て以前のO社からの商品代金支払方法が、以下の場合について教えてください。

① N社はO社との間で売掛金の支払方法についての契約はなく、その時々でN社が指定する銀行口座預金への送金か、O社が現金持参して支払うかのいずれかが慣行であった場合
② N社・O社・P銀行の三者間で、N社の売掛金についてはP銀行のN社預金口座への振込とする支払方法の指定があり、当事者間の同意なく振込口座の指定の撤回はできない旨約定されている場合

1. 相殺禁止の例外（除外事由の内容と趣旨）

　倒産法は、**第3**で説明したとおり、自働債権・受働債権の取得時期によっては相殺を禁止する旨の相殺禁止規定を設けています。

　倒産手続開始決定以後負担した受働債権での相殺禁止と、倒産手続開始決定以後取得した他人の倒産債権での相殺禁止については、その例外たる除外事由の規定はありません（破71Ⅰ①・72Ⅰ①等）。

　しかしながら、危機時期に負担した受働債権での相殺と危機時期に取得した倒産債権での相殺については、相殺禁止の例外として以下の除外事由が規定されています。

【相殺禁止の例外となる除外事由】

危機時期に負担した受働債権での相殺禁止の除外事由（破71Ⅱ、民再93Ⅱ、会更49Ⅱ） 　右の原因に基づき負担した債務である場合には相殺は禁止されない	① 法定の原因 ② 危機時期であること（支払不能・支払停止・倒産手続開始申立て）を知ったときより前に生じた原因 ③ 倒産手続開始申立てがあったときより1年以上前に生じた原因
危機時期に取得した自働債権での相殺禁止の除外事由（破72Ⅱ、民再93の2Ⅱ、会更49の2Ⅱ） 　右の原因に基づき倒産債権を取得した場合には相殺は禁止されない	① 法定の原因 ② 危機時期であること（支払不能・支払停止・倒産手続開始申立て）を知ったときより前に生じた原因 ③ 倒産手続開始申立てがあったときより1年以上前に生じた原因 ④ 倒産者に対し債務を負担する者と倒産者の間の契約

　上記①の「法定の原因」とは、包括承継たる相続がその例とされます。

これは、反対債権を相続で取得ないし負担することは相続という全くの偶然に起因するもので、相手方の危機時期を知ったことで意図的に相殺適状を作り出し相殺権を濫用する余地がないことから相殺禁止の除外事由とされています。他方で同じ包括承継でも合併を原因とする場合については相殺の合理的期待がないものと解する見解が強く、合併契約という合意に基づくもので除外事由にはあたらないと考えられます。

　上記②の「前に生じた原因」とは、自働債権の取得または受働債権の負担が危機時期を知った後であっても、危機時期を知る以前に原因がある場合には相殺の合理的期待があったものと評価し、その相殺期待を保護することが正当化されるから除外事由として規定されています。相殺の合理的期待の有無をめぐり**ケース7**について別途説明します。

　上記③の「倒産手続開始申立てがあったときより1年以上前に生じた原因」については、取引の安全を図る趣旨から原因のいかんを問わず相殺禁止の対象行為を制限しようとするものです。

　上記④の「倒産者に対し債務を負担する者と倒産者の間の契約」は、危機時期を知って倒産債権を取得した場合についてのみの除外事由であり、その趣旨は同時交換的行為が偏頗行為否認の例外として正当化されるのと同趣旨であって倒産者の再生の機会を確保する目的に基づくものであることは、上記**第3**の**3．(1)**にて説明したとおりです。

2．「前に生じた原因」（破71Ⅱ②等）の解釈

　P銀行はN社との間で預金契約があり、O社からP銀行N社名義預金口座に振り込まれた金員の返還債務をP銀行はN社に対し負担します。N社の民事再生手続申立てをP銀行が知った後に負担したO社からの振込金員の返還債務を受働債権とする相殺（自働債権は貸金債権）は民事再生法93条1項4号によって相殺が禁止されますが、民事再生法93条2項2号にいう「再生手続開始の申立て等があったことを再生債権者が知った時より前

に生じた原因」に該当して相殺禁止の除外事由に該当するか否かが問題となります。

この点、民事再生法93条2項2号が「前に生じた原因」に基づき負担した債務が相殺禁止の除外事由としている趣旨は、倒産債権者の当該受働債権との相殺への期待が合理的なものであれば保護すべきということにあります。そして合理的期待の有無については「具体的な相殺期待を直接に生じさせるかどうか」が判断基準として考えられています。

ケース7の①の場合には、O社から振込のあった預金口座についてP銀行とN社の間に預金契約はありますが、O社のN社に対する支払方法は従前から不特定であって、たまたまP銀行N社名義口座に入金されたにすぎませんから、そのような金員にかかるP銀行の相殺期待は具体的な相殺期待を生じさせるには足りないものと考えられます。したがって、①は相殺禁止の除外事由に該当せずP銀行の相殺は禁止されます。

これに対し②の場合には、あらかじめO社からN社への商品代金支払方法が特定され、支払方法の変更もP銀行を含む三者間の合意が必要とされているのですから、P銀行において具体的な相殺期待が直接に生じている事案であり、民事再生法93条2項2号の「前に生じた原因」に該当し、相殺は認められることになります（名古屋高判昭58・3・31判時1077号79頁）。

なお、いわゆる代理受領の場合、すなわち倒産者が第三者から弁済を受ける地位にあるときに、その代理受領権限を第三者があらかじめ倒産債権者に授与していた場合も上記振込指定と同じ問題となります。この場合も三者間で代理受領の約定があって代理受領権限の撤回が自由にできない場合には「前に生じた原因」に該当し相殺が認められます。

| 担当者として
留意すべき事項 | **銀行からの相殺を受けるリスク** |

　危機時期を知った後負担した債務を受働債権とする相殺や、取得した倒産債権を自働債権とする相殺の可否をめぐっては、倒産債権者側にとって相殺の担保的機能が実効性を有するか、実質回収が図れるか重要な関心事となることは言を要しません。

　他方で、上記の相殺禁止の除外事由に該当するかどうかは、倒産者が民事再生や会社更生の手続で事業再生を図る場合に、手続中の運転資金の見込みを立てそれを確保する上でも極めて重要な問題となります。自分の取引銀行口座に取引先会社から振り込まれた金員をあてに当座の運転資金繰りを計画していたところ、銀行から相殺を受けるリスクを適切に判断しておくことが大切です。相殺のリスクがある場合には、あらかじめ取引先からの入金口座を変更しておく等の準備が必要となります。

【相殺に関するフローチャート（イメージ図）】

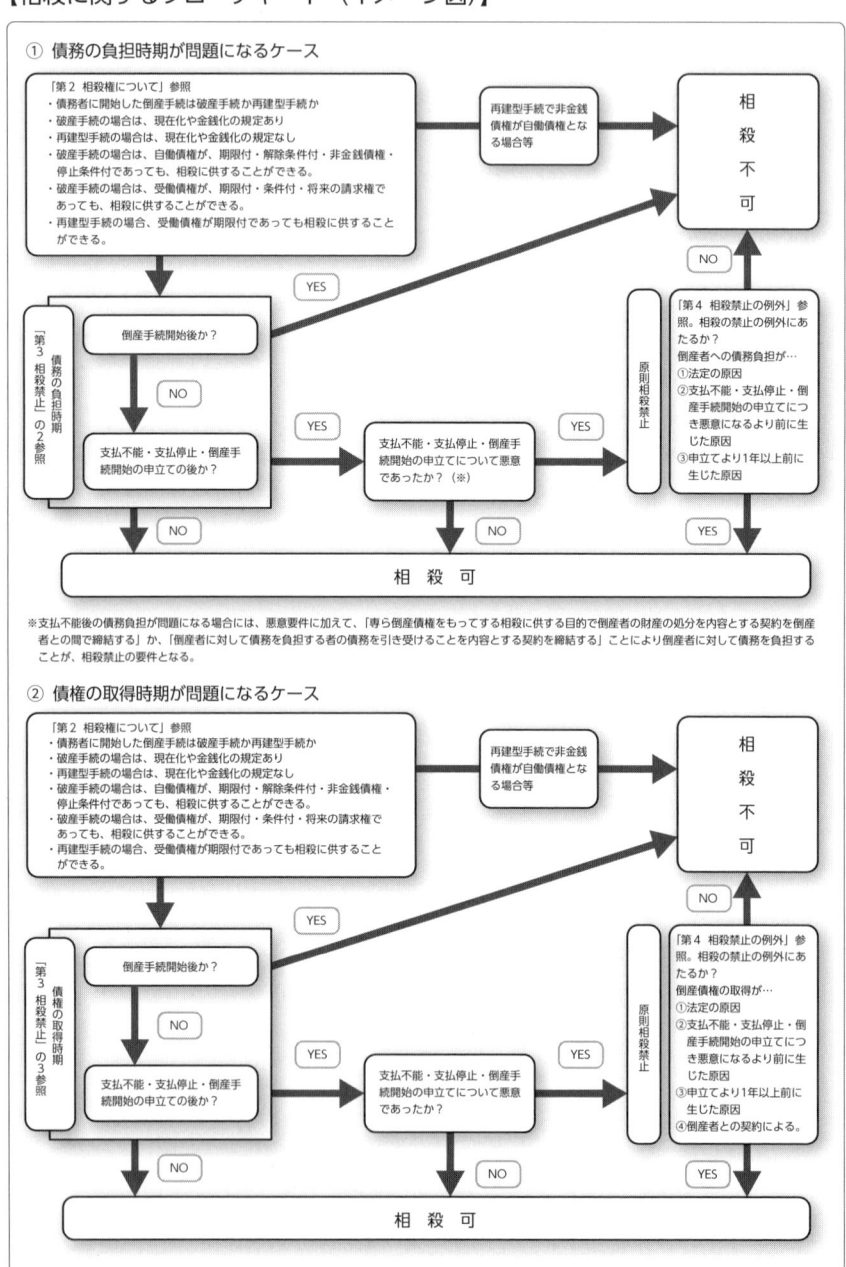

① 債務の負担時期が問題になるケース

「第2 相殺権について」参照
・債務者に開始した倒産手続は破産手続か再建型手続か
・破産手続の場合は、現在化や金銭化の規定あり
・再建手続の場合は、現在化や金銭化の規定なし
・破産手続の場合は、自働債権が、期限付・解除条件付・非金銭債権・停止条件付であっても、相殺に供することができる。
・破産手続の場合は、受働債権が、期限付・条件付・将来の請求権であっても、相殺に供することができる。
・再建型手続の場合、受働債権が期限付であっても相殺に供することができる。

再建型手続で非金銭債権が自働債権となる場合等 → 相殺不可

[「第3 相殺禁止」の2参照 債務の負担時期]

倒産手続開始後か？
- YES → 相殺不可
- NO ↓

支払不能・支払停止・倒産手続開始の申立ての後か？
- YES → 支払不能・支払停止・倒産手続開始の申立てについて悪意であったか？（※）
  - YES → 原則相殺禁止 → 「第4 相殺禁止の例外」参照。相殺の禁止の例外にあたるか？ 倒産者への債務負担が…
    ① 法定の原因
    ② 支払不能・支払停止・倒産手続開始の申立てにつき悪意になるより前に生じた原因
    ③ 申立てより1年以上前に生じた原因
    - NO → 相殺不可
    - YES → 相殺可
  - NO → 相殺可
- NO → 相殺可

※支払不能後の債務負担が問題になる場合には、悪意要件に加えて、「専ら倒産債権をもってして相殺に供する目的で倒産者の財産の処分を内容とする契約を倒産者との間で締結する」か、「倒産者に対して債務を負担する者の債務を引き受けることを内容とする契約を締結する」ことにより倒産者に対して債務を負担することが、相殺禁止の要件となる。

② 債権の取得時期が問題になるケース

「第2 相殺権について」参照
・債務者に開始した倒産手続は破産手続か再建型手続か
・破産手続の場合は、現在化や金銭化の規定あり
・再建手続の場合は、現在化や金銭化の規定なし
・破産手続の場合は、自働債権が、期限付・解除条件付・非金銭債権・停止条件付であっても、相殺に供することができる。
・破産手続の場合は、受働債権が、期限付・条件付・将来の請求権であっても、相殺に供することができる。
・再建型手続の場合、受働債権が期限付であっても相殺に供することができる。

再建型手続で非金銭債権が自働債権となる場合等 → 相殺不可

[「第3 相殺禁止」の3参照 債権の取得時期]

倒産手続開始後か？
- YES → 相殺不可
- NO ↓

支払不能・支払停止・倒産手続開始の申立ての後か？
- YES → 支払不能・支払停止・倒産手続開始の申立てについて悪意であったか？
  - YES → 原則相殺禁止 → 「第4 相殺禁止の例外」参照。相殺の禁止の例外にあたるか？ 倒産債権の取得が…
    ① 法定の原因
    ② 支払不能・支払停止・倒産手続開始の申立てにつき悪意になるより前に生じた原因
    ③ 申立てより1年以上前に生じた原因
    ④ 倒産者との契約による。
    - NO → 相殺不可
    - YES → 相殺可
  - NO → 相殺可
- NO → 相殺可

4 債権者等の法的倒産手続への参加

第1 はじめに

　債務者に法的倒産手続が開始した場合、多くの債権者は、倒産手続によって配当・弁済を受けるということになります。倒産手続により配当・弁済を受けるためには、債権届出をすることが必要となります。本稿では、この債権届出を中心に配当・弁済を受けるまでの手続を概観します（**第2**にて後述）。

　また、再建型手続の場合には、配当は再建計画によってなされますが、再建計画を決議するのは倒産債権者です。このように、倒産債権者は、再建計画案に対して議決権を行使するというかたちで倒産手続に参画することになります（**第3**にて後述）。また、再建型手続の場合には、事業の継続が前堤となるところ、労働者が倒産手続に関与する手続が種々定められているので、ここで説明します（**第4**にて後述）。

第2 債権届出から配当・弁済まで ～債権届出を中心に～

ケース1

　X社は、民事再生手続開始の申立てをして、同開始が決定しました。A社は、X社に対して500万円の貸金債権（以下「本件貸金債権」

といいます）を有しており、また、本件貸金債権を被担保債権として、X社所有の不動産（時価300万円）に第1順位の抵当権（以下「本件抵当権」といいます）が設定されています。A社は、X社の民事再生手続において、本件貸金債権についてどのようなかたちで弁済を受けることができますか。また、本件貸金債権および本件抵当権の権利行使をするには、どのような手続を行う必要があるのでしょうか。

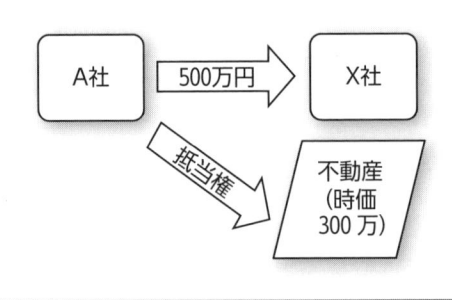

1．弁済を受けるためのルールと債権届出の要否

　債務者の法的倒産手続が開始した場合、債権者としては、①債務者にどのような手続（破産・民事再生・会社更生手続）が開始されたのかと、②自分がどのような地位に該当するのかを適切に認識する必要があります。債務者に開始した倒産手続の種類によって、また自己の有する債権の種類によって、当該債権について弁済を受けるルール等が異なってくるためです。

【各手続における債権者の地位の定義】

手続	地位	定義	参照条文	弁済時期	権利行使
破産手続	破産債権者	破産者に対し破産手続開始前の原因に基づいて生じた財産上の請求権（破97各号に掲げる債権を含む）であって、財団債権に該当しない債権を有する債権者	破2Ⅴ・Ⅵ・97①～⑫	配当	
	財団債権者	破産手続によらないで破産財団から随時弁済を受けることができる債権を有する債権者	破2Ⅶ・Ⅷ・148・149	随時	

	別除権者	破産手続開始のときにおいて破産財団に属する財産につき特別の先取特権、質権または抵当権を有する者がこれらの権利の目的である財産について破65Ⅰの規定により行使することができる権利を有する者	破2Ⅸ・Ⅹ・65・66		制限なし
再生手続	再生債権者	再生債務者に対し再生手続開始前の原因に基づいて生じた財産上の請求権(共益債権または一般優先債権であるものを除く)を有する債権者	民再84	再生計画に基づく弁済	
	共益債権者	民再119各号記載の請求権を有する債権者	民再119	随時	
	一般優先債権者	一般の先取特権その他一般の優先権がある債権(共益債権であるものを除く)を有する債権者	民再122	随時	
	開始後債権を有する者	再生手続開始後の原因に基づいて生じた財産上の請求権(共益債権、一般優先債権または再生債権であるものを除く)を有する債権者	民再123	※	
	別除権者	再生手続開始のときにおいて再生債務者の財産につき存する担保権(特別の先取特権、質権、抵当権または商法もしくは会社法の規定による留置権)を有する者	民再53		制限なし
更生手続	更生債権者	更生会社に対し更生手続開始前の原因に基づいて生じた財産上の請求権または会更2Ⅷ各号に掲げる権利であって、更生担保権または共益債権に該当しないものを有する者	会更2Ⅷ・Ⅸ	更生計画に基づく弁済	
	共益債権者	会更127各号記載の請求権を有する債権者	会更127	随時	
	開始後債権を有する者	更生手続開始後の原因に基づいて生じた財産上の請求権(共益債権または更生債権であるものを除く)を有する債権者	会更134	※	
	更生担保権者	更生手続開始当時更生会社の財産につき存する担保権(特別の先取特権、質権、抵当権および商法または会社法の規定による留置権)の被担保債権であって更生手続開始前の原因に基づいて生じたもの等	会更2Ⅹ・ⅩⅠ		制限あり

※ 再建計画による弁済期間満了後

(1) 弁済を受けるためのルール

　債務者の法的な倒産手続が開始した場合には、債権者が随時に弁済を受けることができるのは、稀なことです。

　破産手続における破産債権者(破2Ⅵ)、民事再生手続における再生債権者(民再84以下)、および会社更生手続における更生債権者(会更2Ⅸ)は、破産手続または再建計画の定めるところによらなければ、弁済を受けることができません(破100Ⅰ、民再85Ⅰ、会更47Ⅰ)。破産手続や再建計画の定めるところにより弁済を受けるためには、債権者は、①債権の届出を

行って、②当該債権の調査を経た上で、③当該債権が確定される必要があります。このように確定された債権に基づいて、④破産手続であれば配当を受けることで弁済を受けますし、再建型手続であれば債権者により可決され、かつ裁判所に認可決定された再建計画に基づいて弁済を受けるということになります。

他方で、破産手続における財団債権者（破2Ⅷ）、民事再生・会社更生手続における共益債権者（民再119以下、会更127以下）、民事再生手続における一般優先債権者（民再122）は、倒産手続が開始した後も、倒産手続に拘束されることなく、随時に弁済を受けることができます（破2Ⅶ、民再121Ⅰ、122Ⅱ、会更132Ⅰ）。

（2）担保権の行使のルール

破産・民事再生手続における担保権者は、別除権者として倒産手続によらずに権利行使をすることができます（破65Ⅰ、民再53Ⅱ）。別除権者は、担保権を実行することによって被担保債権たる倒産債権の弁済を受けることができることになります。

他方で、会社更生手続における担保権者は、更生担保権者として会社更生手続に取り込まれるので、更生債権者同様に、更生計画の定めるところによらなければ、弁済を受けることができません（会更47Ⅰ）。

（3）ケースの検討

ケース1の場合、本件貸金債権は、民事再生手続開始前の原因に基づいて生じた財産上の請求権なので再生債権です（民再84Ⅰ）。また、A社が本件抵当権を有することによって、別除権を有することになり、適宜この別除権を行使して被担保債権たる本件貸金債権の弁済を図ることができます（民再53Ⅰ）。もっとも、別除権を実行しても担保不動産の価値は300万円なので、200万円については別除権の行使によっては回収することができない見込みです。

民事再生法では、別除権者は、別除権の行使によって弁済を受けること

ができない債権の部分についてのみ、再生債権者として権利行使をすることができると定めており（民再88）、その弁済を受けることができない不足額について債権届出をすることになります（民再94Ⅱ）。ゆえに、A社としては、別除権の行使によって弁済見込みのない再生債権200万円について弁済を受けるために、債権届出をすることになります。

Q&A

Q 主債務者に破産手続が開始した場合、主債務者の保証人や物上保証人は、破産手続に参加することができるのでしょうか？

A 保証人等が債権者に対して弁済をしたか否か、債権者が債権届出をしているか否かによります。

解説

下記のとおり、保証人等が債権者に対して弁済をしたか否か、債権者が債権届出をしているか等によって、破産手続に参加することができるかや、その参加の方法が異なります。

破産手続開始前の弁済	債権者の債権届出	破産手続開始後の弁済	帰　結	根拠条文
全額または一部弁済			○：弁済した額をもって、債権届出をする	破111Ⅰ、民459等
弁済なし	なし		○：将来行うことがある求償権をもって、その全額につき債権届出をする	破104Ⅲ22Ⅴ、111Ⅰ
	あり	全額弁済	○：債権者が届け出た破産債権について名義変更	破104Ⅳ・Ⅴ、113Ⅰ、民459等
		一部弁済	×	破104Ⅳ・Ⅴ、民459等
		弁済なし	×	破104Ⅳ・Ⅴ

2．倒産債権の届出

債務者に有している債権について、その弁済を受けるために倒産債権の届出をしなければならないものである場合には、「適宜に」債権届出をすることになります。倒産手続においては、債権届出をすることができる期

4　債権者等の法的倒産手続への参加

間が定められるためです。以下では、倒産債権届出の手続や届出期間についてみていくこととします。

(1) 倒産債権の届出手続

① 倒産債権届出書の入手

債務者に倒産手続が開始すると、債権者宛に、倒産手続開始通知書とともに、倒産債権を届出するための倒産債権届出書が送られてくるのが通例です。この倒産債権届出書に必要事項を記載し、必要書類があれば添付して、倒産債権の届出をすることになります。もっとも、債務者が把握していない債権者等に対しては、倒産債権届出書は送られてきません。この場合には、債権者は、管財人や再生債務者等に自分で連絡をとり、倒産債権届出書を送付してもらうことになります。

② 倒産債権届出書の届出（記載事項）

所定の倒産債権届出書の書式に従って、倒産債権届出をすることで、欠落なく必要な届出事項を届出することができます。

倒産債権の届出には、倒産手続ごとに、届出をしなければならない事項が法定されており（破111Ⅰ・Ⅱ、破規32Ⅱ・Ⅲ、民再94Ⅰ・Ⅱ、民再規31Ⅰ・Ⅱ、会更138Ⅰ・Ⅱ、会更規36Ⅰ・Ⅱ・Ⅲ）、届出事項の大半は各手続で差異はありませんが、たとえば、議決権の額は、再建型手続の場合のみ記載し届出する必要があります（民再94Ⅰ、会更138Ⅰ③・Ⅱ③）。

ケース1のように、再生債権者が別除権を有している場合には、別除権の目的である財産とともに、別除権の行使によって弁済を受けることができないと見込まれる債権の額を届け出なければなりません（民再94Ⅱ）。担保目的物の評価額については、不動産評価書等を用いてその評価額の妥当性を示すことになります。なお、東京地裁破産再生部の運用では、額未定として届け出された場合には、債権者集会時までに不足額が確定しない限り議決権額を0円として届け出たものとみなす取扱いとなっているので注意が必要です（鹿子木康編、東京地裁民事再生実務研究

会著『民事再生の手引』商事法務、144頁)。また、破産手続の場合には、最後配当の除斥期間内に別除権行使による不足額を確定させる等しないと、配当を受けられないことに注意しなければなりません(破198Ⅲ)。

③ 倒産債権届出書の届出(必要書類)

届出書の届出に際しての必要書類についても、各倒産手続で法定されています(破規32Ⅳ、民再規31Ⅲ・Ⅳ、32Ⅰ、会更規36Ⅳ・Ⅴ、37Ⅰ)。破産手続では、破産債権に関する証拠書類を提出しなければなりません(破規32Ⅳ①)。他方で、民事再生手続や会社更生手続では、証拠書類は再生債務者や管財人の要請に応じて提出すればよいこととなっていますが(民再規37Ⅰ、会更規44Ⅰ)、届出書の写しを提出することが義務づけられています(民再規32Ⅰ、会更規37Ⅰ)。

(2) 倒産債権の届出期間

倒産債権の届出は、あらかじめ定められる債権届出期間内にすることが義務づけられています(破111Ⅰ、民再94Ⅰ、会更138Ⅰ)。

債権届出期間内(破産手続の場合は一般調査期間満了前または一般調査期日終了前まで。以下同じ)に債権届出をすることができなかった場合には、その時期までに債権届出をすることが倒産債権者の責めに帰することができない事由による場合でなければ、倒産債権の届出をすることは認められません(破112Ⅰ、民再95Ⅰ、会更139Ⅰ)。

どのような場合に、債権届出期間内に債権届出をすることができなかったことについて倒産債権者の責めに帰することができない事由があるかについては議論があります。たとえば、外国に長期出張していたために開始決定の通知や官報公告を知ることができなかった場合や、債権者一覧表に記載されていなかったため個別通知が送られてこなかった場合が、原則としてこれに該当すると考えられています。もっとも、このような場合でも、債権届出をすることができない事由が消滅した後1か月以内に届出または届出の追完をしなければなりません(破112Ⅰ・Ⅱ、民再95Ⅰ・Ⅱ、会

更139Ⅰ・Ⅱ）。

　なお、破産手続における除斥期間経過後や、再生計画案または更生計画案を決議に付する旨の決定がされた後は、もはや例外なく債権届出をすることはできません（破198Ⅰ等、民再95Ⅳ、会更139Ⅳ）。

（3）債権届出を行った場合の効果

　債権届出を行ったことによって、**第3**にて後述する債権者集会での議決権の行使（破136Ⅰ、民再115Ⅰ、会更115Ⅰ）や、配当の受領（破195Ⅰ）を受けることができ、また、倒産債権の時効の中断（民152）の効果を得ることができます。

　他方で、債権届出を怠った場合には、倒産債権の権利行使ができなくなりますが、民事再生手続においては、若干の救済規定が設けられています。再生債務者は、届出がされていない再生債権があることを知っている場合には、認否書に自認する内容等を記載しなければならないとされています（民再101Ⅲ）。この結果、再生債権者が債権届出を失念しても、再生債務者が認否書に自認債権として記載した場合や、再生債務者がその再生債権の存在を知りながら認否書に記載しなかった場合には（民再181Ⅰ③）、弁済を受けることができます（ただし、後者の弁済時期は再生計画記載の弁済期間満了後になります（民再181Ⅱ））。

担当者として留意すべき事項　　　予備的届出

　主位的に財団債権であることを主張した上で、予備的に破産債権として債権を届け出る場合があります。これは、財団債権であれば、破産手続によらないで破産財団から随時弁済を受けることができる一方（破2Ⅶ）、破産債権であれば破産手続によらなければ権利行使をすることができず（破100Ⅰ）、また上記のとおり債権届出期間に制約があるためです。財団債権か破産債権か確立した取扱いがなされていないような債権に関して、主位的には「財団債権である」との主張をするのですが、この主位的な主張が認められない場合に備えて、次善の策として、破産債権として債権届

出を行うというようなことが実務上はあります。

3．債権届出後の債権変動
（1）他の倒産債権者の利益を害する変更届出
　たとえば、破産債権の額の増額のように、他の倒産債権者の利益を害する変更については、変更届出の時期に制限があります。このような変更は実質的には新たな届出であるためです。当該変更については、債権届出期間内（破産手続の場合は、一般調査期間の経過までまたは一般調査期日の終了まで）に変更届出をするか、その責めに帰することができない事由によって債権届出期間内等に届出ができず、その事由が消滅した後1か月以内に変更届出をした場合に限って、変更が認められるということになります（破112Ⅳ・Ⅰ、民再95Ⅴ・Ⅰ、会更139Ⅴ・Ⅰ）。

（2）他の倒産債権者の利益を害しない変更届出
　他方で、倒産債権者は、その有する倒産債権について、倒産債権を届出した事項の変更（倒産債権の消滅を含む）であって、他の倒産債権者の利益を害しないものが生じた場合には、遅滞なくその変更を裁判所に届け出る必要がありますが、その変更に時期的制約はありません（破規33Ⅰ、民再規33Ⅰ、会更規38Ⅰ）。

　また、届出済み倒産債権を取得した者は、債権届出期間経過後（破産手続の場合は一般調査期間の経過後または一般調査期日の終了後）であっても、届出名義を変更することができます（破113Ⅰ、民再96、会更141）。

Q&A

Q 債権届出をした後、債務者の連帯保証人から届出債権の一部について弁済を受けました。届出をしている債権の額等が変更したとして、変更届出をする必要があるでしょうか。

A 変更届出の必要はありません。

解説
　主債務につき連帯保証人を立てている場合等のように、数人が各自全部の履行をする義務がある場合には、債権の全額について弁済を受けない限りは、倒産手続開始時の債権全額について権利を行使することができますので（破104Ⅱ、民再86Ⅱ、会更135Ⅱ）、変更届出をする必要はありません。

4．債権届出から配当・弁済までの流れ

　前述したとおり、倒産債権者が、破産手続や再建計画の定めるところにより配当・弁済を受けるためには、①債権の届出を行って、②当該債権の調査を経た上で、③当該債権が確定される必要があります。このように確定された債権に基づいて、④破産手続であれば配当を受けることで弁済を受けますし、再建型手続であれば債権者により決議された再建計画に基づいて弁済を受けるということになります（破111以下、民再94以下、会更138以下）。

　②及び③の手続については、下記フローチャートをご覧ください。倒産債権は、倒産債権者により届け出られた事項について、破産管財人（または再生債務者・管財人）が認め、かつ、他の届出倒産債権者等が異議を述べなかった場合に確定することになります（破124Ⅰ、民再104Ⅰ、会更148Ⅰ）。仮に、破産管財人等が否認し、または、他の届出倒産債権者等が適時に異議を述べた場合には、倒産債権査定申立て等の手続により、争いのある額等が決せられることとなります（破125以下、民再105以下、会更151

以下)。

【債権届出から配当・弁済までの流れ】

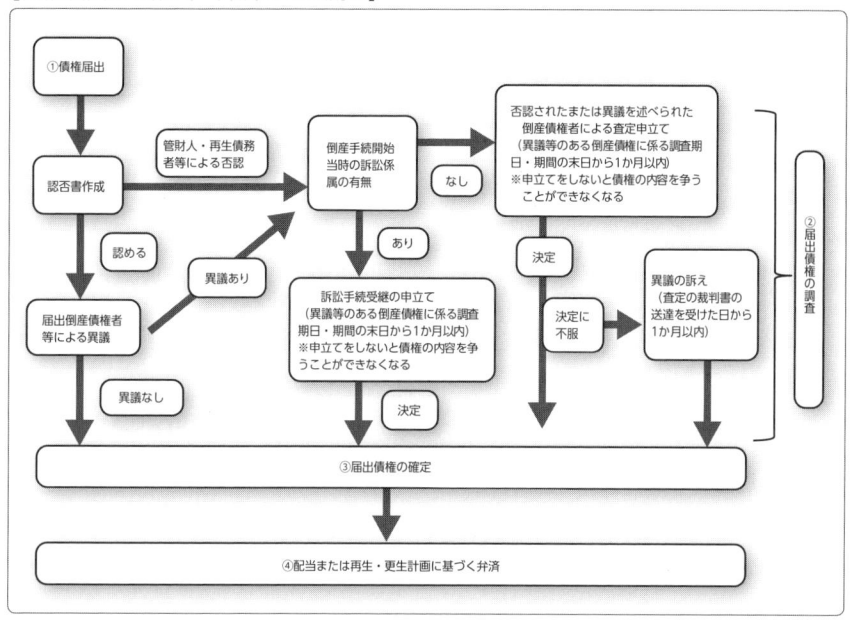

```
①債権届出
    ↓
認否書作成 ← 管財人・再生債務者等による否認 → 倒産手続開始当時の訴訟係属の有無
    ↓認める                                        ↓あり         ↓なし
届出倒産債権者等による異議 ← 異議あり              訴訟手続受継の申立て    否認されたまたは異議を述べられた倒産債権者による査定申立て
    ↓異議なし                                  (異議等のある倒産債権に係る調査  (異議等のある倒産債権に係る調査期
                                                期日・期間の末日から1か月以内)   日・期間の末日から1か月以内)
                                              ※申立てをしないと債権の内容を争  ※申立てをしないと債権の内容を争う
                                                うことができなくなる           ことができなくなる
                                                    ↓                         ↓
                                                  決定                        決定
                                                                              ↓決定に不服
                                                                          異議の訴え
                                                                          (査定の裁判書の送達を受けた日から1か月以内)

                                                                        ②届出債権の調査

③届出債権の確定
    ↓
④配当または再生・更生計画に基づく弁済
```

第3 議決権行使

1．倒産債権者の議決権

　再建型手続の場合には、倒産債権の弁済は、再建計画に基づいて行われることになりますが、再建計画案は倒産債権者によって決議されます（民再169Ⅰ、会更189Ⅰ）。倒産債権者は、再建計画によって弁済額のカット等の権利変更を受けることになりますので（民再155Ⅰ、会更168Ⅰ）、再建計画案の決議における議決権は、原則として倒産債権の額に応じて、各倒産債権者に割り当てられることとされています（民再87Ⅰ④、会更136Ⅰ④）。

2．議決権の行使方法

再建計画案への議決権の行使方法については、債権者集会期日において行使する方法、書面等投票による方法、これらを併用する方法があります。民事再生手続については、東京地裁破産再生部では、原則として併用する方法が採用されています。会社更生手続については、東京地裁会社更生部では、書面等投票による方法が採用されることが多いようです。

裁判所が再建計画案を決議に付する旨の決定をすると（民再169Ⅰ、会更189Ⅰ）、通例、議決権を有する各倒産債権者に対して、債権者招集通知書や、再建計画案等とともに、「再生（更生）計画案に対する賛否」を記載する議決票が配布されます。倒産債権者は、この議決票に賛否を記載した上で、上記のとおり当該倒産手続で採用された議決権行使方法に基づき、議決権行使することになります。

3．再建計画案可決要件

再建計画案の可決要件は、民事再生手続では、①議決権者（債権者集会への出席者または書面等投票した者に限る）の過半数の同意（頭数要件）、かつ、②議決権者の議決権の総額の2分の1以上の議決権を有する者の同意と定められています（民再172の3Ⅰ）。他方、会社更生手続では、頭数要件は定められておらず、議決権の数額の多額のみが要件とされていますが（会更196Ⅴ）、権利の種類ごとに分かれて決議を行う仕組みが採用されています（会更196）。

第4　労働組合等への通知および意見聴取

再建型手続においては、再生会社・更生会社が事業を継続することが前提となっていますので、再生会社・更生会社の労働者は、当該手続に重大

な利害事項を持ちます。このことから、再建型手続においては、労働組合（倒産会社の使用人その他の労働者の過半数で組織する労働組合がないときは、倒産会社の使用人その他の労働者の過半数を代表する者。以下では「労働組合等」といいます）に対して、各種の通知を行うこととし、また意見聴取の機会を付与しています。

【法定されている通知や意見聴取の内容または時期】

	内容または時期	根拠条文
通知	債権者集会等の期日	民再115Ⅲ・212Ⅲ、会更115Ⅲ
	再生・更生計画の認可または不認可の決定があった旨	民再174Ⅴ、会更199Ⅶ
	簡易再生の申立てを行う旨	民再211Ⅱ
意見聴取	再生・会社更生手続開始申立て時	民再24の2、会更22
	営業または事業の譲渡に関する裁判所の許可時	民再42Ⅲ、会更46Ⅲ③
	破産管財人による再生・会社更生手続開始申立て時	民再246Ⅲ、会更246Ⅲ
	民事再生手続における管財人による会社更生手続開始申立て時	会更248Ⅲ
	再生・更生計画案	民再168、会更188

他方で、破産手続においては、再建型手続と異なり破産会社の事業の継続を前提としませんので、破産会社の労働者にとって破産手続における利害関係は相対的に低いものです。破産手続においては、破産手続開始決定時（破32Ⅲ④）および債権者集会の期日（破136Ⅲ）について労働組合等に通知すること、営業または事業の譲渡に関する裁判所の許可時に労働組合等の意見聴取をすること（破78Ⅳ・Ⅱ③）が法定されているにとどまります。

第2章

債権者の立場からみた倒産事件

1 債権者の立場からみた場合の倒産手続 ① 法的整理

第1 法的整理の特徴

　倒産処理手続は、法的整理と私的整理に区別できます。法的整理とは、経済的に破たんの危機に直面した債務者が、特定の法律に基づいて基本的に裁判所の関与のもとで、債務の処理を行う手続をいいます。私的整理とは、経済的に破たんの危機に直面した債務者が、特定の法律に基づかず裁判所の関与がないなかで、債権者との合意に基づいて、債務の処理を行う手続をいいます。以下では、法的整理における債権の取扱いおよび法的整理における清算型手続の原則的な手続である破産手続と再建型手続である民事再生手続・会社更生手続との異同について、説明します。

ケース1

　取引先が近々倒産処理手続を申し立てるとの噂がありました。倒産処理手続のうち法的整理について、その概要とそれぞれの法的整理における倒産債権の取扱いについて説明してください。また、清算型手続と再建型手続の異同について説明してください。

1．倒産手続における倒産債権の取扱い

(1) 無担保債権の取扱い

① 一般倒産債権

倒産手続開始決定前の原因に基づいて生じた財産上の請求権は、原則として一般倒産債権とされ（破産手続では破産債権（破２Ⅴ）、民事再生手続では再生債権（民再84Ⅰ）、倒産手続開始後は、一般倒産債権の個別的権利行使が禁止され（破100Ⅰ、民再85Ⅰ）、配当や再生計画の定めによらなければ弁済を受けられません（破193Ⅰ、民再186Ⅰ）。

② 特別の扱いを受ける倒産債権

　ア　約定劣後倒産債権

　　約定劣後倒産債権とは、債権者と倒産債務者との間で、倒産手続開始前に、倒産債務者について破産手続が開始された場合には、破産手続でその債権の配当の順位が破産法99条１項の劣後的破産債権に後れるものという内容の合意がなされている債権をいいます（破99Ⅱ、民再35Ⅳ）。

　　約定劣後倒産債権は、一般倒産債権に劣後することとなります（破194Ⅰ、民再87Ⅲ）。

　イ　倒産手続開始後の利息請求権等

　　倒産手続開始後の利息請求権、倒産手続開始後の不履行による損害賠償および違約金の請求権、倒産手続参加費用の請求権等（破97Ⅰ各号、民再84Ⅱ）は、一般倒産債権よりも劣後的な取扱いをされます（破99Ⅰ①、民再155Ⅰ但書）。

　ウ　倒産手続開始前の原因に基づいて生じた罰金・科料等

　　倒産手続開始前の原因に基づいて生じた罰金・科料等（破97⑥、民再97）のうち財団債権・共益債権または一般優先債権でないものは一般倒産債権となりますが、これらの債権は現実の弁済を強要することによる制裁の目的を有しているため、民事上の手続による減免になじみません。

　　そこで、これらの債権は破産手続上、免責の対象とならず（破253Ⅰ⑦）、民事再生手続上、再生計画の権利変更の対象となりません（民

再155Ⅳ)。

　また、債権届出・調査・確定についても異なる手続が用意されています（破114、134、民再97、113）。
エ　双方未履行双務契約の解除による相手方の損害賠償請求権等

　破産管財人または再生債務者が双方未履行双務契約を解除した場合（破53Ⅰ、民再49Ⅰ)、当該解除により生じた相手方の損害賠償請求権は一般倒産債権となります（破54Ⅰ、民再49Ⅴ)。
③　保全管理期間中に発生した債権の取扱い
　ア　破産手続

　　破産手続開始申立て後、開始決定前までの保全管理期間中に生じた債権は、破産手続開始決定前に発生した債権であるため、本来は破産債権となります（破2Ⅴ)。たとえば、破産手続のなかで事業譲渡することを予定しており、裁判所の許可を得て事業継続した場合に、保全管理期間中に当該事業に基づいて生じた債権が該当します。しかし、保全管理人が破産者の財産に関して、権限に基づいてした行為によって生じた請求権については、財団債権となります（破148Ⅳ)。これは、保全管理命令の発令から破産手続開始決定までの期間が短期間であり、その間に生じた費用を破産手続開始決定までに支払い終えることが事実上困難であること、保全管理人は破産者の財産の管理処分権を有しており、その行為の結果が財産財団に帰属すること等から、保全管理人が破産者の財産に関し、その権限に基づいてした行為によって生じた債権を財団債権として取り扱うこととしたものです。
　イ　民事再生手続

　　再生手続開始申立て後、開始決定前までの保全管理期間中に生じた債権は、再生手続開始決定前に発生した債権であるため、原則として再生債権となります（民再84Ⅰ)。たとえば、保全管理期間中に継続している事業に基づいて生じた債権が該当します。しかし、再生債権

として再生計画の権利変更の対象となる場合には、債権者の取引継続への協力を得られなくなるおそれが高い上、保全管理期間中に生じた債権を再生手続開始決定前にすべて決済することも現実的に困難であり、再生債務者の事業継続が困難となる可能性があります。

そこで、実務上は、再生手続開始申立て後、開始決定前までに生じる取引債権については、監督委員の承認を得て、すべて共益債権化するのが一般的です（民再120）。共益債権化とは、本来再生手続開始決定前に生じた債権は再生債権となりますが、再生債務者の事業の継続に欠くことができない行為をする場合は、当該行為によって生ずる相手方の債権を監督委員の承認を得て、共益債権とすることをいいます（民再120Ⅰは裁判所の許可を要すると定めていますが、実務上は、民再120Ⅱにより、監督委員に対して許可に代わる承認の権限が付与されるのが通常です）。

④ 現在化・金銭化

破産手続は、破産者の財産を換価し、破産債権者に対して債権額に比例按分して配当する手続であるため、破産債権について金額以外の要素（たとえば、弁済期の到来・未到来や条件の成就・未成就等）を均質に取り扱う必要があります。

そこで、弁済期未到来の破産債権については、すでに弁済期が到来したものとみなし、条件・期限付債権についても破産手続に参加でき（現在化。破103Ⅲ・Ⅳ）、金銭債権でない破産債権や債権額が未確定な破産債権についても、破産手続開始時の評価額により手続に参加できる（金銭化。破103Ⅱ）こととしています。たとえば、破産手続開始決定前に弁済期が到来している100万円の売掛金債権も、破産手続開始決定後に弁済期が設定されていて、破産手続開始決定時には弁済期が到来していない100万円の売掛金債権も、破産手続のなかでは100万円の破産債権として、同一に取り扱われます。

これに対して、民事再生手続は事業の継続を前提としており、破産手続のように手続開始時における倒産債権を均質に取り扱う必要がないため、破産手続のような現在化・金銭化といった規定は用意されていません。

⑤ 倒産手続開始後の債権者

　ア　財団債権・共益債権

　　財団債権・共益債権は、倒産債権者の共同の利益のためにする裁判上の費用の請求権等、法が特に定める請求権であり、倒産手続によらないで随時弁済を受けることができます（破2Ⅶ、151、民再121Ⅰ・Ⅱ）。随時弁済とは、倒産手続上の債権届出・調査・確定等の手続を経ることなく各債権の本来の弁済期に従った弁済を受けることをいいます。財団債権・共益債権は一般倒産債権に優先して支払われます。

　イ　開始後債権

　　民事再生手続における開始後債権とは、再生手続開始後の原因に基づいて生じた財産上の請求権であり、共益債権、一般優先債権または再生債権に該当しないものをいいます（民再123Ⅰ）。たとえば、再生債務者が業務や生活に関係なく行った不法行為を原因とする債権等が該当します。開始後債権は、再生計画による権利変更の対象とはなりませんが、再生計画で定められた弁済期間が満了するまでの間は弁済することができないとされ、弁済期について劣後的に取り扱われます（民再123Ⅱ）。

（2）倒産手続における別除権の意義と取扱いの異同

① 破産手続・再生手続における担保権者の地位

　破産手続および再生手続では、破産債権・再生債権を担保するために債務者の所有する権利に担保権を有している債権は「別除権」（破2Ⅸ、民再53）と呼ばれ、破産手続・再生手続によらずに権利行使することができ（破65、民再53Ⅱ）、その結果、優先弁済を受けることができます。

別除権となる担保権としては、特別の先取特権、質権、抵当権、根抵当権が挙げられます。商事留置権は、再生手続では別除権として扱われますが、破産手続では特別の先取特権とみなされる（破66Ⅰ）結果、別除権として扱われます。ただし、他の先取特権に劣後します（破66Ⅱ）。また、仮登記担保権は再生手続では別除権として扱われます（民再53Ⅰ、仮登記担保19Ⅲ）。

また、非典型担保である譲渡担保、所有権留保、ファイナンス・リースは実務上、別除権として扱われています。

② 破産手続・再生手続における担保権の行使方法

別除権は、破産手続・再生手続によらずに権利行使することができます。つまり、破産手続・再生手続外で担保権を実行すること（たとえば、抵当権でいえば、民事執行法に基づき、担保不動産について競売の申立てをすること）ができます（破65、民再53Ⅱ）。担保権の実行により回収できない部分（これを「不足額」といいます）は、一般の破産債権・再生債権として破産手続・再生手続内で権利行使することとなります。たとえば、抵当権を有する債権者の被担保債権が1億円であり、抵当権を実行し、抵当不動産の競売により、5,000万円を回収した場合には、残りの5,000万円を破産債権または再生債権として権利行使することとなります。

担保権の実行には、民事執行法に基づく処分・換価と当事者の契約に基づく実行方法による処分・換価があります。

民事執行法に基づく処分・換価は、典型的には債務者の所有する不動産について抵当権の設定を受けていた者が民事執行法に基づく不動産競売を申し立てる場合が挙げられます。

非典型担保である譲渡担保や所有権留保は民事執行法にその処分・換価方法の定めがないため、当事者間の契約により定められている実行方法によることとなります。典型担保である抵当権や質権についても、当

事者間の契約により任意の実行方法が定められている場合には、当該実行方法によることができます。

また、民事執行法に基づく処分・換価（競売）は、一般的に任意売却の場合に比較して処分価格が廉価となるため、法的手続によらずに任意売却を実施することもあります。別除権としても売却価格が高い方が被担保債権の回収に資するため、担保目的物の任意売却により処理されることが少なくありません。

さらに、再生手続では、事業の継続に必要な担保目的物を再生債務者に使用させることを前提として、再生債務者と別除権者との間で別除権協定を締結することがあります。別除権協定は、再生債務者と別除権者との間で別除権評価額を合意した上で、再生債務者が別除権評価額相当額について分割弁済する代わりに、協定どおりの弁済が継続している間は担保権実行をせず、協定どおりに弁済を終了した際には担保権を抹消するという内容の契約であることが一般的です。

③ 破産手続・再生手続における不足額の取扱い

別除権者は、不足額について破産債権者・再生債権者として権利行使することができます（破108Ⅰ本文、民再88本文）。担保権の実行により被担保債権について優先的満足を得られる一方で、当該被担保債権を破産債権・再生債権として行使することは、他の債権者との公平を欠くことから、不足額についてのみ破産債権者・再生債権者として権利行使をすることができるとされています。このような建前を不足額責任主義と呼びます。権利行使のためには債権届出・調査・確定の手続を経る必要があります（破111Ⅱ、民再94Ⅱ）。

別除権者は、債権届出を行う際、通常の届出事項（破111Ⅰ、民再94Ⅰ）に加えて、別除権の目的物および別除権の行使により弁済を受けることができないと見込まれる不足額（これを「予定不足額」といいます）を届け出なければなりません（破111Ⅱ、民再94Ⅱ）。

倒産手続開始後に、担保権によって担保される債権の全部または一部が担保されないこととなった場合には、その債権の当該全部または一部の額について、破産債権者・再生債権者として権利行使できます（破108Ⅰ但書、民再88但書）。

④ 破産手続・再生手続における担保権者の権利の制約

　ア　担保権消滅許可申立制度

　破産手続・再生手続には、担保権消滅許可申立制度が用意されています（破186、民再148）。担保権消滅許可申立てとは、破産管財人・再生債務者が裁判所に対して、担保目的物の価額に相当する金銭を裁判所に納付して当該担保目的物の上に存するすべての担保権を消滅させることについての許可の申立てをいいます。

　破産管財人・再生債務者と担保権者との間の担保目的物の評価額に争いがある場合に、裁判所に消滅許可申立てを行うことにより担保権を強制的に消滅させることのできる制度です。

　もっとも、破産手続における担保権消滅許可申立制度と再生手続における担保権消滅許可申立制度は、その目的が異なります。すなわち、破産手続では任意売却について担保権者の同意を得られない場合に同制度を利用し強制的に担保権を消滅させることで、任意売却を実行可能とすることに目的があります。また、破産管財人としては担保権者に対して担保権消滅許可申立てを示唆することで担保権者の同意を取得する交渉材料ともなります。

　他方で、再生手続では担保目的物が再生債務者の事業の継続に欠くことのできないものである場合に、担保権が実行されてしまうと事業の再生が困難となるため、同制度を利用し強制的に担保権を消滅させ、再生債務者の事業の再生を図ることに目的があります。

　イ　商事留置権消滅請求制度

　破産手続では商事留置権消滅請求制度が用意されています（破

192)。再生手続では商事留置権は担保権として取り扱われる（民再53Ⅰ）ため、商事留置権の消滅については担保権消滅許可申立制度を利用します。

　破産手続上、破産財団の増殖に資する場合、商事留置権の対象となっている財産について、商事留置権者に一定の金額を支払って対象財産の受戻し（破78Ⅱ⑭参照）を行うことがあります。しかし、商事留置権者の同意を得られない場合には、受戻しが不可能となります。このような場合にも商事留置権を消滅することを可能とするのが商事留置権消滅請求制度です。

ウ　担保権実行中止命令

　再生手続では、別除権者は再生手続外で担保権を実行することができます。しかし、担保目的物が再生債務者の事業の継続に不可欠なものである場合、担保権実行により再生債務者の事業の再生を図ることができなくなります。そこで、民事再生法は担保権実行を一時的に中止する制度を用意しました。

　裁判所は、再生手続開始の申立てがあった場合に、再生債権者の一般の利益に適合し、競売申立人に不当な損害を及ぼすおそれがないものと認めるときは、利害関係人の申立てによりまたは職権で、相当の期間を定めて担保権の実行としての競売手続の中止を命ずることができます（民再31Ⅰ本文）。

　担保権実行を一時的に中止させ、再生債務者は、別除権者との間で、被担保債権の弁済方法や担保目的物の処分時期や方法等について交渉し、和解等することにより、当該担保目的物を維持、利用することを確保します。

⑤　更生手続における担保権者の地位

　更生手続では、典型担保である特別の先取特権、質権、抵当権、根抵当権、商事留置権（会更2Ⅹ）、非典型担保である譲渡担保、所有権留

保、ファイナンス・リースを「更生担保権」として取り扱います。更生担保権とは、更生手続開始当時、更生会社の財産につき存する担保権の被担保債権であって、更生手続開始前の原因に基づいて生じたもの等のうち、当該担保権の目的である財産の価額が更生手続開始のときにおける時価であるとした場合における当該担保権によって担保された範囲のものをいいます（会更2Ⅹ）。

更生手続では、破産手続や再生手続とは異なり、更生担保権者は、手続外での担保権の実行ができず、更生手続内で債権の届出・調査・確定を経て、更生計画の定めに従った権利変更を受け、更生計画に従った弁済しか受けられません。

更生手続開始決定時にすでに行われていた担保権実行手続は中止し、また、開始決定後新たに担保権実行の申立てをすることもできません（会更50Ⅰ、24Ⅰ②）。

このように更生手続は、担保権を手続に取り込み、担保権の実行を禁止することで企業の再生を図る手続であり、他の法的倒産手続と大きく異なる点であるといえます。

2．破産と再建型手続の異同

法的整理は、清算型手続と再建型手続に区別できます。清算型手続とは、債務者の総財産を解体して金銭化し、その清算価値をもって、債権者に対し、同様に金銭化された総債務を弁済して配分し、債務者の経済活動を終了させる手続をいいます。再建型手続とは、債務者が有する総財産を基礎として経済活動を継続させ、その財産を基礎とする将来の事業活動により発生する継続事業価値をもって、債権者に対し、金銭や持分を配分する手続をいいます。以下では、清算型手続の原則的な手続である破産手続と債権型手続である民事再生手続・会社更生手続について、各手続の特徴と各手続の異同について、説明します。

(1) 破産手続の特徴

① 破産手続の意義

破産手続は、清算型手続の原則的な手続であり、支払不能または債務超過にある債務者について財産等の適正かつ公平な清算を図るとともに、債務者について経済生活の再生の機会の確保を図ることを目的とする手続です（破1）。

② 破産手続の特徴

ア 対象

破産手続の対象に限定はなく、法人も自然人も対象となります。特別清算手続が清算手続中の株式会社のみをその対象としていることと大きく異なります（会510）。

イ 開始原因

破産手続の開始原因は、支払不能（債務者が法人の場合には債務超過も含みます。破16Ⅰ）です（破15）。支払不能とは、債務者が支払能力を欠くために、その債務のうち弁済期にあるものにつき、一般的かつ継続的に弁済することができない状態をいいます（破2Ⅺ）。債務超過とは、債務者がその債務につき、その財産をもって完済することができない状態をいいます（破16Ⅰ）。債務者の資産と負債との関係で十分な債務弁済能力が欠如している状態では債権者に対する公平な弁済を行う必要があることから、破産手続の利用が認められています。

ウ 破産管財人の選任

破産手続では、破産管財人が破産手続の機関として中心的な役割を果たします（破78以下）。この趣旨は、破産債権者を代表する立場の第三者機関である破産管財人によって常に公平かつ機能的な手続追行を図る点にあります。破産管財人は破産手続における必置の機関であり、破産手続は管理型の手続である点で再建型の一般手続であるDIP型を原則とする民事再生手続と大きく異なります。

エ 債権者平等の原則

　破産手続では、債権者は強制執行等、自己の権利の個別的な実行を禁止され、また手続外で弁済を受けることもできません（破42、100Ⅰ）。このような建前を個別的権利行使禁止の原則といいます。債権者間の公平を図ることは倒産手続の重要な使命であり、清算型であり債権者の多数決を前提としない破産手続ではこの点は特に重要となります。したがって、破産手続における配当は厳格な債権者平等の原則にそって行われることとなります。

　これに対し、担保権者は破産手続の拘束を受けず、別除権者として自由にその権利を実行することができます。破産手続が最終的に清算を目的とする以上、事業の再建のために担保権者の権利実行を制限する必要のある再建型手続とは異なり、その権利行使を妨げる必要が原則として存在しないためです。

　以上のような考え方に基づいて、一方で債務者の資産を換価し、他方で債務者の負債を確定し、換価によって得られた金員を債権者間で公平に配当していくこととなります。

（2）民事再生手続・会社更生手続の特徴

① 民事再生手続・会社更生手続の意義

ア 民事再生手続の意義

　民事再生法は、中小企業や個人事業者等をその適用対象の中心としながら、大企業や個人（消費者）にもその利用を可能とする再建型倒産処理手続の一般法として位置づけられています。

　民事再生法の目的は「経済的に窮境にある債務者について、その債権者の多数の同意を得、かつ、裁判所の認可を受けた再生計画を定めること等により、当該債務者とその債権者との間の民事上の権利関係を適切に調整し、もって当該債務者の事業又は経済生活の再生を図ること」にあります（民再1）。

イ 更生手続の意義

　会社更生手続は、再建型の倒産処理手続として、民事再生手続の特別手続に該当します。株式会社のみを適用対象とする手続であり（会更1）、担保権の被担保債権が更生担保権として取り扱われ会社更生手続のなかでしか権利行使することができない等様々な点で厳格かつ強力な手続となっています。

② 民事再生手続・会社更生手続の特徴

　ア 民事再生手続の主な特徴

　　ⅰ）DIP 型手続であること（民再38）

　　　DIP とは、Debtor In Possession の略語で、アメリカ連邦倒産法の第11章手続で用いられている用語ですが、要するに、管財人を選任しないで債務者自身が主体となって追行する倒産手続であることを意味します。

　　　債務者の経営権の存続を認めることで、経営者は倒産手続の申立てを躊躇しなくなり早期の申立てがなされるとともに、中小企業においては重要な経営資源となりうる経営者自身の営業力・技術力等を再建に活かすことが可能となります。

　　　もっとも、このような制度は他方では、無責任な経営者による企業の延命策に用いられるおそれもあります。そこで民事再生法は、そのような事態となることを防止するため、監督命令（民再54）・管理命令（民再64）を認める他、再生債務者に公平誠実義務を課す等様々な方策をとっています。

　　　また、債権者が適切に自主的な判断を下せるように、それに必要な手続情報をできるだけ開示する必要があることから、民事再生法は、利害関係人による一般的な文書等の閲覧請求権を定めています（民再16）。ただし、再生債務者の事業の維持再生に著しい支障を生ずるおそれまたは再生債務者の財産に著しい損害を与えるおそれが

ある部分（支障部分）について閲覧等を制限すること（民再17）ができる手続を用意し、再生するために必要な秘密を保持することとのバランスを図っています。

ⅱ）手続の迅速性

手続に時間を要するとすれば、手続を追行している間に優秀な人的資源や優良な取引先・商圏が失われるおそれがあります。そこで、民事再生手続では、その迅速さが特に重視されています。東京地裁の民事20部の標準的スケジュールは、申立てから再生計画の認可確定までを6か月程度の期間としています。

ⅲ）清算価値保障原則

清算価値保障原則とは、再生計画案の弁済率が破産配当率を上回らなければならないことをいいます。民事再生手続の存在意義は、破産手続よりも社会的効用が大きいという点にあることから、再生計画案の弁済率が開始決定時の破産配当率を超えることが求められます。再生計画案の弁済率が破産配当率を下回った場合は、「再生計画の決議が再生債権者の一般の利益に反するとき」という再生計画の不認可事由に該当することとなります（民再174Ⅱ④）。

イ　更生手続の主な特徴

民事再生手続と比較した特徴としては、以下のような点が指摘できます。

ⅰ）管財人の選任（会更42Ⅰ）

第一に、DIP型を原則とする民事再生手続に比べ、必ず管財人が選任される管理型の手続である点が挙げられます。外部の第三者（弁護士等）が会社の内部に入ることで、手続運営の透明性が確保されています。

ⅱ）担保権者の扱い

第二に、担保権者が別除権者として手続外で権利を行使できる民

事再生手続に比べ、更生手続は担保権者も更生担保権者として手続に組み込み、その権利実行を禁止し（会更47Ⅰ、50Ⅰ、2Ⅹ、12）、権利内容を更生計画で変更できる点が挙げられます。事業再建に不可欠となる担保権の制約を強化するものといえます（会更168）。

ⅲ）更生計画

第三に、組織変更には原則として会社法上の手続を必要とする民事再生手続に比べ、更生手続では、更生計画の内容として、会社分割・合併・株式交換・株式移転等多様なものが認められ、様々な会社法上の特則が設けられている点が挙げられます（会更167Ⅱ、180以下）。これによって、事業組織の再編やM＆Aによる再建が容易になっており、実際にも100％減資とスポンサーへの増資を組み合わせた更生計画が一般的とされています。

また、再生計画認可またはその3年後までの手続の継続に原則として限定される民事再生手続に比べ、更生手続では、更生計画の遂行が確実と認められるまで手続が続く点が挙げられます。その意味で、更生手続のほうが計画の履行がより確実になるといえます。

ウ　DIP型更生手続

ⅰ）概要

前述のとおり、更生手続では必ず管財人が選任されることとなります（会更67）。管財人には弁護士が選任されることが多く、旧会社更生法のもとの実務では、従前の役員が管財人に選任されることはありませんでした。

しかし、早い段階での法的整理手続の利用を促すことで事業価値の毀損を防ぎ、事業再建の確率を高めるという見地からは、更生会社の従前の役員を管財人として選任することが相当である事例も少なからず存在します。このように、従前の役員が管財人の一人となる場合の更生手続を「DIP型更生手続」といいます。

ⅱ）DIP型更生手続の要件（東京地裁民事第8部（商事部））

　東京地裁民事第8部（商事部）は、平成20年12月、DIP型更生手続が認められるための以下の基準（運用上の基準）を法律雑誌で公表しました（「会社更生事件の最近の実情と今後の新たな展開」NBL2008年12月15日号、商事法務）。

（ア）現経営陣に不正行為等の違法な経営責任の問題がないこと
（イ）主要債権者が現経営陣の経営関与に反対していないこと
（ウ）スポンサーとなるべき者がいる場合はその了解があること
（エ）現経営陣の経営関与によって会社更生手続の適正な遂行が損なわれるような事情が認められないこと

（3）清算型手続と再建型手続の異同

　清算型手続は債務者の財産の清算を目的とした手続であり、再建型手続は債務者の事業の再生を目的とした手続です。

　もっとも、破産手続で、破産手続開始決定後、一定期間事業を継続することが破産財団の維持・増殖に資する場合があります。このような場合、破産管財人は裁判所の許可を得て、事業を継続することとなります（破36）。

　また、民事再生手続で、実質的に清算を内容とする再生計画も適法であると解されています。更生手続では、明文の規定により清算を内容とする更生計画が認められています。

　このように、清算型手続と再建型手続は、根本にある制度目的は異なるものの、手続の進行によっては両手続が近接することもあります。

1 債権者の立場からみた場合の倒産手続 2
私的整理

第1 私的整理

1．私的整理の意義

　倒産処理手続は、法的整理と私的整理に区別されます。法的整理とは、経済的に破たんの危機に直面した債務者が、特定の法律に基づいて基本的に裁判所の関与のもとで、債務の処理を行う手続をいいます。私的整理とは、経済的に破たんの危機に直面した債務者が、特定の法律に基づかず裁判所の関与がないなかで、債権者との合意に基づいて、債務の処理を行う倒産処理手続をいいます。私的整理では、当該私的整理の対象となった債権者との間で和解契約（裁判外の和解）を集団的に締結することとなります。

　法的整理は、裁判所がその運用を定型化する等、手続の簡易化・合理化が進んできてはいますが、一般的に費用や時間のかかる複雑な手続であることは否定できません。

　私的整理は、すべての関係者の同意を取得することを前提に、法的手続によらずに清算や再建を図る手続であり、簡易・迅速に手続を進めることが債務者のみならず債権者にとってもメリットとなる場合があります。

　以下では、法的整理と私的整理のメリット・デメリットを整理したうえで、私的整理における各手法の概要を説明します。

> **ケース1**
> 取引先が近々倒産処理手続を申し立てるとの噂を聞きました。倒産処理手続のうち私的整理には様々な手法があるとのことですので、それぞれの手法について、その概要を説明してください。

2．法的整理と私的整理のメリット・デメリット

(1) 法的整理のメリット・デメリット

① 法的整理のメリット

　法的整理は裁判所が関与する倒産処理手続であり、債権者間の公平や手続の透明性が担保される公正な手続であるため、債権者にとっても安心感のある手続であるといえます。

　また、債務者にとっては特に再建型倒産処理手続におけるメリットとして、再建に反対する債権者がいる場合でも、法的整理を利用した場合、頭数または債権額に応じた議決権額による多数決原理により再建手続を進めることが可能となるという点が挙げられます。

　債権者の立場からいえば、一部の債権者が再建に反対であったとしても、債務者が法的整理を利用した場合には、多数決によって再建手続を進められてしまうことを意味します。

② 法的整理のデメリット

　法的整理は、必然的に様々な手続（債権調査・確定、財産調査等）や裁判所・管財人等倒産手続機関の関与を必要とするため、複雑なものとなり、手続が完了するまで一定程度の期間を要することとなります。

　また、再建型倒産処理手続といえども当該手続に着手（裁判所への申立て）したことにより、風評被害や取引先喪失を招くおそれがあり、場合によっては当初想定していた再建計画の実行が不可能となり、破産手続等の清算型倒産処理手続に移行することがあります。

(2) 私的整理のメリット・デメリット

① 私的整理のメリット

ア 簡易・迅速な手続

　私的整理はすべて関係者の合意によって処理されるため、関係者の合意のもとで簡易な手続とすることが可能となります。また、法的整理における手続を省略することも可能となります。

　再建型倒産処理手続は、倒産企業が従前営んでいた事業を継続しつつ再建を図る手続であり、倒産処理手続による事業価値の毀損を可及的に防止する必要があります。この点、簡易・迅速な手続の実施は、事業価値の毀損を防止するのに重要な要素であるといえます。

　債権者の立場でも、簡易・迅速な手続により事業価値の毀損が防止され、その結果自己の債権への配当や弁済がより多く、早期に実現することはメリットであるといえます。

イ 廉価な手続

　法的整理では、破産管財人等倒産手続機関（多くの場合は弁護士）の報酬が最低限必要となりますが、私的整理では、手続は債権者が主導し、債権者委員会の委員長等も報酬を求めないのが一般的とされています。その結果、廉価に倒産処理手続を実施することが可能となります。

　債権者の立場でも、手続費用が廉価に抑えられることで自己の債権への配当や弁済がより多くなる可能性がある点でメリットであるといえます。

ウ 秘密保持性

　法的整理の場合には、いずれ官報に公告され、倒産処理手続に至ったという事実が公表されることとなります。ある程度規模の大きな企業であれば、法的倒産処理手続を申し立てた場合には、倒産情報として世間に知れ渡ることとなります。

これに対し、私的整理では、倒産処理手続に至ったという事実が公の手続等で公表されることはないため、債務者・債権者等の関係者が他に開示しなければ、世間に知れ渡ることなく倒産処理手続を実現することが可能です。

　債権者の立場からは、たとえば私的整理を実施する企業が自己の大口取引先であった場合には、自己の信用にも影響を及ぼすため秘密裏に倒産処理手続が進行することにメリットがあるといえます。

② 私的整理手続のデメリット
　ア　手続の不透明性

　私的整理には法律で定められた手続がなく債務者の財務情報等、必要な情報の開示がされる保障もありません。債権者委員会の委員長等の私的整理を主宰する者がどのような手続をとるかによります。しかし、これらの主宰者の資格や義務等に関する規律がないため、主宰者にふさわしくない者が選任されたり、不公正な手続が行われるおそれがあり、倒産処理手続が不透明なまま進行するおそれがあります。

　債権者の立場からも、私的整理が透明性の確保されない手続であることはデメリットであるといえます。

　イ　不公平性

　法的整理は、裁判所が関与する手続であり、債権調査・確定の手続や配当手続、再建計画の決議・認可の手続を定めているため、公平な配当・弁済の実施が担保されています。これに対して、私的整理は、これらの手続的保障が存在しないため、不公平な配当・弁済の実施が可能な倒産処理手続であるといえます。

　私的整理が倒産処理手続において最も重要な要素である公平性が担保されていない手続である点は、債権者の立場からも大きなデメリットであるといえます。

第2　私的整理の手法

1．事業再生ＡＤＲ
(1) 事業再生ADRの意義
　事業再生ADR手続とは、事業再生実務家協会（JATP）による特定認証ADR手続をいい、事業再生を目的とした裁判外の紛争解決手続です。事業再生ADR手続では、中立公正な第三者として認証紛争解決事業者たる事業再生実務家協会（JATP）が関与し、債務者および債権者の間を調整することによって、債務の減免や期限の猶予等を含む事業再生計画の成立を目指します。この点で、債務者が直接債権者との間で任意交渉を行うことによって債権者から債務の減免や期限の猶予に関する同意を取得することを目指す通常の私的整理手続とは異なります。

(2) 事業再生ADRの手続の概要
① 手続の申込み

　債務者が事業再生実務家協会に手続の利用を申し込みます。事業再生ADRを利用するには、事前準備段階で事業再生実務家協会に審査料として50万円の納付が求められます。債務者は、事前準備段階で主要な金融機関へ説明して、事業再生ADR手続の利用に同意を得られるようにします。

② 手続実施者の選任

　事業再生実務家協会は手続実施者を選任し、手続実施者は、債務者と面談して債務者に助言を行い、場合によっては事業再生計画案の作成に関与します。

③ 支払いの一時停止の通知

　債務者と事業再生実務家協会は連名で、債権者に対して支払いの一時停止を通知します。事業再生実務家協会および手続実施者は、対象債権

者を金融債権者のみとするか、大口のゼネコン等の債権者や商社等の商取引債権者に協力を要請するかを債務者との間で協議します。

④ 債権者会議の開催

第1回債権者会議を開催します（一時停止通知発送後、2週間後を目処）。債務者は、債権者に対して事業再生計画案の概要を説明します。債務者は、第1回債権者会議後に個別債権者に説明に行き、事業再生計画案について意見を聴取します。第1回債権者会議後、債権者や手続実施者の意見によって、事業再生計画案の修正を行うことも多いです。

その後、第2回債権者会議を開催します（第1回債権者会議後、1か月半後を目処）。債務者は事前に個別債権者に事業再生計画案の説明と質疑応答を行い、債権者の意向を聴取して事業再生計画案を調整します。

そして、第3回債権者会議を開催します（第2回債権者会議後、1か月後を目処）。債務者は事前に債権者からの同意取得を行います。第3回債権者会議で、手続実施者は対象債権者から同意の有無を聴取して、同意書を提出してもらいます。全対象債権者から同意書の提出があった場合に事業再生ADR手続が成立します。最終的に不同意債権者がいるときは当該債権者を除外しても計画が遂行できる場合を除いて、手続実施者は手続を打ち切ることとなります。

（3）事業再生ADRの特徴

事業再生ADRの特徴として、専ら金融債権者を対象とする私的整理手続であり、取引債権者に直接の影響を与えないことから、いわゆる「倒産」という風評が立ちづらく、事業価値の毀損を最小限度に抑えることが可能となる点が挙げられます。事業再生ADRの固有の特徴としては、次の点が挙げられます。

① 手続実施者の関与

事業再生ADRには、中立かつ公正な事業再生の専門家である弁護士、公認会計士等が手続実施者として関与し、債務者の事業再生計画案

について、公正かつ妥当で経済的合理性を有するものであるかについて意見を述べることになります。

したがって、純粋な私的整理手続に比べて、信頼性が担保された手続といえ、対象債権者の理解を得やすいといえます。

② プレDIPファイナンスの優先性に関する規定

債務者が事業再生ADR手続中に融資を受けることを希望する場合、貸主にとっては、事業再生手続が頓挫して法的整理手続に移行した場合に、当該融資にかかる貸付金を優先的に回収できるか否かが専らの関心事となります。

この点、事業再生ADR手続においては、プレDIPファイナンス（私的整理中の追加融資）が債務者の事業の継続に欠くことができないこと、およびプレDIPファイナンスに対する弁済を他の対象債権者に対する弁済よりも優先的に取り扱うことにつき対象債権者全員の同意を得ていることについて、事業再生実務家協会が確認を行った場合には、将来的に再生手続または更生手続に移行した場合に、当該プレDIPファイナンスに係る借入れと他の再生債権または更生債権との間で権利変更の内容に差を設ける再生計画案または更生計画案が許容され得ることとなります（産強法58から60）。

③ 比較的高額な手続費用

事業再生ADRの利用にかかる費用は、審査料、業務委託金、業務委託中間金、報酬金の4段階が設定されています。審査料は一律50万円（消費税別）とのことであり、その他の費用は、「債権者の数」と「債務額」に応じて、事案に即した金額が設定されます。具体的な費用については公表されていませんが、少なくとも1,000万円以上の費用が必要であるとされています。また、これに加えて、事業再生計画案策定や財務デューディリジェンスにかかる専門家費用等も必要となります。

2．中小企業再生支援協議会の特徴
(1) 中小企業再生支援協議会の意義
　中小企業再生支援協議会（以下「再生支援協議会」といいます）は、中小企業に対する再生計画策定支援等の再生支援事業を実施するため、経済産業大臣から認定を受けた商工会議所等に設置される組織です（産強法127以下）。

(2) 中小企業再生支援協議会による再生支援手続の概要
　再生支援協議会による再生支援手続は、①窓口相談（第一次対応）、②再生計画策定支援（第二次対応）、③モニタリングの三つの手続に分けられます。

　① 窓口相談（第一次対応）

　窓口相談（第一次対応）とは、窮境にある中小企業者からの申出を受け、再生支援協議会の常駐専門家である統括責任者（プロジェクトマネージャー）または統括責任者補佐（サブマネージャー）が相談を受けることをいいます。

　窓口相談（第一次対応）では、常駐専門家が、相談企業の持参資料の分析やヒアリングを実施し、経営状況や財務状況を把握し、経営課題に対するアドバイスをするとともに、再生計画策定支援（第二次対応）への移行の要件を満たすか否かを判断します。ただちに再生計画策定支援（第二次対応）への移行の要件を満たさない場合にも、事業改善の方法や金融機関への対応方法等を助言し、収益性の改善後に再生計画策定支援（第二次対応）へ移行するケースもあります。

　② 再生計画策定支援（第二次対応）

　再生計画策定支援（第二次対応）は、再生計画策定支援の開始、個別支援チームの編成、財務および事業のデューディリジェンスの実施、再生計画案の作成、再生計画案の調査報告、債権者会議の開催と再生計画の成立、という手続を経ます。他の準則化された私的整理手続と基本的

な骨格は変わりません。

　もっとも、再生支援協議会による再生支援手続は、事業者が代理人弁護士を就けずに相談を申し込むことを基本としているため、手続開始後に第三者の立場である専門家による個別支援チームが編成され、そのメンバーによりデューディリジェンスが実施され、それに基づき個別支援チームの支援を受けながら事業者が再生計画案を作成する点に特徴があります。

③　モニタリング

　再生支援協議会は、再生計画が成立し、再生計画策定支援が完了した事業者について、主要金融機関と連携し、再生計画の達成状況等のモニタリングを実施します。モニタリングの期間は、企業の状況や再生計画の内容等を勘案した上で、再生計画成立後概ね3事業年度を目途として、必要な期間を定めるものとされています。

(3) 中小企業再生支援協議会の特徴

①　対象者

　再生支援協議会を利用できる事業者は、中小企業者に限定されており、業種ごとに資本金または従業員数によって定義されています（産強法2 XⅡ各号）。上場企業等の大企業や医療法人、学校法人は利用できません。

②　利用しやすい手続

　再生支援協議会は、全国47都道府県に1か所ずつ設置され、専門家が常駐の上、常時相談を受けつけることのできる体制となっています。また、他の私的整理手続よりも費用が低額です。

③　柔軟な手続

　再生支援協議会の再生支援手続は、債権者会議の開催や一時停止の通知を義務づけておらず、スケジュールについても個別案件に応じて柔軟な手続運用を可能とするものとなっています。

④ 再生スキームの多様性

　再生支援協議会の再生支援手続では、リスケジュールやDDSといった条件変更を内容とする計画から、DES、債権放棄、第二会社方式による実質的な債権放棄といった抜本的な金融支援を伴う計画まで、多様な再生計画の策定が行われています。

3．私的整理ガイドラインの特徴
(1) 私的整理ガイドラインの意義
　金融機関の不良債権処理と企業の過剰債務問題を一体的・抜本的に解決するため、より透明な手続で私的整理を行うことができるように、金融界・産業界の代表者の間での合意として、平成13年９月に「私的整理に関するガイドライン」が策定されています。

　このガイドラインは、あくまで紳士協定であり、法的拘束力や強制力を有するものではありませんが、関係当事者が自発的に尊重・遵守することが期待されています。

(2) 私的整理ガイドラインに基づく手続の概要
　① 対象

　　この手続の対象となるのは、過剰債務状態にはあるが、事業を再構築すれば収益力が回復し、債務の減免により再建が可能となる企業に限られます。その意味で、これは再建型の私的整理を対象とするものとなります。

　② 主要債権者に対する再建計画案の提出

　　私的整理ガイドラインに基づく手続では、まず、債務者が債権額の多い銀行等の主要債権者（メインバンク）に再建計画案を提出して、私的整理を申し出ます。申出を受けた主要債権者は、債務者から提出された資料を精査し、再建計画案の実現可能性ないしその内容の妥当性を検討することとなります。

私的整理ガイドラインに基づく手続では、再建計画案をメインバンクと協力して立案されるのが一般です。主要債権者であるメインバンクを手続に取り込むことにより、手続の適正さを担保するとともに他の債権者の同意の取得を促進し、手続の実効性を高める意味合いがあります。

　もっとも、メインバンクが債務者とともに再建計画案を策定するため、他行から金融支援にあたってメインバンクの負担を重くするべきであると交渉されることも多く、メインバンクが私的整理ガイドラインによることを躊躇させる要因ともなっています（再建計画案のなかで他行よりもメインバンクに負担が寄せられる（債権放棄額を多くする等）という意味で「メイン寄せの弊害」と呼ばれます）。

③　一時停止の通知

　主要債権者は、再建計画案が実現可能であり他の債権者の同意を得られる見込みがあると判断したときは、債務者と連名で私的整理の対象債権者に呼びかけ、一時停止の通知を発し、2週間以内に第1回債権者会議を招集します（私的整理に関するガイドライン（以下「私的整理GL」といいます）4.）。なお、対象債権者からは、通常、取引先債権者は除くものとされています。一時停止通知は、私的整理の期間中、対象債権者に対し、個別的な権利行使や債権保全措置を差し控え、通知時の与信残高を維持するよう求めるものです。他方、債務者は、例外的な場合を除き、資産処分や債務弁済が禁じられます。

④　債権者会議

　第1回債権者会議では、債務者は、経営破綻の原因、現在の財務状況、再建計画案の内容等を説明します。それとともに、一時停止の期間、債権者委員会の設置・委員の選任、専門家（アドバイザー）の選任等が決定されます。アドバイザーが選任された場合には、1か月程度の調査に基づき報告書を提出し、債権者委員会はその報告書等に基づき、対象債権者に対し、再建計画案の実行可能性等に関する調査結果報告書

を送付することとなります（私的整理 GL8.(1)）。

これを受けて、第2回債権者会議が開催され、調査結果報告および債務者に対する質疑応答ならびに再建計画案に対する対象債権者間における意見交換が行われます（私的整理 GL8.(2)）。また、対象債権者が再建計画案に同意するか否かの意見を表明すべき期限を定めます（私的整理 GL8.(3)）。この期限までに対象債権者の全員から、同意書が提出された場合に再建計画は成立に至ります。これに対し、一部または全員の対象債権者の賛成が得られない場合には、私的整理終了の宣言がされ、通常は法的整理の申立てがされることとなります（私的整理 GL8.(6)）。

⑤ 総債権者の同意

このように、私的整理 GL に基づくものであっても、私的整理はあくまでも私的整理であり、総債権者の同意が必要となります。一部の債権者の反対が強い場合は、多数決による処理が可能な民事再生・会社更生といった法的整理に移行する他ないこととなります。

⑥ 再生計画案

私的整理 GL における再建計画案の内容は、一定の基準を満たしている必要があるとされます。これは、安易な問題先送りを避け、私的整理 GL による再建の信頼性を高めようとするものです。すなわち、債務者が実質的に債務超過である場合は、再建計画案では、私的整理成立後3年以内を目処に実質的な債務超過を解消する必要があり、損益の面でもやはり3年以内を目処に経常利益が黒字に転換することを内容とするものでなければなりません（私的整理 GL7.）。

また、株主の権利については、債権者の債権放棄を求める以上、増減資により株主の割合的地位を減少または消滅させることが求められます（私的整理 GL7.）。さらに、債権者の負担割合は債権者平等を旨としながら、衡平性の観点から個別に検討すべきものとされます。

（3） 地域経済活性化支援機構手続

地域経済活性化支援機構（以下「支援機構」といいます）とは、預金保険機構を株主として平成21年10月に設立された国の認可法人です。有用な経営資源を有しながら過大な債務を負っている地域の中堅事業者、中小企業、その他の事業者の事業の再生を支援することを目的として、設立されました（株式会社地域経済活性化支援機構法。以下「機構法」といいます）。

もともとは株式会社企業再生支援機構法に基づき、企業再生支援機構という名称で設立され、設立から原則 5 年間で業務を遂げるものとされていましたが、その後の社会経済情勢に勘案し、企業再生支援機構から改称され、新規案件の支援申込みを原則として平成30年 3 月末までと時限が延長されました。

支援機構は、政府出資の公的機関として、債務調整機能（債権の買取りや信託の引受け）、投融資機能（資金の貸付けや出資、借入債務に対する保証）、経営改善機能（経営専門家の派遣、助言や指導）を持ち、税制上の優遇措置や政策金融機関の協力等を前提に、支援業務を行います。

支援機構を利用する場合の手続は以下のとおりです。

① 事前相談

事業者または事業者の主要債権者は、事業再生支援の可能性について支援機構に事前相談を行います。事前相談では、支援機構内部での簡易なデューディリジェンスおよび外部専門家による詳細なデューディリジェンスを経た上で、策定された事業再生計画の内容に関して、支援機構が主要債権者等との間の調整を行い、監督官庁等への説明と意見照会を行います。

② 支援決定

事業者および事業者の主要債権者との連名での支援申請が行われた後、「地域経済活性化支援委員会」という独立の機関が支援機構の支援基準に適合するものかを判断し、適合する場合には支援決定を出します

（機構法25）。

③ 主要債権者以外の金融機関との調整

支援決定後、直ちに支援機構はすべての関係金融機関に対して回収等停止要請をします（機構法27）。また、支援機構が主体となって債権者説明会を開催し、事業再生計画の説明と金融支援の要請等がなされます。その後、主要債権者以外の金融機関に対して、支援決定から3か月以内の支援機構が定める同意期限（機構法26）までに、債権の買取り等の事業再生計画への応諾を促します。

④ 買取決定・出資決定

地域経済活性化支援委員会は、主要債権者以外の金融機関の同意を得られた場合には、債権の買取り等について決定を行います（機構法28、31）。

⑤ 支援の完了

支援機構は、対象事業者に係る債権または株式等を、支援決定後3年以内に譲渡等の決定に基づいて処分するよう努力義務が課されています（機構法33）。債権または株式等の処分が完了した時点で、支援機構の支援は完了します。

（4）政府出資の公的機関

整理回収機構（以下「RCC」といいます）は、住宅金融専門会社や破綻金融機関が保有していた不良債権を処理するために設立された国策会社でしたが、その後、事業者の事業再生に向けての業務内容も追加され、中小企業者の事業再生に取り組んでいます。RCCの株式は預金保険機構がすべて保有しています。

RCCが行う事業再生は、自ら債権者として事業者の事業再生に取り組む案件（債権者型の再生）と事業者の主要金融機関から委託を受けて事業再生に取り組む案件（調整型の再生）とに区別されます。

RCCが行う事業再生スキームも、基本的な骨格は私的整理ガイドライ

ンと同様であり、事業者に対するデューディリジェンスや事業再生計画の策定を経て、その内容を検証した後、債権者の利害調整に取り組み、合意形成を促す手続となっています。

　RCCが行う事業再生スキームは、RCC自らが実施するか主要金融機関からの委託により実施されるため、事業者自らが申請することができません。また、対象債権者は原則として金融債権者に限定され、一般的な商取引債権者は除外されています。

4．特定調停

　特定調停は、民事調停の特例である特定調停法に基づく手続です。特定調停の目的は、支払不能に陥るおそれにある債務者の経済的再生に資するため、金銭債務に係る利害関係の調整を促進することです（特調1）。

　特定調停は一定の範囲の債権者のみを対象とすることができる手続です。そのため、取引関係に影響が生じることは債務者の経済危機状況が広く知れ渡るおそれが低いといえます。

　もっとも、特定調停はあくまで参加した当事者の話合いにより問題解決するため、債権者の個別執行は禁止されず、相殺制限や否認権行使といった制度は用意されていません。また、参加した当事者全員の賛成がないと成立しません（特調22、民調16）。

　特定調停では、申立て直後に裁判所と申立人との間で準備期日が設けられ、申立人が求める調停内容や問題点の確認等が行われるとともに、スケジュールの大要が決定されます。その後、申立てから1か月以内に第1回調停期日が開催され、債務者により申立ての趣旨、調停条項案の内容、再建計画案や資産内容について説明が行われ、調停委員会による調査の範囲が確認されます。その後、1・2か月以内に第2回調停期日が開催され、調停委員会による調査結果の報告とともに、各債権者間の利害調整等が行われます。第2回調停期日から約1か月程度で第3回調停期日が開催さ

れ、細かな調整が終わった調停条項案について、当事者全員の賛成を得て、調停成立を目指します。

調停が成立した際に作成された調停調書は、裁判上の和解と同一の効力を有します（特調22、民調16）。

1 債権者の立場からみた場合の倒産手続 ③
清算

第1 通常清算の特徴

1. 通常清算の意義

　清算手続は、会社の法人格の消滅前に、会社の現務を完了し、債権を取り立て、債権者に対して債務を弁済し、株主に対して残余財産を分配する手続です。清算手続には、通常清算と特別清算があります。通常清算は、株式会社が解散した後、清算人が債権者に対して債務を完済した上で残余財産を株主に分配する手続です（会475以下）。後述の特別清算とは異なり、裁判所が関与しない手続です。

ケース1

　A社はX社に対して、300万円の売掛金債権を有していましたが、X社の清算人からX社が清算手続を開始した旨の通知を受領しました。
　X社は債務超過といった事情はなかったと思いますが、A社は清算手続の中でX社から300万円の売掛金を回収することができるのでしょうか。清算手続の概要を教えてください。

2. 通常清算の手続の概要
（1）解散の決議、清算人の就任、登記
　① 解散の決議

株式会社は株主総会の決議によって解散することができます（会471③）。株主総会決議による解散の場合には、解散の効果として清算手続に入ることとなります（会475Ⅰ）。なお、解散の効果は、原則として株主総会の決議が成立したときに生じるため、それ以外の日に解散をする場合には、株主総会決議の際に解散日を特定して解散決議をする必要があります。

　解散後清算手続に入った株式会社の権利能力は清算の目的の範囲内に限定されます（会476）。

② 清算人の選任

　株式会社が清算の段階に入ると、取締役は地位を失い、清算人が株式会社の清算事務を行うこととなります。清算人には、解散時の取締役が就任するのが原則です（会478Ⅰ①）。もっとも、定款または株主総会決議等で別の者を清算人に選任することもできます（会478Ⅰ②・③、478Ⅱ）。また、清算人は1人でも構いません（会477）。

　清算人の職務権限は清算事務に限定されます。具体的には、会社業務の中止・後処理を行い（現務の結了）、債権の取立ておよび債務の弁済をして、株主に残余財産の分配をすること等（会481）が挙げられます。

③ 会社解散、清算人就任の登記

　会社が解散した場合には、清算人は、解散した日から2週間以内に、本店所在地において、解散の登記をします（会926）。

　また、清算についても、解散した日から（清算人を選任したときは、そのときから）2週間以内に、会社の本店所在地において、清算人の氏名等を登記します（会928Ⅰ・Ⅲ）。通常は、解散の登記と同時に行います。

（2）債権申出の公告、知れたる債権者に対する催告

　清算会社は、解散後、遅滞なく、債権者に対し、2か月以上の期間を定め、この期間（「債権申出期間」といいます）内に債権の申出をすべき旨を官報に公告し、かつ、知れている債権者に対しては、個別催告をする必要

があります（会499Ⅰ）。

（3）会社の財産調査、財産目録・貸借対照表の作成

清算人は、就任後遅滞なく、清算会社の財産の現況を調査し、解散日現在の財産目録および貸借対照表を作成する必要があります（会492Ⅰ）。また、清算人は、株主総会を開催して、作成した財産目録および貸借対照表を提出し、その承認を受ける必要があります（会492Ⅲ）。

（4）債務の弁済の禁止

債権申出期間中は、清算会社は、債権者に対し、債務の弁済をすることができません（会500Ⅰ）。もっとも、裁判所から弁済の許可を得られれば、①少額の債権、②清算会社の財産につき存する担保権によって担保される債権、③その他弁済しても他の債権者を害するおそれがない債権にかかる債務については、弁済をすることができます（会500Ⅱ）。③については、公租公課、登記申請費用、税務申告費用、清算手続の事務費用等が該当すると解されています。

（5）現務の結了、財産の換価処分、債権の取立て、債務の弁済

清算人は、会社の業務や財産を整理する事務（「清算事務」といいます）を行います。具体的には、以下の清算事務を行います。

① 現務の結了

現務の結了とは、解散前の会社の業務を終了することをいいます（会481①）。

② 財産の換価

債務の弁済・残余財産の分配のための原資を集めるために、会社財産を換価する必要があります（会481②）。

③ 債権の取立て

弁済の受領や担保権の実行等、清算株式会社の債務者に対して有する既存の債権を取り立てることで、債務の弁済・残余財産の分配のための原資を集めます（会481②）。

④ 債務の弁済

　清算株式会社は、清算の開始原因が生じた場合には、遅滞なく債権者に対して一定期間内にその債権を申し出るべき旨を官報に公告し、かつ、知れている債権者に対し各別に催告をしなければなりません（会499Ⅰ）。上記一定期間内において特定の債権者に対する個別の債務の弁済はできません（会500Ⅰ本文）。

　上記一定期間内に債権者が債権を申し出ない場合には、当該債権者は除斥され、分配されていない財産からしか弁済を受けることができなくなります（会503Ⅱ）。

（6）貸借対照表、事務報告、附属明細書の作成

　清算会社は、清算事務の遂行状況、内容等を債権者および株主に知らせるため、解散した日の翌日から始まる各1年の期間を「清算事業年度」として、清算事業年度ごとに、貸借対照表および事務報告ならびにこれらの附属明細書を作成する必要があります（会494Ⅰ）。

　また、清算人は、貸借対照表および事務報告を定時株主総会に提出し、事務報告の内容について報告の上、貸借対照表について承認を受ける必要があります（会497）。

　さらに、清算会社は、債権者および株主に対し、清算事務の遂行状況、内容を明らかにするため、貸借対照表等を、定時株主総会の日の1週間前の日（株主総会決議を省略する場合はその提案のあった日）から、本店所在地における清算結了の登記の時までの間、本店に備え置きます（会496Ⅰ）。

（7）残余財産の分配

　清算人は、すべての債務の弁済が完了した後、完済後に残った残余財産を株主に分配します（会481③）。残余財産を分配するにあたり、清算人は、①残余財産の種類、②株主に対する残余財産の割当てに関する事項を決定します。②の割当ては、各株主の有する株式数に応じて行う必要があります（会504）。

(8) 清算事務の終了、決算報告の作成・承認

　清算会社は、清算事務が終了したときは、遅滞なく決算報告を作成する必要があります（会507Ⅰ）。決算報告には、資産の処分その他の行為によって得た収入の額、債務の弁済・清算にかかる費用その他の費用の額、残余財産の額および一株あたりの分配額等が記載されます。

　また、清算人は、株主総会を開催し、作成した決算報告を株主総会に提出して、承認を受ける必要があります（会507Ⅱ）。

(9) 清算結了の登記

　清算が結了したときは、株主総会における決算報告承認の日から2週間以内に、清算会社の本店所在地において、清算結了の登記をする必要があります（会929）。

(10) 帳簿資料の保存者選任

　清算人は、清算結了の登記のときから10年間、清算会社の帳簿ならびにその事業および清算に関する重要な資料を保存する必要があります。また、利害関係人が、清算会社の本店所在地を管轄する地方裁判所に申し立てることにより、清算会社の費用負担で、清算人以外の者を保存者として選任することもできます（会508Ⅱ・Ⅳ）。選任する保存者を法人とすることも可能です。

担当者として留意すべき事項　　　　　　　　　　**債権の申出①**

　債務者が解散決議を行い、通常清算手続に入った場合、債権者としては債権申出期間内に債権の申出を行うことが最も重要です。

　通常清算では、原則として解散時の取締役が清算人となるため、清算会社に対して債権を有する旨を伝え、清算会社が債務の存在を認識しているかを確認し、送付された債権申出書に必要事項を記載し、確実に清算会社に到着するように返送することが重要です。

　債権申出期間中は、弁済を受けられませんが、会社法500条2項各号に定める債権の場合には弁済を受けられます。したがって、自己の清算会社

に対して有する債権が同条各号に定める債権に該当しないかを検討し、該当する場合には清算人に対して早期の弁済を求めるべきです。

第2 特別清算の特徴

1．特別清算の意義

　特別清算手続とは、解散した株式会社に、清算の遂行に著しい支障を来すべき事情がある場合または債務超過（清算株式会社の財産がその債務を弁済するのに足りない状態）の疑いがあることを開始原因とする清算手続です（会510）。

　特別清算は、前述の通常清算（会475以下）の特別手続として位置づけられ、清算型倒産処理手続の一種です。

　特別清算の適用対象は、すでに解散した清算手続中の株式会社に限られます。したがって、通常の会社が特別清算に入るためには、まず株主総会で解散の決議（会471③、309Ⅱ⑪）を行う必要があります。

　特別清算の申立人は、債権者、清算人、監査役および株主です（会511Ⅰ）。清算人は債務超過の疑いがある場合には、申立義務を負います（会511Ⅱ）。

ケース2

　A社はX社に対して、300万円の売掛金債権を有していましたが、X社の特別清算人からX社が特別清算手続を開始した旨の通知を受領しました。

　X社は債務超過の疑いのある会社でしたが、A社は特別清算手続のなかでX社から300万円の売掛金を回収することができるのでしょ

うか。特別清算手続の概要を教えてください。

2．特別清算の特徴

特別清算は、通常清算の特別手続と位置づけられるため、別段の規定がない限り通常清算に関する会社法の規定が適用されます。特別清算は、通常清算とは異なり、以下の特徴を有します。

(1) 特別清算の類型

① 本来型と対税型

特別清算は、その目的に応じて「本来型」と呼ばれる手続と「対税型」と呼ばれる手続に区別されます。

本来型とは、株式会社の倒産処理手続として、破産手続ではなく簡易迅速な手段として特別清算を利用する場合をいいます。会社法が本来予定した清算型倒産処理手続として特別清算を利用するため、本来型と呼ばれます。

対税型とは、税務対策として特別清算を利用する場合で、親会社が債務超過状態にある子会社を清算するにあたり、第三者の有する子会社に対する債権をすべて譲り受け、親子会社間で債権債務を相殺し、特別清算に係る協定の認可決定を経ることにより損金処理する場合（法税52Ⅰ）等がこれに該当します。

② 協定型と和解型

特別清算は、債権者の多数決によって協定を成立させる「協定型」と、清算会社と債権者との間で個別に弁済条件についての和解契約を締結する「和解型」とに区別されます。

協定型は、清算会社が債権者に対して協定の申出を行い、協定が可決・認可された後に協定に従った弁済をし、特別清算を結了する場合をいいます。

和解型は、債権者の全部または一部との間で個別に交渉を行い、債務

免除を内容とする和解契約を成立させ、当該和解契約に従った弁済をし、特別清算を結了する場合をいいます。

（2）特別清算の開始原因

特別清算は、清算の遂行に著しい支障を来すべき事情のあること（会510①）、債務超過の疑いがあること（会510②）のいずれかが認められる場合に開始します。ただし、以下のいずれかに該当した場合には、開始しません（会514）。

① 特別清算の手続の費用の予納がない場合（会514①）
② 特別清算によっても清算を結了する見込みがないことが明らかであるとき（会514②）
③ 特別清算によることが債権者の一般の利益に反することが明らかであるとき（会514③）

たとえば、破産手続のなかで否認権を行使したほうが特別清算によるよりも債権者への配当が多くなるとき等、破産手続上の手段を用いるほうが債権者にとって有利な場合をいいます。

④ 不当な目的で特別清算開始の申立てがされたとき、その他申立てが誠実になされたものではないとき（会514④）

たとえば、単に強制執行等を止めるためや資産を隠匿するために特別清算を申し立てる場合をいいます。

（3）特別清算開始の効力

特別清算では、すべての一般債権者が手続に参加することを強制され、手続中で平等な弁済を受けることとなります。債権者側からの強制的な権利実行である個別執行は禁止・中止され（会515Ⅰ）、債権者は公告・催告に従い債権申出の手続に従って特別清算手続に参加することとなります（会499）。債権者に対する弁済は、弁済禁止の保全処分がない限り許されますが、債権申出期間内の弁済は原則として許されません（会500Ⅰ）。

(4) 特別清算における債権の種類

① 協定債権

協定債権とは、清算会社に対する債権のうち、一般優先債権、手続関連債権を除いたものをいいます（会515Ⅲ）。協定型の特別清算では、担保権付債権以外の協定債権のみが協定による権利変更の対象となり、以下の一般優先債権、手続関連債権、担保権付債権は、協定の対象とはなりません。

② 一般優先債権

一般の先取特権その他一般の優先権のある債権をいい、主に民法上の一般先取特権（民306各号）、企業担保権（企業担保2）、租税債権（国徴8、地税14）が該当します。

③ 手続関連債権

手続関連債権とは、特別清算のために清算会社に対して生じた債権および特別清算の手続に関する清算会社に対する費用請求権をいいます。

④ 担保権付債権

担保権付債権とは、清算会社の財産について特別の先取特権（商法または会社法の規定による商事留置権を含みます）、質権または抵当権を有する者が、これらの目的である財産について、特別清算によらずに優先的に弁済を受けることができる権利をいいます。

(5) 特別清算人

特別清算が開始された場合、通常清算における清算人がそのまま特別清算人に就任し、特別清算人が清算事務を行うこととなります（会523、478）。特別清算人は、債権者、清算会社および株主に対して、公平かつ誠実に清算事務を行う義務を負います（会523）。

(6) 特別清算事務

① 清算会社の行為の制限

特別清算開始命令があった場合には、清算会社は以下の行為を行うに

は裁判所の許可を要します（会535Ⅰ本文）。
・財産の処分（会535Ⅰ①）
・借財（会535Ⅰ②）
・訴えの提起（会535Ⅰ③）
・和解または仲裁合意（会535Ⅰ④）
・権利の放棄（会535Ⅰ⑤）
・その他裁判所の指定する行為（会535⑥）

② 清算会社の事業の譲渡の制限

特別清算開始命令があった場合には、清算会社は、事業の全部の譲渡または事業の重要な一部の譲渡を行うには裁判所の許可を要します（会536Ⅰ）。この場合、会社法で要求される株主総会の特別決議や反対株主の株式買取請求手続は不要となります（会536Ⅲ）。

③ 債務の弁済の制限

清算会社は、債権申出期間内は弁済をすることができません（会500）。特別清算開始命令があった場合には、債権申出期間を経過した後は、原則として協定債権者に対して、その債権額の割合に応じた弁済をしなければなりません（会537Ⅰ）。

もっとも、清算会社は以下の債権にかかる債務については、債権申出期間内でも裁判所の許可を得た上で債権額の割合を超えて弁済することができます（会537Ⅱ）。

・少額の協定債権
・清算会社の財産につき存する担保権によって担保される協定債権
・その他これを弁済しても他の債権者を害するおそれがない協定債権

（7）債権者集会

① 清算事務説明のための債権者集会（報告集会）

清算会社は、清算会社の財産の状況についての調査を終了して財産目録を作成したときは、遅滞なく、債権者集会を招集して清算会社の業務

および財産の状況の調査の結果ならびに財産目録等（財産目録および貸借対照表。会492Ⅰ）の要旨を報告するとともに、清算の実行の方針および見込に関して意見を述べなければなりません（会562本文）。この場合の債権者集会を報告集会と呼びます。

　もっとも、債権者集会に対する報告および意見の陳述以外の方法により、その報告すべき事項および当該意見の内容を債権者に周知させることが適当であると認めるときは、債権者集会を招集しないことも認められます（会562但書）。たとえば、和解型の特別清算の場合には、報告集会を開催せず、書面等による代替措置を実施したり、債権申出期間経過後遅滞なく協定の申出をすることができない協定型の特別清算の場合には、書面等による代替措置の実施や報告集会ではなく清算会社が独自に債権者説明会を開催することで代替することがあります。

② 協定案決議のための債権者集会（協定集会）

　協定型の特別清算では、協定債権者に対する弁済は原則として協定に従って行われることとなります。清算会社は、協定債権者の権利の全部または一部の変更に関する条項を定めた協定を作成し（会564）、これを債権者集会に対して申し出ます（会563）。その後、債権者集会で協定が可決（会567）され、これを裁判所が認可した場合（会569）、清算会社は協定に従って協定債権者に対して弁済することとなります。協定の可決を決議する債権者集会を協定集会と呼びます。

（8）協定

① 協定の内容

　協定の法的性質は、特別清算中の会社とその債権者との間で清算の遂行のためになされる集団的和解契約です。

　清算会社は、協定で協定債権者の権利（担保権付債権者の権利のうち、担保権の行使によって弁済を受けることができる部分は除きます）の全部または一部の変更に関する条項を定めます（会564Ⅰ）。具体的には、協定

債権者の権利の全部または一部を変更する条項では、債務の減免、期限の猶予その他の権利の変更の一般的基準を定めます（会564Ⅱ）。

原則として協定債権者の権利の変更は、協定債権者間で平等になるように定められます（会565本文）。

② 協定の成立・発効

清算会社は債権者集会に対して協定を申し出ます（会563）。その後、債権者集会で可決することにより成立します。

協定の可決には、議決権を行使した議決権者の頭数の過半数（頭数要件）、および議決権額の総額の3分の2以上（議決権額要件）の賛成を要します（会567）。

債権者集会により可決された協定は、裁判所の認可を経て、これが確定することにより効力が生じます（会570）。清算会社は債権者集会で協定が可決された場合には、遅滞なく裁判所に協定の認可の申立てをしなければならず（会568）、裁判所は以下の不認可事由が認められない限り、認可します（会569）。

・特別清算の手続または協定が法律の規定に違反し、かつ、その不備を補正することができないものであるとき（会569Ⅱ①。ただし、特別清算の手続が法律の規定に違反する場合で、当該違反の程度が軽微であるときを除きます）
・協定が遂行される見込みがないとき（会569Ⅱ②）
・協定が不正の方法によって成立するに至ったとき（会569Ⅱ③）
・協定が債権者の一般の利益に反するとき（会569Ⅱ④）

③ 協定の実行

清算会社は、協定の効力が生じた場合、協定の内容に従って債務を弁済します。

（9）特別清算の終了

裁判所は、特別清算開始後、①特別清算が結了したとき、または、②特

別清算の必要がなくなったときに、特別清算人、監査役、債権者、株主または調査委員の申立てにより、特別清算終結の決定をします（会573）。

> **担当者として留意すべき事項**　　　　　　　　　　　　　　**債権の申出②**
>
> 　債務者が特別清算手続に入った場合、自己の債権が協定債権、一般優先債権、手続関連債権、担保権付債権のいずれに該当するかをまず確認することが必要です。
> 　自己の債権が協定債権であった場合には、通常清算と同様に、債権者としては債権申出期間内に債権の申出を行うことが最も重要です。その際、清算会社に対して債権を有する旨を伝え、清算会社が債務の存在を認識しているかを確認するのが重要である点も通常清算と同様です。
> 　債権者としては、特別清算の清算事務の遂行状況については報告集会に参加し、特別清算人の報告を確認するとともに、報告集会における質疑応答にて質問することができます。
> 　また、特別清算では債権者集会による協定の可決という手続を経るため、債権者として協定内容が法令に従ったものであるか、清算事務の遂行結果をふまえて協定の内容を受け入れられるかを検討し、協定について賛成するか反対するかを決定することとなります。協定内容に疑義がある場合には、特別清算人に直接質問することも有用であるといえます。
> 　原則として、債権申出期間中は、弁済を受けられませんが、会社法537条2項に定める債権の場合には弁済を受けられます。したがって、自己の清算会社に対して有する債権が同条に定める債権に該当しないかを検討し、該当する場合には特別清算人に対して早期の弁済を求めるべきです。

2 動産売買先取特権と倒産手続

第1 事例

ケース

　X社は自社で製造した製品（動産）を継続的にA社に販売しており、X社とA社との間では、X社が毎月15日までに卸した製品に関して、当月末日にA社が精算するというサイト合意が約されています。

　X社の3月16日から4月15日までの分の売買代金については、上記サイト合意によれば4月末日精算なのですが、A社は4月20日に破

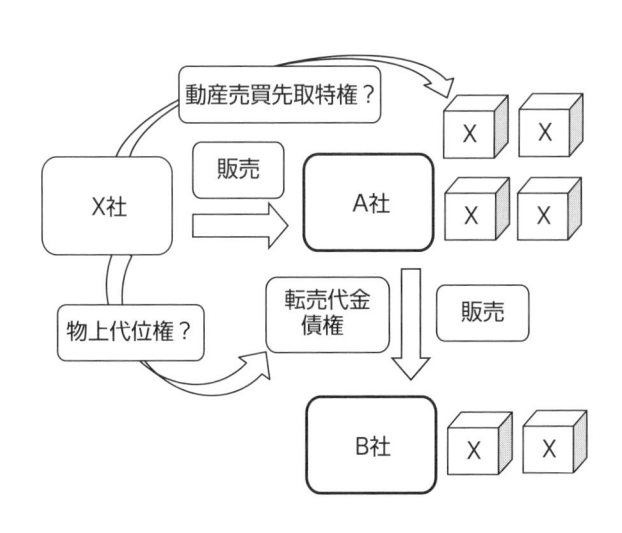

産手続開始の申立てをして、まもなく裁判所が破産手続開始を決定しました。X社はこのまま4月末日精算分の売買代金債権の回収の大半を諦めなければならないのでしょうか。

なお、X社担当者が4月21日にA社社長にX社製品の在庫情報を確認したところ、「X社が納入した製品の一部はA社工場に残存しているが、一部の製品についてはすでにB社に売却済み」である旨の回答を得ています。

第2　解説

1. 動産売買先取特権とは
(1) はじめに

　売買契約にて売買代金の支払いを後払いとする旨の合意をしており、売買対象の動産について売買代金が支払われるまで所有権を売主に留保しないという場合には、動産の所有権が買主に移転したにも関わらず、売買代金が未回収であるという状態が生じます。このような状況下で、買主が経営破綻に陥る等の理由により、買主から任意に売買代金の支払いを受けることができなくなったときに、売主の検討事項として登場するのが動産売買先取特権です。

　動産売買先取特権とは、民法が定めた担保物権の一つで、動産の代価およびその利息に関し、その動産について存在すると定められています（民321、311⑤）。動産の所有権を買主に移転したが、未だ売買代金の支払いを受けていないという場合に、売主は、買主との間で何らの合意をしていなくとも、買主に対する売買代金債権およびその利息を被担保債権として、その売却した動産の上に動産売買先取特権を取得するのです。動産売

買先取特権は、動産の所有権が買主に移転したが売買代金が未払いであるという場合に、売主に特別の権利を与えることにより売主・買主両者の公平を図るために、民法が特別に定めたものであるとされています（我妻榮他『我妻・有泉コンメンタール民法 総則・物権・債権（第3版）』日本評論社、527頁）。

　動産売買先取特権の方法は2.(1)で後述しますが、裁判所に動産競売の申立てをし、通常は裁判所の動産競売の開始の許可を得て、その動産を競売により換価するという方法によらなければなりません（民執190）。動産売買先取特権者である売主は、動産を競売することによって生じた競落代金のなかから、未回収の売買代金を回収するということが予定されているのです。本稿では、まずは、平時における動産売買先取特権についてみていくとともに（2.にて後述）、買主に倒産手続が開始した場合に、実務上、動産売買先取特権がどのように扱われるのかを確認していきます（3.にて後述）。

(2) 買主からの引揚げに関する問題点

　ところで、前述のとおり、動産売買先取特権の行使は裁判所を通じて行わなければならないので、このような権利を行使することは迂遠であるようにも感じます。**ケース**のようにX社が販売した動産（製品）の一部がまだA社倉庫に残っているという場合には、売主X社の立場からすれば、その動産を返してもらうということが一見すると安易な解決方法に思えます。しかし、動産を返してもらうということには、以下の問題が存します。

　まず、買主の同意を得ることなく動産を引き揚げるという方法は決して許されません。所有権留保をすることなく動産を売却した以上は、すでに当該動産の所有権は買主に移転しているので、買主の同意なく動産を引き揚げるということは、他人の物を勝手に引き揚げるということになり、刑法上の窃盗罪（刑235）、住居侵入罪（刑130）等を構成する可能性があります。

　また、すでに引き渡した動産を返してもらうという方法として、当該売

買契約を解除して原状回復を求める方法や、売買代金の弁済に代えて引渡済みの動産の引渡しを受けることを内容とする代物弁済契約を締結する方法も考えられます。しかし前者は、買主の破産手続開始時点で当該売買契約の解除権が売主に発生していなければ行使できませんし、後者は、倒産法上の否認権（破162、民再127の3、会更86の3等）との兼合いで問題となり、結論として権利を実現することができない可能性が高いと考えられます（**3.(1)**②にて後述）。

2．動産売買先取特権の行使が効を奏するための要件等
(1) 動産売買先取特権の行使方法

　動産売買先取特権の行使は、裁判外ですることはできず、裁判所に動産競売の申立てを行うという方法によることになります（民執190）。動産競売が開始するのは、執行官に対して当該動産を提出した場合（民執190Ⅰ①）、執行官に対して当該動産の占有者が差押えを承諾することを証する文書を提出した場合（民執190Ⅰ②）、裁判所に担保権（動産売買先取特権）の存在を証する文書を提出して、裁判所が動産競売の開始を許可する等した場合（民執190Ⅰ③、Ⅱ）です。**ケース**のように当該動産が買主の占有下にある場合には、買主が差押えを承諾する文書を交付してくれる場合は格別、そうでない場合には、裁判所に担保権の存在を証する文書を提出して、裁判所から動産競売の開始の許可を得る必要があります（以下では、買主の協力が得られない場合、裁判所に動産売買先取特権の存在を証する文書を提出する必要がある場合を前提とします）。

　動産競売が開始すると、執行官は、買主の占有する場所（倉庫）に立ち入り、その場所において、売主が主張する動産が存在するかについて捜索をすることになります（民執192、123Ⅱ）。このときに執行官が売主の主張する動産を発見することができない場合には、執行対象が存しない以上執行不能となります。また、執行官が売主の主張する動産と同種の動産を発

見することができた場合であっても、それが種類物であるために動産売買先取特権の対象物件なのかが判断不可能な場合にも、動産競売は執行不能となります。

（2）動産売買先取特権の行使が効を奏するための要件
【要件】

　動産売買先取特権の行使方法をみてみると、動産売買先取特権の行使が効を奏するためには、以下の大きく三つの要件が必要であると分類できます。

① 動産を売却したことで、当該動産の所有権は買主に移転済みだが、売買代金が未回収であること
② 当該動産が買主の占有下にあること
③ 当該動産を特定することができること

　まずは、動産売買先取特権の発生要件として、①動産を売却したことで、当該動産の所有権は買主に移転済みだが、売買代金が未回収であること（民311⑤）が必要です。前述したとおり、動産競売を開始するためには、裁判所に動産売買先取特権の存在を証する文書を提出する必要があり（民執190Ⅰ③、Ⅱ）、この①の要件に絡んで問題になります（**2.（3）**にて後述）。

　また、動産売買先取特権は、当該動産を第三取得者に引き渡した後は、当該動産について行使することができないとされています（民333）。すなわち、動産売買先取特権は、当該動産が買主の占有下に留まっている場合のみ行使をすることができるのです。したがって、②当該動産が買主の占有下にあることは、動産売買先取特権の行使の要件となります。このことは、執行官が、買主の占有する場所を捜索する際に、売主の主張する動産を発見することができない場合には動産執行が執行不能となることからしても必要な要件です（なお、買主によって動産が転売された場合に、その転売代金債権に対する物上代位権が発生することについては、**4.**にて後述します）。

2　動産売買先取特権と倒産手続　　169

また、執行官において、当該動産が種類物であるため、当該動産売買先取特権の対象動産なのかが判断不可能な場合にも、動産競売は執行不能となります。したがって、③動産売買先取特権の対象動産がどの動産であるのかを特定することができることが、動産売買先取特権の行使が効を奏するための要件となります。たとえば、機械のように動産番号がその機械ごとにラベルをしてある場合には特定をすることは比較的容易ですが、種類物の売却を継続して行っているような場合には、どの動産がいつ売却されたものなのかを明確に区分することができない場合が多いと想定されます（2.(4)にて後述）。

(3) 要件①：動産を売却したことで、当該動産の所有権は買主に移転済みだが、売買代金が未回収であること

動産執行の開始のためには、動産売買先取特権の存在を証する文書が必要となります。この動産売買先取特権の存在を証する文書として、どのような文書が必要かについては議論がありますが、裁判例の考え方および裁判官の論説の多数説は厳格説を採用しているとされています（園尾隆司「動産売買先取特権と動産競売開始許可の裁判（下）」判タ1324号5頁）。厳格説とは、事後的作成文書や売主および第三者が作成した文書は動産売買先取特権の存在を証する文書に含めないとする見解です。厳格説を前提としたとき、取引の通常の過程で買主が関与して作成された売買契約書（基本・個別）、発注書、納品書、受領書、請求書等が、動産売買先取特権の存在を証する文書に該当することになると考えられます。

では、注文書や納品書を作成しておらず、動産売買先取特権の存在を証する文書が提出できない場合には、動産売買先取特権の行使をすることは諦めざるを得ないのでしょうか。この点、買主に対して差押えを承諾する文書を交付してもらうことを交渉するということは考えられます。前述したとおり、裁判所に動産売買先取特権の存在を証する文書の提出が必要なのは、買主から差押えを承諾する文書を交付してもらえない場合です（民

執190Ⅰ②)。買主から差押えを承諾する文書を交付してもらうことができれば、動産売買先取特権の存在を証する文書は必要ないのです。ただ、買主から当該文書を交付してもらえない場合には、動産売買先取特権が存在することを確認する旨の訴訟を提起して、その判決正本をもって、動産売買先取特権の存在を証する文書として提出するしかありません。しかし、この方法は、時間やコストを考えると現実的ではない選択肢であると思われます。

Q&A

Q 弊社は自社で製品（動産）を作りそれを卸しており、取引先とは製造物供給契約書との名目で契約を交わしています。このような場合にも、動産売買先取特権が発生すると考えてよいのでしょうか？

A 取引先との契約の実態によります。

解説

動産売買先取特権が発生するのは、売買契約の場合のみであり、請負契約の場合には発生しません。製造物供給契約が売買契約と請負契約のいずれの色彩が強い契約であるのかは取引形態によって個別に判断されることになります。具体的には、汎用品を使用しているか否か、製作に要する時間・労力の程度、基本設計図の作成の有無、売買代金と請負代金との区分の明瞭性、納入後の据付け・調整の不可欠性等を総合的に勘案して、売買契約の色彩が強い契約であると判断される場合には、動産売買先取特権が発生することになります（東京高裁平12・3・17判タ1103号198頁、東京高裁平15・6・19金法1695号105頁）。

(4) 要件③：当該動産を特定することができること

動産売買先取特権の行使としての動産競売が執行不能とならないためには、買主の占有下にある動産のうち、どの動産が動産売買先取特権の対象目的物であるのかを特定できなくてはなりません。

ケースの場合、X社が有する動産売買先取特権は、被担保債権が4月末

日精算の売買代金債権及びその利息であり、その対象目的物はA社に対して3月16日から4月15日までに納品した製品です。X社とA社との間では継続的に取引があったわけですが、3月15日より前にA社が納品した動産に対しては、X社は3月末日までに売買代金を受領しているので、動産売買先取特権が存在していません。したがって、X社としては、A社内にあるX社が納品した製品について、3月15日より前にA社が納品した製品と3月16日以降に納品した製品とを区分することができるのかがポイントになってきます。また、X社以外の会社が卸した製品とX社が卸した製品とを区分することができるのかも問題になります。

このようにみると、動産売買先取特権が存在している動産を特定することができる典型的なケースとしては、商品が梱包されたままで保管されていて売主および納品日が明らかな場合や、商社を通じての取引のように商品の流通経路とこれを裏づける帳簿類の捕捉が行える場合に限られてきます。

3．倒産手続においての動産売買先取特権
（1）破産手続
① 破産管財人による当該動産の売却

買主に破産手続開始決定がされた場合、同時廃止となる場合を除いて、開始決定と同時に破産管財人が選任されます（破31Ⅰ、78）。破産管財人の中心的業務の一つは、配当の基礎となる財団を作り出すことです。破産管財人は、破産者の所有する財産を売却等することにより換価し破産財団を形成します。動産売買先取特権の対象となる動産についても、破産管財人は、破産財団の形成という職務遂行の一環として、第三者に売却等することで換価します。前述のとおり、当該動産が買主（および破産管財人）の占有下から離脱してしまうと、もはや売主は動産売買先取特権を行使することができなくなるので、ここに売主と破産管財人との間に、ある種の対立構造・競争関係が生じることになります。

動産売買先取特権者である売主において、動産競売の手続がどの段階まで進んでいれば、破産管財人が当該動産を第三者に売却することについて制限が課せられるのかについては議論があります。この点、前述のとおり、動産競売開始許可決定（民執190Ⅱ）がされても、執行官が当該動産を発見できなかったり、特定をすることができなかったりすることで執行不能に陥ることは十分に考えられます。したがって、執行官が対象動産を特定の上で差押えをした時点で初めて（民執192、123Ⅰ）、破産管財人は当該動産に対する処分権を失い、第三者への売却に制限が生じることになるものと考えられます。他方で、破産管財人の売却前に差押えをした動産売買先取特権者たる売主は、破産法上、別除権者となるので（破65）、その後の競売手続は原則として妨げられません。

Q&A

Q 破産管財人がすでに当該動産について売却の話を進めているとのことであり、今から動産競売の申立てを行っていたのでは到底間に合いそうにありません。動産競売を行うための資料は整っていますし、当該動産を特定することもできるのに、何か方法はないのでしょうか？

A **破産管財人に、動産売買先取特権の行使が法律上も執行上も容易であることについて高度な疎明をした上で、和解的解決の要請をすることが考えられます。**

解説
　売主が、破産管財人に対して、その動産売買先取特権の行使が法律上も執行上も容易であることについて高度な疎明をした場合には、破産管財人がこれを尊重し、和解的解決をすることも可能であるとの見解が示されています（那須克巳著・全国倒産処理弁護士ネットワーク編『倒産手続と担保権』きんざい、102頁）。破産管財人に上記疎明をした上で、和解的解決の要請をすることが考えられます。

> **担保価値維持義務** COLUMN
>
> 　近時、質権の対象となった敷金返還請求権を消滅させた破産管財人の行為について、担保価値維持義務に違反すると判示した判例が登場しました（最判平18・12・21民集60巻10号3964頁）。これに関連して、買主が破産した場合に、破産管財人に売主の動産売買先取特権についての担保価値維持義務が存するのかについて議論がされています。当該動産に対しての差押えがあるまでは、破産管財人が自由に当該動産の処分または費消する権限があること等からして否定的に解されています（園尾隆司「動産売買先取特権と動産競売開始許可の裁判（下）」判タ1324号13頁以下）。

② 代物弁済を受けることの適否

　動産売買先取特権の行使が法律上または執行上困難である場合に、売買代金の弁済に代えてすでに引渡済みの動産の引渡しを受けることを内容とする代物弁済契約を締結することによって、生じた損失を補塡する方法が考えられます。しかし、このような代物弁済が他の破産債権者を害する行為であるとして否認権（破162、民再127の3、会更86の3等）の対象となるかについては議論があり、否認権の対象であるということになれば、結果として権利の実現を図れないことになります。

　動産売買先取特権と代物弁済をめぐって二つの最高裁判例が出ています。最判昭和41年4月14日民集20巻4号611頁（以下「昭和41年判決」といいます）は、動産売買先取特権を有する売主に対してした適正価格での代物弁済につき、もともと「破産債権者の共同担保ではなかった」との理由で、否認権の対象にはならないとした原審の判断を正当と判示しました。

　他方で、最判平成9年12月18日民集51巻10号4210頁（以下「平成9年判決」といいます）は、動産の買主が代物弁済にあてる意図で転売先から取り戻した動産を売主に対して代物弁済したことについて、「法的に不可能であった担保権の行使を可能にするという意味において、実質的

には新たな担保権の設定と同視し得るもの」との理由で、否認権の対象となると判示しました。

　このように昭和41年判決と平成9年判決とで結論が異なるのですが、両判決の関係性については、平成9年判決が昭和41年判決の射程範囲を明らかにしたと評するものや（山下郁夫「判解」最判解民事篇平成9年度（下）1434頁）、平成9年判決により昭和41年判決は改められ、「動産競売開始許可の裁判の制度が創設されて以降は」、破産管財人による否認権の対象になると評するもの（園尾隆司＝多比羅誠『倒産法の判例・実務・改正提言』弘文堂、376・377頁）等があり評価が一致していないところです。なお、否認リスクがあることを覚悟の上で、破産管財人に対しての「強力な交渉材料となる」として、動産競売申立てをすることができないのであれば代物弁済を受けるべきとする見解もあります（那須克巳著・全国倒産処理弁護士ネットワーク編『倒産手続と担保権』きんざい、102頁）。

(2) 民事再生手続

　民事再生手続の場合には、破産手続と異なり管財人は選任されず、債務者自身がその再建にあたるのが通常です（民再64以下参照）。もっとも、動産売買先取特権との関係では、買主に民事再生手続の開始決定がされた場合も、破産手続開始決定がされた場合の考え方と基本的には変わりありません。ただし、民事再生手続の場合は、再生債務者たる買主は事業の継続を前提とします。ゆえに、売主との取引継続が買主の事業の再建において重い比重を占めるものであるならば、今後の取引継続を交渉材料にして買主との間で和解的解決を図ることが可能である場合も考えられます。

(3) 会社更生手続

① 破産・民事再生手続との差異

　会社更生手続においては、動産売買先取特権のような担保権を有している債権者も会社更生手続に取り込まれます。破産・民事再生手続で別除権として倒産手続によらずに権利行使することができるのと異なり

（破65Ⅰ、民再53）、会社更生手続では、動産売買先取特権を更生担保権として届出する必要があります（会更138Ⅱ）。翻ると、破産・民事再生手続の場合には、動産売買先取特権の主張をしようとする場合には、動産競売をした上で差押えをする必要がありましたが、会社更生手続の場合には、更生担保権として届け出ることが必要で、動産競売をして差押えをする必要がないということになります。

また、破産・民事再生手続では、倒産手続開始後に当該動産が売却されてしまうと動産売買先取特権を行使することができなくなりますが（民333）、会社更生手続においては、会社更生手続開始時点で存する担保権が更生担保権として扱われますので（会更2Ⅹ）、会社更生手続開始後に当該動産が売却されても更生担保権者として取り扱われることになります。

② 更生担保権の届出

ところで、会社更生手続においては、原則として会社更生手続開始の決定と同時に管財人が選任され（会更42Ⅰ）、管財人は、届け出られた更生担保権についてその内容等について調査をして認否をします（会更146Ⅰ②）。動産売買先取特権が更生担保権として届出された場合に、管財人がどのように調査し、認否をするべきかについては議論があるところです。具体的には、①当該動産の特定性を動産競売のときと同様に厳格に考えるべきかという問題と、②更生会社の保有する資料とあわせて特定できているかの判断をしてよいかという問題があります。

担当者として留意すべき事項　　**更生手続における債権届出**

更生手続における動産売買先取特権の債権届出については、動産競売のときと比較して特定の程度が緩和されるといった見解や、売主の提出資料だけでなく更生会社が保有している資料とあわせて動産売買先取特権の証明ができれば足りるとの見解が主張されており、管財人の調査運用につい

て、実務上の確固たる見解があるわけではありません。手持ちの資料によっては特定が不十分であるがゆえに、平時においては動産執行が困難であるという場合であっても、買主に会社更生手続が開始した場合には、動産売買先取特権を債権届出することに挑戦する価値はあるといえます。

4．転売代金債権に対しての物上代位権
（1）物上代位権とは

　動産売買先取特権は、当該動産を買主が転売したその転売代金債権に対しても行使することができるとされています（民304Ⅰ）。これを物上代位権といいます。当該動産が転売されて第三者に引渡しをされてしまった場合には、動産売買先取特権を、当該動産に対して行使できなくなる代わりに（民333）、当該動産の転売代金債権に対して行使することができるようになるのです。

【要 件】
① 動産を売却したことで、当該動産の所有権は買主に移転済みだが、売買代金が未回収であること
② 買主が、当該動産について転売契約をして、第三者に引き渡したこと
③ その第三者が、買主に対して転売代金を未払いであること
④ 転売代金債権が譲渡され第三者対抗要件が具備されてないこと

　物上代位権は金銭債権（転売代金債権）を担保目的物とする担保権の実行ですので、その担保権の実行方法としては、裁判所に債権執行の申立てを行うことによります（民執193）。物上代位権の実行は、担保権たる物上代位権の存在を証する文書を提出した場合に限り開始しますので、上記要件①ないし③を満たす必要があります（民321、311⑤、304Ⅰ）。
　また、買主の売主以外の債権者によって転売代金債権が差し押さえられていても、売主は当該転売代金債権に対しての物上代位権の行使をするこ

とができますが（最判昭60・7・19民集39巻5号1326頁）、買主によって転売代金債権が債権譲渡され、その債権の譲受人が第三者対抗要件（民467Ⅱ）を具備した場合には、物上代位権を行使することができません（最判平17・2・22民集59巻2号314頁）。ゆえに、④転売代金債権が譲渡され第三者対抗要件が具備されていないことも、売主が当該転売代金債権に対して物上代位権を行使するための要件といえます。

　実務上、要件充足が困難であるとされるのが、上記②の要件です。要件充足が可能な典型例としては、買主が転売先からの依頼を受けて売主に発注をかけているような場合に、売主が転売先に納入をしているような事案です。このような事案では、買主が当該動産について転売契約をして第三者に引き渡したことを比較的容易に立証できるでしょう。

　ケースの場合、一部Ｘ社製品がＡ社からＢ社に転売されていますが、Ｂ社に転売された製品が、Ｘ社が3月16日から4月15日までの間に売却した製品と同一物であるということを立証することができるかがポイントになってきます。また、Ａ社がＢ社に対しての転売代金債権を回収していないことや、その転売代金債権をＡ社が第三者に譲渡し、当該第三者が第三者対抗要件を具備していないことも、Ｘ社が物上代位権を行使するために必要な事実になります。

（2）倒産手続においての物上代位権

① 破産・民事再生手続

　売主が物上代位権を行使するためには、当該動産を買主から転得した第三者が、買主に対して転売代金を未払いであることが必要です（上記③の要件）。もっとも、破産管財人や再生債務者が動産売買先取特権の対象動産を転売するときには、代金引換とすることにより転売代金債権を残存させないようにし、物上代位権の行使ができないようにする工夫がされています。

② 会社更生手続

会社更生手続開始時点において、動産売買先取特権の対象動産がすでに転売されていて、転売代金債権が未弁済であった場合、動産売買先取特権者が、物上代位権を更生担保権として届出した場合に、管財人が更生担保権として取り扱うことができるかについては争いがあります。この点、東京地裁会社更生部では、会社更生手続開始決定時点に転売代金債権を差し押さえることが可能な状態にあったと認められる場合には、物上代位権を更生担保権として取り扱うとの運用がなされているようです（全国倒産処理弁護士ネットワーク編『会社更生の実務Q&A120問』きんざい、102頁）。

3 集合動産譲渡担保・集合債権譲渡担保

第1 はじめに

　債権者が債務者に対して、債務者の有する動産・債権等の流動資産を担保にして融資する手法を ABL（Asset-Based Lending）といいます。

　たとえば、倉庫内の物品一式に対して集合動産譲渡担保を設定したり、取引先に対して有する売掛金債権一式に集合債権譲渡担保を設定して資金を調達する手法が ABL です。近時、不動産に対する抵当権だけではなく、動産や売掛金債権等流動資産に対する担保権を設定することを通じて資金調達を行う ABL の手法も重要な資金調達方法の一つとなっています。

第2 集合動産譲渡担保権

ケース1

　A社はB社に対する貸付金を担保するため、B社から担保を取得することを考えています。B社は、所有不動産に金融機関に対する抵当権を設定しているため、不動産に対する抵当権を設定しても債権回収は困難な状況にあります。B社の債権管理を担当するCは、新木場にあるB社の工場内にある製品に集合譲渡担保権を設定すること

を検討しています。どのような点に留意する必要があるでしょうか。

1．集合動産譲渡担保権とは

　集合動産譲渡担保権とは、たとえば倉庫内に日々納品される商品に対して設定された譲渡担保権をいいます。集合譲渡担保権の対象となる担保目的物は、譲渡担保権設定者の日々の営業活動において売却処分したり、補充がくり返されている流動性をもった資産です。このように構成部分の変動する集合動産を目的とする集合譲渡担保権で、目的物の内容が譲渡担保権設定者の営業活動を通じて当然に変動することが予定されているため、譲渡担保権設定者には、その通常の営業の範囲内で、譲渡担保権の目的物を構成する動産・債権を処分する権限が与えられます（最一小判平18・7・20民集60巻6号2499頁）。

2．集合動産譲渡担保権の成立要件

(1) 設定契約

　集合動産譲渡担保権を設定するためには、譲渡担保権者と譲渡担保権設定者との間で、権利（所有権）を債権者に譲渡し、それが被担保債権の担保の目的であることを合意した集合動産譲渡担保権設定契約を締結することが必要です。

(2) 特定性

　譲渡担保権の効力が認められるためには、目的物の範囲を特定する必要があります。最判昭和54年2月15日民集33巻1号51頁は、動産の種類・所在場所および量的範囲を指定する等の方法により集合動産譲渡担保権の内容を特定することが必要であると判示しています。

　特定性について、最判昭和57年10月1日判時1060号78頁は「設定者の居宅及び店舗兼住宅の各建物内に納置する商品（酒類・食料品等）、運搬具、什器備品、家財一切のうち設定者所有の物」を譲渡担保権の対象とした事

案について、「家財一切」との表記では個々の物件が家財に該当するかどうかを識別することが困難であるとして、特定性が不十分である旨を判示しています。

ケース1でCはB社と契約を締結する際、B社の倉庫内（所在地東京都江東区新木場〇〇丁目〇〇号）に所在する動産全部に対して集合動産譲渡担保権を設定することを具体的に定めた契約を締結するよう留意する必要があります。

（3）被担保債権

　譲渡担保権は被担保債権を担保することを目的とする担保権です。そこで、譲渡担保権が認められるためには、被担保債権が存在することが必要となります。被担保債権の種類について制限はありません。たとえば日々の継続的取引契約に基づき生じる債務を担保する場合、被担保債権を継続的取引契約から生じる一切の債務等として特定することになります。

3．対抗要件

（1）占有改定による方法

　一般に集合動産譲渡担保の対象となる集合物に対する占有改定（民178、183）によって対抗要件を具備すると解されています。占有改定とは、譲渡担保設定者が自己の工場内の占有物を譲渡担保権者のために占有する意思を表示する行為をいいます（民178、183）。たとえば、B社の工場内に存在する一切の動産について、A社に対する譲渡担保を設定し、A社のために占有する旨の意思表示をすることによりA社は集合譲渡担保権の対抗要件を備えることになると解されます。

（2）動産・債権譲渡特例法による登記

　B社は、動産・債権譲渡特例法3条1項に基づき、①動産の種類・型式・製造番号等により特定して登記する方法、②動産の種類、保管場所により特定する方法により、集合動産譲渡担保権の対抗要件を具備すること

が認められています。

4．実行方法

集合動産譲渡担保権の実行方法は、譲渡担保権者から譲渡担保権者に対する譲渡担保権の実行通知によることとなります。

5．集合動産譲渡担保権の破産手続における取扱い

ケース2

A社は、取引先であるB社の倉庫に日々出入りする動産について集合動産譲渡担保を設定の上、B社に融資しました。その後、A社のもとに、B社が破産手続開始の申立てを行うとの連絡が入りました。A社の担当者はどのような対応をとるべきでしょうか。

(1) A社の担当者がとるべき行動

A社の担当者は、B社に対して速やかに集合動産譲渡担保権を実行する旨の実行通知を送付することが考えられます。なお、B社に破産手続開始決定があり、破産管財人が選任された場合、A社は、破産管財人に対して倉庫内の動産について集合譲渡担保権を設定している旨を伝え、破産管財人が誤って動産を処分しないよう伝える必要があります。実行通知の書面は、証拠化するため、内容証明郵便で送付するとよいでしょう。

また、A社の担当者は速やかに、倉庫内の物の現品確認を行う必要があります。破産管財人が選任された場合、B社の財産上の管理処分権はすべて破産管財人に帰属することとなりますので、破産管財人の立合いのもとで現品確認を行う必要があります。

なお、集合動産譲渡担保の場合、倉庫に相当数の動産が存在するため、早期に代わりの倉庫を探して保管先を変える必要があります。そのため、A社の担当者は、すみやかに倉庫内の集合動産の移転先を確保し、移転

業者の手配を行う必要があります。

（２）優先弁済を受けられる範囲

① A社が実行通知を送付する場合

　集合動産譲渡担保権の担保権者が、担保権設定者に対して譲渡担保権を実行する旨の実行の通知を送付した場合等は、その時点で存在する目的物に対して担保権を実行するという譲渡担保権者の意思が明確になります。そこで、これらの場合、当事者間の契約の合理的意思解釈から、担保目的物はその時点で存在する資産に限定され、譲渡担保設定者は資産を処分することができなくなります。このように集合動産譲渡担保権の目的物の流動性が喪失し、その時点において現実に存在する物のみが譲渡担保権の目的物となり、その後に流入する資産は譲渡担保権の目的対象外となることを固定化と呼びます。

　ケース２で、A社が集合動産譲渡担保の実行通知をB社の破産管財人に送付した場合、B社の破産管財人は、集合動産譲渡担保権の実行時点に倉庫に存在した動産を売却することはできなくなります。

　なお、A社から集合動産譲渡担保の実行通知があったにも関わらず、破産管財人が誤って倉庫内の動産を売却した場合、A社は破産管財人の善管注意義務違反（破85）を理由に損害賠償請求することも考えらえます。

② A社が実行通知を送付しない場合

ケース３

　A社は、取引先であるB社の倉庫に日々出入りする動産について集合動産譲渡担保を設定の上、B社に融資しました。その後、B社は破産手続開始の申立てを行い、破産手続開始決定を受けました。A社の担当者が、譲渡担保権の実行を通知しない場合、破産手続開始決定に伴い、B社の倉庫内の動産は、破産手続開始決定時に存在した動

産に限定されるでしょうか。

ケース3では、B社の破産手続開始決定によりB社の倉庫内にある集合動産譲渡担保権の目的物の流動性が喪失し、破産手続開始決定時点に存在した動産のみが譲渡担保権の目的物となるか否かが問題となります。この点に関して、通説的立場は、破産手続開始決定により集合動産譲渡担保権の目的物は固定化すると解しています。

通説的立場によれば、B社の破産手続開始決定以降にB社の倉庫に納入された製品に対して、集合動産譲渡担保権の効力は及ばず、破産手続開始決定時の製品に限定されます。その結果、B社の破産管財人は破産手続開始決定後に納入された製品を第三者に売却することが可能となります。これに対して、破産手続開始決定時点にB社の倉庫内に存在する動産については集合動産譲渡担保権の効力が及びます。したがって、A社は破産管財人に対して譲渡担保の実行通知を送付して動産譲渡担保権を実行することができます。

第3 集合債権譲渡担保権

ケース4

　A社はB社に対する貸付金を担保するため、B社から担保を取得することを考えています。B社は、所有不動産に金融機関に対する抵当権を設定しているため、A社がB社所有の当該不動産に抵当権を設定しても債権回収は困難な状況にあります。そこでA社の債権管理を担当するCは、B社と取引関係にあるD社に対するB社の売掛金債権に対して集合債権譲渡担保権を設定することを検討していま

す。どのような点に留意する必要があるでしょうか。

1．集合債権譲渡担保権とは

　集合債権譲渡担保権とは、譲渡担保権設定者が現在有する債権および将来発生する債権を含めて包括的に債権に設定された譲渡担保権をいいます。集合債権譲渡担保権の具体例として、医療機関が診療報酬支払機関に対して有する将来発生する診療報酬債権に対して包括的に譲渡担保権を設定する場合が考えられます。

　集合債権譲渡担保権の対象は、譲渡担保権設定者の日々の営業活動において生じる債権です。このように構成部分の変動する集合債権を目的とする集合債権譲渡担保権においては、対象の内容が譲渡担保権設定者の営業活動を通じて当然に変動することが予定されています。そこで、譲渡担保権者は、譲渡担保権設定者に、債権譲渡担保権の実行がなされるまでの間、その通常の営業の範囲内で、譲渡担保権の債権を回収する権限を与える旨の合意をすることが一般的です。このような取扱いをしないと譲渡担保権設定者の資金繰りが立ち行かなくなるおそれがあるからです。

2．集合債権譲渡担保権の成立要件
（1）設定契約

　集合債権譲渡担保権を設定するためには、譲渡担保権者および譲渡担保権設定者との間で、権利（債権）を債権者に譲渡し、それが被担保債権の担保の目的であることを合意した集合債権譲渡担保権設定契約を締結することが必要です。

　なお、対象となる債権について債権譲渡禁止特約が付されている場合、譲渡禁止特約について悪意・重過失の第三者は債権譲渡により債権を取得することが認められません（最判昭48・7・19民集27巻7号823頁）。そこで、Ａ社の担当者Ｃは、債権に譲渡担保権を設定する際、当該債権に対して

譲渡禁止特約が付されていないかにつき慎重に確認する必要があります。

（2）特定性

譲渡担保権の効力が認められるためには、対象となる債権の範囲を特定する必要があります。

最判平成11年1月29日民集33巻1号151頁は、譲渡担保権者が将来発生する8年3か月分の診療報酬債権の譲渡を受け、対抗要件を具備した事案に関して、①債権の発生原因や譲渡にかかる額、債権発生期間の始期と終期等を特定することにより、譲渡の目的とされる債権を特定していること、②債権譲渡契約が公序良俗に反しないことを要件とした上で、将来債権譲渡の有効性を肯定しています。

将来債権譲渡担保権の場合も、債権の担保を目的として譲渡担保設定者の有する債権を譲渡担保権者に譲渡することとなるため、上記最判平成11年1月29日の示した要件に基づき、将来債権譲渡担保権設定契約を締結する必要があります。

したがって、**ケース4**でCは、債権譲渡担保権の対象とする売掛金債権に関して、債権の発生原因や譲渡にかかる額、債権発生期間の始期と終期等を特定することにより、譲渡の目的とされる債権を特定した上で契約することが必要となります。

（3）被担保債権

譲渡担保権は被担保債権を担保することを目的とする担保権です。そこで、譲渡担保権が認められるためには、被担保債権が存在することが必要となります。被担保債権の種類について制限はありません。

3．対抗要件

（1）民法467条2項による対抗要件

集合債権譲渡担保権は、譲渡担保権設定時になされた確定日付のある証書による通知に第三者に対する対抗力が認められます（民467Ⅱ）。

ケース4で、A社の担当者Cは、集合債権譲渡担保権を設定する際、第三債務者であるD社に対して集合債権譲渡担保権を設定する旨を記載した内容証明郵便による通知を送付することにより、集合債権譲渡担保権の効力を第三者に対して対抗することが可能となります。

　もっとも、第三債務者に対して集合債権譲渡担保権設定の通知がなされると、B社の資金繰りに問題が生じている等の風評が立つおそれがあり、集合債権譲渡担保権を利用しにくいという問題があります。

(2) 動産・債権譲渡特例法による登記

　動産・債権譲渡特例法4条は、債権譲渡登記ファイルに譲渡の登記がなされたときに、第三者対抗要件を備えることを規定し（動産・債権譲渡特例法4Ⅰ）また、登記事項証明書を交付して、債務者（D社）に通知しまたは債務者（D社）が承諾したときに債務者（D社）に対して債務の支払いを求めることができることを規定しています（動産・債権譲渡特例法4Ⅱ）。

　A社の担当者Cは、動産・債権譲渡特例法4条の方法によれば、集合債権譲渡担保権設定時には集合債権譲渡担保の登記し、実行時に登記事項証明書を交付してD社に通知をすれば足りることとなります。

4．実行方法

　集合債権譲渡担保権の実行方法は、譲渡担保権者から第三債務者に対する譲渡担保権の実行通知によることとなります（動産・債権譲渡特例法による登記に基づく場合、登記事項証明書を交付した上で通知する必要があります）。

5．集合債権譲渡担保権の破産手続における取扱い

ケース5

　A社は、取引先であるB社がD社に対して有する将来債権に対して将来債権譲渡担保権を設定した上で、B社に融資しました。その後、A社のもとに、B社が破産手続開始の申立てを行うとの連絡が入

りました。A社の担当者はどのような対応をとることが考えられるでしょうか。

(1) A社の担当者がとるべき行動

　A社の担当者は、D社に対して速やかに集合債権譲渡担保権を実行する旨の実行通知を送ることが考えられます。

　A社が、動産・債権譲渡特例法に基づき集合債権譲渡担保につき登記している場合、A社の担当者は、D社に対して登記事項証明書を交付した上で通知する必要があります。

　また、B社が破産手続開始決定を受けた場合、B社の破産管財人に対してB社のD社に対する売掛金債権について集合債権譲渡担保権を設定している旨を連絡し、破産管財人に対して、A社に上記売掛金債権が帰属することを伝える必要があります。

(2) 優先弁済を受けられる範囲

　集合債権譲渡担保権の担保権者が、第三債務者に対して譲渡担保権の実行の通知を送付した場合等は、その時点で発生している債権に対して担保権を実行するという譲渡担保権者の意思が明確になります。そこで、これらの場合、当事者間の契約の合理的意思解釈から、担保対象物はその時点で存在する債権に限定され、譲渡担保設定者はその時点で発生している債権を回収することができなくなります（固定化）。

　ケース5で、A社が集合動産譲渡担保の実行通知をD社に送付した場合、B社は、集合動産譲渡担保権の実行時点で発生していた債権を回収することはできなくなります。

ケース6

　A社は、取引先であるB社がD社に対して有する売掛金債権に集合債権譲渡担保権を設定した上でB社に融資しました。その後、B社は破産手続開始の申立てを行い、破産手続開始決定を受けました。

B社の破産管財人は、破産手続開始決定以降に生じた売掛金債権は、破産財団に帰属する旨を主張しています。破産管財人の主張は認められるでしょうか。

通説的立場によれば、B社の破産手続開始決定以降に発生する売掛金債権に対して、集合債権譲渡担保権の効力は及びません。その結果、B社の破産管財人は破産手続開始決定後に売掛金債権が発生した場合、この債権を回収することが可能となります。これに対して、破産手続開始決定時点で発生していた売掛金債権については集合動産譲渡担保権の効力が及びます。したがって、B社はD社に対して破産手続開始決定までに発生している売掛金債権について実行通知を送付して債権譲渡担保権を実行することとなります。

COLUMN　再生手続における集合債権譲渡担保権の取扱い

　再生手続開始決定は、裁判所によって発令されるものであり、譲渡担保権者の意思が介在しません。そこで、再生手続開始決定があったことによって、集合債権譲渡担保権の対象となる債権が開始決定によって固定化するか否かが問題となります。

　この点、再生手続のように債務者の事業継続を前提とする再建型手続においては、譲渡担保権者は、事業の継続に伴い日々発生する債権を担保目的物として把握する意思を有すると捉えることができます。このような場合に再生手続開始決定によってただちに担保対象物が固定化されると解するのは、譲渡担保権者の合理的意思に反すると考えられます。

　また、集合債権譲渡担保権につき譲渡担保権者が対抗要件を具備した場合、譲渡担保権者は、集合動産譲渡担保権を再生債務者に対抗することができると解されます。そこで、再生手続開始決定があったことによっては、集合債権譲渡担保権は固定化せず、再生手続開始決定後に発生する債権に対して譲渡担保権の効力が及ぶと解する見解が有力です（伊藤眞『破産法・民事再生法（第2版）』有斐閣、215頁）。

このような場合、実務上は、譲渡担保権者と再生債務者との間で別除権協定を締結し、債権譲渡担保権の対象となる債権の取扱いについて合意したうえで処理されることが多いと考えられます（別除権協定については、第2章**5**参照）。

4 リース債権と倒産手続

第1 はじめに

1. リース契約の意義

　リース契約とは、一般的にはファイナンス・リース契約を指します。ファイナンス・リースとは、機械・設備その他の物件を利用しようとする者（以下「ユーザー」といいます）が当該物件をメーカー等の供給者（以下「サプライヤー」といいます）から調達する場合に、リース会社がユーザーに代わってこの物件をサプライヤーから購入し、これをユーザーに使用収益させ、リース料を回収する取引をいいます。

　リース契約には、ファイナンス・リース契約以外にもオペレーティング・リース契約やメンテナンス・リース契約等の様々な契約類型があります。オペレーティング・リースとは、中古市場が存在し、将来の中古市場が見込まれる物件に対して、リース会社が将来の中古価値（残価）を負担することにより、ユーザーがリース期間中、有利なリース料でリース物件を使用収益するものをいいます。メンテナンス・リースとは、リース期間中にリース会社がリース物件をメンテナンスすることを契約内容に含むものをいいます。

　リース契約として広く用いられているのは、フルペイアウト方式によるファイナンス・リースです。フルペイアウト方式とは、リース物件のリース期間満了時における残存価値をないものとみて、リース会社が支払った

投下資金の全額をリース期間中にユーザーから回収できるようにリース料を算定するものをいいます。フルペイアウト方式によるファイナンス・リースは、ユーザーが車両や機械製品、コピー機、パソコン、電話機等、比較的高価な什器や備品等を取得する場合に、一括の全額支払いを回避することを目的として利用されます。以下では、ファイナンス・リースを前提に説明します。

2．リース契約の法的性質

　リース契約は、リース会社がユーザーにリース物件を使用収益させ、その対価としてリース料の支払いを受けることに着目すれば、賃貸借契約としての性質を有するといえます（賃貸借的側面）。

　もっとも、リース契約は通常の賃貸借契約とは異なり、特定のユーザーのみからリース物件に対する投下資金を回収することを予定しています。また、リース会社はリース物件をユーザーに引き渡した後も、その所有権を有しますが、リース料を確保するための手段であるにすぎず、リース物件の価値は当該ユーザーによって使い尽くされるのが通常です。

　したがって、リース契約を経済的にみれば、リース会社がユーザーにリース物件の買受資金を融資し、その貸付分をリース料の支払いを受ける方法により回収し、その担保のためにリース物件の所有権を留保するのと異ならないといえます（金融取引的側面）。

　このように賃貸借的側面と金融取引的側面のいずれに着目するかによって、リース契約の法的性質の理解が異なり、学説上は様々な見解が主張されています。

　判例は、ファイナンス・リース契約の法的性質について、その機能や実態を重視し、少なくともリース料の支払いに関して、金融取引的な理解を進めた判断をしています（八木良一「判解」最判解民事篇平成7年401頁）。

　たとえば、最判平成5年11月25日集民170号553頁は、「ファイナンス・

リース契約は、物件の購入を希望するユーザーに代わって、リース業者が販売業者から物件を購入のうえ、ユーザーに長期間これを使用させ、右購入代金に金利等の諸経費を加えたものをリース料として回収する制度であり、その実体はユーザーに対する金融上の便宜を付与するものであるから、リース料の支払債務は契約の締結と同時にその金額について発生し、ユーザーに対して月々のリース料の支払という方式による期限の利益を与えるものにすぎず、また、リース物件の使用とリース料の支払とは対価関係に立つものではないというべきである」と判示しています。

第2 リース契約のユーザーが破産した場合

ケース1

リース会社A社はB社との間で、B社に対してパソコン30台をリースする旨のリース契約を締結しました。リース契約では、リース期間を60か月、リース料金を1か月30万円（60回払い）と定めていました。その後、B社が破産手続開始決定を受け、Xが破産管財人に選任されました。

B社は、破産手続開始決定を受けるまでに36回分のリース料を支払っていましたが、破産手続開始決定を受ける3か月前から、A社に対するリース料の支払いを滞納していました。

A社は、B社の破産管財人に対して、残り24か月分の未払リース料の支払いを請求できるでしょうか。

1．破産手続開始時の未払リース料債権

ケース1のように、リース会社とユーザーの間でリース契約を締結し、リース会社からユーザーに対するリース物件の引渡しが完了した後にユー

ザーにつき破産手続が開始した場合、リース契約が双方未履行の双務契約に該当するとして破産法53条1項が適用されるかが問題となります。

学説上は、リース会社がユーザーに対してリース物件を使用収益させる義務とユーザーのリース料支払義務が双方未履行となっているため、破産法53条1項の適用があるという見解があります。

この見解は、リース会社はユーザーに残りのリース期間中リース物件を使用収益させる義務があり、ユーザーはリース会社に残りのリース料の支払義務を負うと理解するものであり、リース契約の賃貸借的側面を強調するものといえます。この見解に立った場合、破産管財人はリース契約の解除または債務の履行を選択することができます（破53Ⅰ）。破産管財人が債務の履行を選択した場合には破産手続開始後のリース会社のユーザーに対する未払リース料債権は財団債権となります（破148Ⅰ⑦）。破産管財人がリース物件を不要であると判断し、契約の解除を選択した場合は、ユーザーの破産管財人はリース会社に対してリース物件を返還することになります（破54Ⅱ）。この場合、リース会社のユーザーに対する、未払リース料債権は破産債権とします（破54Ⅰ）。

これに対して、判例は、フルペイアウト方式のファイナンス・リース契約の実質はユーザーに対して金融上の便宜を付与するものであり、リース物件を使用させる義務は、ユーザーのリース料支払義務と牽連関係に立つ未履行債務であると考えることはできず、破産法53条1項の適用はないという見解に立っています（会社更生事件について最判平7・4・14民集49巻4号1063頁参照）。

このような判例の見解によれば、リース契約には双方未履行の双務契約に関する破産法53条1項は適用されないこととなります。また、リース料債権はリース契約と同時にその全額について発生するものであり、破産手続開始決定時点における未払リース料債権は全額が破産債権となります（破2Ⅴ）。

ケース1の場合、判例の見解によれば、B社の破産手続開始時点における未払リース料債権は破産債権となります。したがって、B社は、A社の破産管財人に対して、未払リース料債権を財団債権として支払いを請求することはできず、破産債権として権利行使できるにとどまります。具体的には、リース会社は未払リース料債権につき、届出（破111以下）、調査、確定（破115以下）、配当（破19以下）という破産手続に従って、割合的満足を受けることになります。

2．リース会社による契約の解除

破産手続開始時にユーザーがリース料の支払いを滞納している場合、リース会社は債務不履行に基づいてリース契約を解除することができます（民541）。

また、リース契約のなかで、「ユーザーについて破産、民事再生、会社更生などの申立てがあったときは、リース業者は催告をしないで契約を解除することができる」旨の特約（倒産解除特約）を設けている場合があります。このような場合、ユーザーがリース料の支払いを滞納していないときでも、リース会社が倒産解除特約を根拠にリース契約を解除できるかが問題となります。判例は、再生手続の事案で、民事再生手続は、経済的に窮境にある債務者について、その財産を一体として維持し債務者と全債権者との間の民事上の権利関係を調整して、債務者の事業または経済生活の再生を図るものであり（民再1）、担保の目的物も民事再生手続の対象となる責任財産に含まれるとした上で、ファイナンス・リース契約におけるリース物件は、リース会社がリース契約を解除してリース物件の返還を求め、その交換価値によって未払リース料等の弁済を受けるという担保としての意味を有するが、同契約において倒産解除特約による解除を認めることは、このような担保としての意義を有するにとどまるリース物件を、一債権者と債務者の間の事前の合意により、民事再生手続開始前に債務者の

責任財産から逸出させ、民事再生手続のなかで債務者の事業等におけるリース物件の必要性に応じた対応をする機会を失わせるに他ならないから、民事再生手続の趣旨、目的に反することは明らかであるとして、フルペイアウト方式のファイナンス・リース契約における倒産解除特約は無効である旨を判示しています（最判平20・12・16民集62巻10号2561頁）。

3．リース物件の取扱い

（1）リース物件の返還

ユーザーの破産管財人は、破産手続開始後に管財業務にとって必要ではなく、破産財団の増殖に資するものでもないと判断したリース物件については、リース会社との間でリース契約を合意解約し、リース会社に対して速やかに当該リース物件を返還するのが通常です。

清算型手続である破産手続の場合、リース物件を紛失している場合や債務者や申立代理人がリース物件の所在を引き継いでおらず、破産管財人がリース物件の存在を把握していない場合もあります。そこで、リース会社は、ユーザーが破産手続に入ったことを認識した場合は、リース物件の所在を確認し、リース物件の引揚げや放棄を検討する必要があります。

これに対して、ユーザーが破産手続開始前に経理処理等に使用していたパソコンや荷物の運搬・搬出に必要なフォークリフト等、破産管財業務のなかでリース物件を継続して使用する必要が生じる場合があります。この場合、ユーザーの破産管財人とリース会社の間で、破産管財人がリース料を支払い、リース会社が別除権を実行しない旨の別除権協定を締結することが考えられます。また、利用期間が長期にわたる場合には、破産管財人がリース物件を買い取り、その代金をリース債権に充当する旨の和解を締結する場合もあります。

ケース1の場合、B社の破産管財人Xは、A社からリースしていたパソコンを30台継続して使用する必要がない場合には、A社に対して返還

することが考えられます。他方、パソコン内にB社の取引や経理等に関する情報が記録されており、これを利用する必要がある場合には、別除権協定の締結に向けてA社との間で交渉することが考えられます。

　この場合、A社としては、破産管財人Xが使用を継続する間は、従前のリース料相当額の支払いを要求することが考えられます。

（2）リース物件の引揚費用

　リース会社がリース物件を引き揚げる際、引揚費用をリース会社とユーザーの破産管財人のいずれが負担すべきかが問題となります。

　リース物件の引揚費用の法的性質は、担保権の実行費用ないし取戻権の行使費用であると解されます。したがって、引揚費用は当然にユーザー側が負担すべきものではないと解されます。リース会社がユーザーに対して、リース物件の引揚費用を請求する根拠はリース契約であると考えられるところ、リース契約は破産手続開始前の原因に該当するため、引揚費用は破産債権（破2Ⅴ）であると解されます。したがって、リース債権者はリース物件を引き揚げる際に引揚費用が発生した場合は、引揚費用を破産債権として債権届出することとなります。

　なお、ユーザーの破産管財人が管財業務にリース物件を使用した後に当該リース物件を引き揚げる際の費用も破産手続開始前の原因に基づいて生じたものであるため、破産債権として行使することとなると考えられます。

（3）リース会社が物件を放置した場合

　リース物件に換価価値がない場合に、リース会社が引揚費用を支払って当該リース物件を回収することを拒み、ユーザーのもとにリース物件を放置することがあります。

　この場合、ユーザーの破産管財人としては、リース物件が放置されることにより設置場所の建物を明け渡すことができず、賃料が発生してしまう事態を回避する必要が生じます。そこで、ユーザーの破産管財人は、破産

財団の費用負担でリース物件の返還や処分した上で、後日にリース会社に対して、引揚費用を請求することや、リース業者からリース物件の放棄書を取得した上で、リース物件を処分することが考えられます。

4．不足額の確定

　リース会社がリース契約を解除して、リース物件の返還を受けた後、破産債権として未払リース料債権を届け出た場合、ユーザーの破産管財人から返還したリース物件の価値を届出債権額から控除するように求められる場合があります。このような場合、リース会社はユーザーの破産管財人の要請に応じる必要があるかが問題となります。

　判例は、リース業者がリース物件の返還を受けた場合には、リース期間の途中でリース物件の返還を受けたことによって取得した利益を清算する義務を負うとしています（最判昭57・10・29民集36巻10号2130頁）。このような場合に、リース会社が未払リース料相当額の全額について破産債権として行使できるとすれば、「リース物件の返還時の価値」と「期間満了時の価値」の差額分に相当する利得を得ることとなり、当事者間の公平を欠くと考えられるためです。

　したがって、リース物件の返還時の価値と期間満了時の価値の差額は、未払いのリース料債権に充当され、それでもなおリース料債権がある場合は破産債権（破2Ⅴ）となります。

　もっとも、ユーザーの破産管財人がリース物件の返還時の価値の全額を届出債権額から控除することを請求する場合には、リース会社としてはかかる請求を拒否することが考えられます。このような請求は、リース契約の満了時にリース物件の価値がユーザー側に帰属することを前提とするものであり、リース物件の所有者があくまでリース会社であることと矛盾するといえるからです。

第3 リース会社が破産した場合

ケース2

　食品の加工業を営むC社は、リース会社D社との間で、業務用の冷蔵庫や製造用の機械一式についてリース契約を締結していました。
　リース会社D社が破産手続開始決定を受けた場合、C社はリース物件の使用を継続することはできるでしょうか。

　リース会社が破産手続開始決定を受けた場合、リース契約が双方未履行の双務契約に該当し、破産法53条1項の適用が認められるかが問題となります。

　リース契約が双方未履行の双務契約に該当しない場合には破産法53条1項の適用はなく、リース会社の破産管財人は、リース契約を解除することはできないこととなります。

　ケース2の場合、D社の破産管財人は、C社との間のリース契約が双方未履行の双務契約に該当しない場合には、リース契約を解除できないこととなります。この場合には、C社はリース料の支払いを継続することにより、リース物件の使用を継続することができます。

　なお、リース会社の破産管財人は、破産手続を迅速に処理するために、リース料債権およびリース物件にかかる権利を他のリース業者に譲渡することにより、破産財団の増殖を図る場合があります。この場合、ユーザーは他のリース会社との間でリース契約を締結し、リース物件の利用を継続することとなります。

5 別除権協定への関与

第1 倒産手続と担保権

ケース

　製造業を営むX社は、A銀行からの借入金（貸付残高4,000万円）を担保するために、主力製品を製造する工場の土地建物（早期処分価格3,000万円、正常価格［時価］3,500万円）に根抵当権（極度額5,000万円）を設定していました。

　もっとも、X社は、折からの不況の煽りを受けて業績を悪化させ、倒産手続開始を申立て、倒産手続が開始されました。これにより、X社は期限の利益を喪失し、A銀行からの借入金の弁済期も到来しました。

　A銀行は、X社の工場に設定していた根抵当権を実行して、貸付金の回収を図ることができるでしょうか。

1．倒産手続と担保権

　債務者が所有する特定の財産について担保権の設定を受けた担保権者は、その財産から他の債権者に優先して弁済を受けることができます。もっとも、債務者に対してひとたび倒産手続が開始されると、倒産手続の目的を実現するために、担保権に対して平時とは異なる一定の制約が課されます。制約の程度や内容は、各種倒産手続によって様々です。

2. 会社更生手続

　担保権に対する制約が最も大きいのは会社更生手続です。会社更生手続は、担保権者を手続のなかに取り込む点に特徴があります。更生手続開始の決定があると、更生会社の財産に対する担保権の実行は一律に中止または禁止されます（会更50Ⅰ、24Ⅰ②）。そして、担保目的物を更生手続開始当時の時価で評価し、時価の範囲内の被担保債権は更生担保権とされ（会更2Ⅹ）、他の権利に比して優先的な扱いを受けるものの（会更168ⅠⅢ）、更生計画による権利変更の対象となり、原則として更生計画の定めるところによらなければ弁済を受けることができなくなります（会更47Ⅰ）。

　会社更生法が担保権に対する強い制約を認めているのは、同法が窮境にある株式会社の事業の維持更生を目的とするためです（会更1）。担保権が更生会社の事業の継続に不可欠な財産に設定されているにも関わらず、会社更生手続が開始されてもなお担保権が自由に行使できるとすれば、事業の維持更生は極めて困難になります。

　ケースを例にとると、X社に会社更生手続が開始された場合、A銀行が根抵当権を自由に実行できるとすれば、X社は主力商品を製造する工場を失い、事業の維持更生を果たせなくなります。A銀行は、会社更生法によって根抵当権の実行を禁止され、同行の貸付金のうち3,500万円は更生担保権、500万円は一般更生債権とされ、そのいずれについても更生計画に基づく権利変更を経て弁済がなされることになります。

3. 破産手続

　会社更生手続と異なり、破産手続では、担保権者は原則として自由に担保権を行使することができます。

　破産手続が開始されると、破産債権者は破産手続によらなければ権利を行使することができず（破100Ⅰ）、破産債権の届出をし（破111Ⅰ）、破産債権の調査および確定の手続を経て（破115以下）、配当を受けることにな

ります（破193以下）。他方、破産手続開始のときに破産財団に属する財産について抵当権等の担保権を有する担保権者は「別除権者」とされ（破2⑨⑩）、担保権は破産手続とは「別」に「除」かれた権利と扱われるため、担保権者は担保権を行使して債権の優先的満足を受けることができます。

　清算型手続である破産手続では、担保権の実行によって担保目的物が換価されたとしても、先ほどみた会社更生手続のような不都合は生じません。むしろ、担保目的物の換価は、債務者の財産等の適正かつ公平な清算という破産法の目的（破1）に資するものです。そのため、自由に担保権を行使することができるとされたのです。

　ケースにおいて、X社に破産手続が開始された場合、A銀行は、通常であれば、X社の破産管財人と協同してより高値で不動産を換価できる任意売却（破78Ⅱ①）を試みます。もっとも、任意売却が奏功しなかった場合であっても、A銀行は、別除権者として担保不動産競売等を申し立てることにより破産手続とは別に債権の優先的回収を図ることができます。

　なお、破産法上、破産管財人の主導による民事執行法等による換価（破184）、別除権者が処分すべき期間の指定（破185）、担保権消滅許可申立て（破186）等、担保目的物の迅速な換価を目的とする制度が設けられており、担保権者の換価時期の選択権が制約される場合があります。

4．民事再生手続

　民事再生手続は、債務者の事業または経済生活の再生を図ることを目的としており（民再1）、会社更生手続とともに再建型手続に分類されます。この点からすると、民事再生手続においても担保権を手続のなかに取り込む制度が採用されてもおかしくありません。

　しかしながら、民事再生法は、再生手続開始のときにおいて、再生債務者の財産に存する特別の先取特権、質権、抵当権、商事留置権等の担保権を別除権として扱い、再生手続によらない権利行使を認めました（民再53

Ⅰ・Ⅱ、解釈上、譲渡担保権や所有権留保等の非典型担保、さらにはフルペイアウト方式によるファイナンス・リース（最判平20・12・16民集62巻10号2561頁）も別除権として扱われます）。

　民事再生法が別除権構成を採用したのは、民事再生手続が主として中小企業を対象とする簡素な手続として予定されているためであり、破産法の場合とは趣旨・目的を異にします。すなわち、会社更生手続のように、担保権を手続のなかに取り込もうとすれば、担保目的物の評価や再生計画案を決議する際の組分けが必要になり、手続が複雑化し、余計なコストや時間がかかってしまいます。そこで、民事再生法は、担保権を別除権として扱い、原則として個別の権利行使を許容することにしたのです。

　ケースにおいて、Ｘ社に民事再生手続が開始された場合であっても、Ａ銀行は、担保不動産競売等を申し立てて根抵当権を実行し、債権の優先的回収を図ることができます。

　もっとも、このように、担保権が別除権として再生手続外で自由に行使できるとすると、再生債務者の事業の再生に不可欠な財産に担保権が設定されている場合等は不都合が生じます。**ケース**において、根抵当権が設定されていた不動産は、Ｘ社の主力製品を製造する工場でした。それにも関わらず、根抵当権が実行され、Ｘ社が当該不動産を手放すことになれば、Ｘ社の事業の維持再生も覚束なくなります。そこで、民事再生手続においても担保権に対する一定の制約を認める必要が出てきます。

第2　別除権協定

1．別除権者協定の必要性

　先にみたとおり、民事再生手続では担保権は別除権とされ、再生手続外での権利行使が許容されます。

もっとも、何らの制約もなく別除権が行使できるとすれば不都合な事態となります。事業の継続に不可欠な財産の上に担保権が設定されている場合であっても、再生債務者は被担保債権全額を弁済しない限り、担保権を消滅させることはできません（担保権の不可分性）。再生債務者が資金を用意できない場合は、事業が立ち行かなくなり、事業の再生という民事再生法の目的を果たすことができなくなります。

　そこで、民事再生法は、後述する担保権の実行中止命令（民再31Ⅰ）や担保権消滅許可制度（民再148Ⅰ）を設け、担保権に対して一定の制約を加えています。もっとも、前者は担保権の実行を「相当の期間」中止する、いわば暫定的な措置にすぎません。また、後者は担保目的物の価額に相当する金銭を裁判所へ一括納付することを条件に担保権を消滅させるものであり、スポンサーから資金援助を受けられるような場合を別として、窮境にある再生債務者等が容易に利用できるものではありません。

　そこで、再生債務者等において、別除権者と協議をし、別除権を行使しないこと等を内容とする合意（別除権協定）を締結することが必要になってきます。

2．別除権協定の意義

（1）協定内容

　別除権協定は、民事再生法等の法令に規定されている用語ではなく、明確な定義があるわけではありません。実務では、再生債務者等と別除権者との間でなされる、別除権の目的である財産の受戻しと、別除権の不行使および受戻後の担保権の解除に関する合意を別除権協定と呼んでいます。その内容は様々ですが、主として次の事項について合意をします（本稿末尾に別除権協定の例を示します）。

　① 別除権評価額

　　別除権協定では、別除権の目的である財産の評価額を合意します。

財産の評価方法は、競売価格によるべきとする見解、早期処分価格によるべきであるとする見解、事業継続を前提とした価格によるべきとする見解等、様々な考え方があります。実務的には、当該財産の必要性の程度や代替性の有無、再生債務者と別除権者との力関係等を反映して評価額の合意が行われています。

　また、前述したとおり、フルペイアウト方式によるファイナンス・リースも別除権として扱われますが、内装設備や備品等のリース物件は、不動産等とは異なり、客観的にその利用価値を評価することが困難です。このような場合には、一律に未払リース料の一定割合を別除権評価額として合意をすることもあります。

　別除権者は、別除権評価額ができる限り高額になることを望むのが通常です。もっとも、あまりに高額になれば、他の再生債権者の利益が害されることにもなりかねず、協定の締結について、後述する監督委員の同意を得られなくなるおそれがあることに留意すべきです。

② 別除権の目的である財産の受戻し（別除権評価額部分の弁済）

　合意された別除権評価額をもって、再生債務者等が別除権者から別除権の目的である財産を受け戻す合意をします。

　受戻し（民再41Ⅰ⑨）とは、被担保債権を弁済して担保権を消滅させ、担保権の負担のない財産を回復することを意味します。

　本来、被担保債権全額を弁済しない限りは、担保権は消滅しません（担保権の不可分性）。別除権協定が締結されるようなケースでは、通常は被担保債権が別除権評価額を上回っていますが、担保権によって担保される範囲を別除権評価額に減額して受戻しの合意を行うのです。

③ 受戻しの方法（弁済方法）

　スポンサーがついている事案や、受戻し額が低廉な場合等では、一括弁済がなされます。そのような場合でない限りは、分割弁済になることが多いといえます。再生計画に基づく弁済は、原則として10年を超えな

い範囲で行うものとされていますが（民再155Ⅲ）、別除権協定に基づく弁済期間に制限はありません。長期分割弁済になる場合には、利息の定めを置くこともあります。

④ 別除権の不行使、ならびに、受戻し後の担保権解除および登記等の抹消

約定に基づいて受戻し額の弁済が行われている限りは、別除権を行使せず、弁済が完了したときは担保権を解除し、登記・登録がなされている場合は抹消手続を行うことを合意します。

⑤ 別除権不足額の確定

被担保債権が別除権評価額（受戻し額）に満たない場合に、別除権の行使によって弁済を受けることができない債権の部分（別除権不足額）について合意をします。

別除権者は、別除権によって担保される債権のうち、別除権の行使によって弁済を受けることができない部分（別除権不足額）についてのみ、再生債権者として権利を行使することができます（民再88本文）。そして、別除権不足額は確定しない限り、再生計画に基づく弁済を受けられません（民再182）。

別除権不足額は担保権が消滅したときに確定しますが、この場合に限定すると、担保権を消滅させることが困難な場合や、消滅までに期間を要する場合には、担保権者はいつまでも再生計画に基づく弁済を受けることができず不都合です。そこで、民事再生法は、再生債務者等と担保権者の合意により不足額を確定することができるものとしました（民再88但書）。

別除権協定において、別除権不足額を確定させる合意をすることにより、別除権者は、不足額について再生手続において権利を行使することができ、再生計画に基づく弁済を受けられるようになるのです。

（2）具体例

冒頭の**ケース**において民事再生手続が開始された場合を例にして、別除

権協定をみてみます。

　X社はA銀行との交渉の上、別除権の目的である工場不動産の評価額を早期処分価格と時価との間の3,200万円で合意できたとします。そして、この別除権評価額部分について、X社は、今後10年間にわたり分割して弁済を行い、A銀行は約定どおり分割弁済が行われている限りは、別除権たる根抵当権を実行せず、弁済が完了したときには根抵当権の解除・抹消登記手続を行うことを約します。また、X社とA銀行は、別除権不足額が、貸付残高4,000万円と別除権評価額3,200万円との差額800万円であることを合意します。これによりA銀行は、800万円について再生手続に参加し、再生計画に基づく弁済を受けられるようになるのです。

3．別除権者が別除権協定に応じるメリット

　別除権協定を締結できれば、再生債務者等は事業の維持継続に不可欠な資産に対する担保権の実行を回避することができます。それでは、別除権者にとって、別除権協定に応じるメリットはあるのでしょうか。

　第1に、別除権の目的財産の受戻し額は、再生債務者等と別除権者との協議によって決まるところ、合意する受戻し額によっては、別除権を行使（担保不動産競売申立て等）したときよりも、別除権協定に応じた場合のほうが多額の回収を見込めます。不動産に担保権を設定している場合に、担保不動産競売による配当の見込額よりも、別除権受戻し額を高額に定める場合がその一例です。また、リース債権者が別除権を実行する場合、リース契約を解除してリース物件を引き揚げ、これを換価して債権の回収にあてることになります。もっとも、リース物件が店舗の内装設備であったり、特殊な機械装置等汎用性のないものである場合には、換価のしようがありません。そのようなとき、リース債権者にとっては、別除権協定を締結したほうが経済合理性があります。

　第2に、先ほどみたとおり、別除権協定において別除権不足額を合意す

ることによって（民再88但）、別除権者は不足額部分について再生計画に基づく弁済を受けられるようになります（民再182）。民事再生法は、再生計画中に、別除権不足額が未確定の債権について、不足額部分が確定した場合に関する適確な措置を定めるものとし（民再160Ⅰ）、不足額確定時に再生計画に基づく弁済を受けることは可能ですが、別除権協定のなかで不足額を確定することで早期に弁済を受けられる場合があります。

4．手続

　再生債務者等と別除権者との間で合意される別除権評価額（受戻し額）によっては、他の再生債権者が害されるおそれがあります。すなわち、別除権評価額が高額となり、別除権者に対する弁済額が多くなれば、反射的にその他の再生債権者に対する弁済額が減少することにもなりかねません。
　そのため、再生債務者等と別除権者の合意のみで協定を締結できるとすることは適当ではありません。
　民事再生法は、再生債務者等が行為をするにあたり、裁判所の許可を必要とすることができる事項を列挙しており、別除権協定の締結は、そのうちの一つの「別除権の目的である財産の受戻し」（民再41Ⅰ⑨）にあたると解されています。もっとも、東京地方裁判所や大阪地方裁判所では、裁判所の要許可事項とするのではなく、監督命令のなかで監督委員の同意を要する事項の一つに指定し（民再54Ⅱ）、監督委員の監督に服さしめています。

第3　担保権実行手続中止命令

1．制度の内容

　民事再生手続において、別除権協定締結に向けた交渉が開始される前の

段階や、交渉の継続中に、担保権者が担保権の実行に着手する場合もあります。このような場合、別除権協定の締結を望む再生債務者等としては、担保権の実行が完了する前に手続を中止する必要があります。再生債務者等が、後述する担保権消滅許可制度を利用する場合も同様です。

　このような要請に応じるため、民事再生法は担保権実行手続中止命令の制度を設けています（民再31）。この制度は、再生手続開始の申立てがあった場合に、「再生債権者の一般の利益に適合」し、かつ競売申立人に「不当な損害」を及ぼすおそれがないものと認めるときに、「相当の期間」を定めて担保権の実行手続の中止を命ずるものです。

2．手続

　担保権実行手続中止命令は、利害関係人の申立てによりまたは職権によって発令されます（民再31Ⅰ）。裁判所は中止命令を発令する場合には、競売申立人の意見を聴かなければならず（民再31Ⅱ）、中止命令の決定に対しては、競売申立人に限り、即時抗告をすることができます。

　「再生債権者の一般の利益に適合」するとは、担保権実行手続の中止をしない場合と比べて、中止をした場合のほうが、再生債権者により多くの弁済ができることを意味します。また、「不当な損害」とは、担保権の実行時期が遅れることによって、担保目的財産が減価して回収額が大幅に減る場合や、担保権者が倒産の危機に陥る場合等が例として挙げられます。

　担保権実行手続中止命令の制度は、別除権協定や担保権消滅許可制度を行うための時間的猶予を設けるための制度です。そのため、効果は暫定的なものとされ「相当の期間」に限って担保権の実行手続が中止されます。実務では中止期間は3か月と定められることが多いようです。

第4 担保権消滅許可制度

1. 制度の内容

　民事再生法は、別除権の行使を制約する制度として、担保権消滅許可制度（民再148Ⅰ）を設けています。この制度は、再生債務者の事業の継続に欠くことのできない財産上に担保権が存する場合に、再生債務者等が当該財産の価額に相当する金銭を裁判所に納付することによって、担保権を強制的に消滅させるものです。被担保債権全額の弁済がされない限り担保権は消滅しないという担保権の不可分性（民296）の例外を定めるものです。

　なお、破産法にも担保権消滅許可の申立ての制度がありますが（破186）、この制度は担保目的物の任意売却のための制度です。民事再生法上の担保権消滅許可制度は、担保目的物を再生債務者のもとに残して、事業の維持再生を図ろうとする制度ですから、その趣旨・目的が大きく異なります。

2. 手続

　再生債務者等は、担保権の目的である財産について自らが相当と考える価額を示し、裁判所へ担保権消滅許可申立てをします（民再148Ⅰ・Ⅱ）。再生債務者等が不当に低い価額を提示することを防止し、また、担保権者の検討資料とさせるため、価額申出にあたっては評価の根拠を明らかにする書面の提出が要求されます（民再規71Ⅰ①）。裁判所が、担保権消滅許可の決定をした場合は、その決定書と担保権消滅許可の申立書を担保権者へ送達しなければならないとされています（民再148Ⅲ）。

　対象財産が、事業の継続に不可欠なものかどうかを判断するにあたっては、担保権者から意見を聴くのが相当です。東京地方裁判所では、担保権消滅許可申立てがあると、ただちに申立書を担保権者へ送付し、概ね1週

間後に意見聴取期日を指定しているようです。担保権消滅許可決定が下された後、この事業不可欠性の要件を争おうとする担保権者は、即時抗告をすることになります（民再148Ⅳ）。

他方、再生債務者等の提示した価額を不服とする担保権者は、申立書の送達を受けた日から1か月以内に価額決定の請求をします（民再149Ⅰ）。価額決定の請求があり、担保権者から手続費用の予納があると（民再149Ⅳ）、裁判所は、評価人を選任して財産の評価を命じ（民再150Ⅰ）、評価人による評価に基づいて財産の価額を定めます（民再150Ⅱ）。価額の評価はその財産を処分するもの、すなわち処分価額によって行われます（民再規79Ⅰ）。この処分価額の意義については、競売価額とするもの、早期売却価額とするもの等、見解の対立があります。裁判所の価額決定に対しては即時抗告をすることができます（民再150Ⅴ）。

再生債務者等が裁判所の定める期限までに確定した価額に相当する金銭を納付すると担保権は消滅し（民再152Ⅰ・Ⅱ）、裁判所は、民事執行法の規定に基づいて担保権者へ配当をし、または弁済金を交付します（民再153）。

他方、納付がなかった場合には担保権消滅許可決定は取り消されます（民再152Ⅳ）。

3．担保権消滅許可制度の利用される場面

（1）本来的機能

別除権協定の締結に至らない場合であっても、再生債務者等は、担保権消滅許可制度を利用することにより、担保権の実行を回避することができます。もっとも、前述のとおり、この制度によって担保権を消滅させるためには、担保権の目的である財産の価額を一括納付する必要があります。しかしながら、再生債務者にはそのような資金的余裕がないことが多く、この制度が利用できるのは、事実上、スポンサーや事業譲渡先からまと

まった資金を調達できる再生債務者等に限定されます。

(2) 交渉手段としての機能

前述のとおり、再生債務者等は、担保権消滅許可制度を利用することによって、最終的に処分価額で担保権を消滅させることができます。そのため、この制度を利用できるような事案では、再生債務者等が、担保権消滅許可制度の存在を背景に別除権者と交渉を行い、担保権消滅の許可申立てに至る前の段階で、別除権協定を締結できる場合も多くあります。この意味で、担保権消滅許可制度は、別除権協定の締結の交渉手段として機能するということができます。

別除権協定書（例）

別除権者〇〇（以下「甲」という。）と再生債務者〇〇（以下「乙」という。）は、乙の〇〇地方裁判所平成〇年（再）第〇号再生手続開始申立事件（以下「本再生事件」という。）に関し、甲の有する別除権の取扱い等について、以下のとおり協定（以下「本協定」という。）を締結する。

第1条（再生債権の確認）

　甲と乙は、本日現在、甲が乙に対して、次の再生債権（以下「本件債権」という。）を有していることを相互に確認する。

　　平成〇年△月×日付金銭消費貸借契約に基づく債権
　　　元　金　　　　　　金〇〇〇〇円
　　　利　息　　　　　　金△△円
　　　遅延損害金　　　　金××円
　　　開始決定後の遅延損害金　　額未定

第2条（担保権の確認）

　甲と乙は、本件債権を被担保債権として、乙所有の別紙「物件目録」記載の不動産（以下「本件担保不動産」という。）に、別紙「担保権目

録」記載の根抵当権（以下「本件根抵当権」という。）が設定・登記されていることを相互に確認する。

第3条（別除権評価額及び不足額の確認）
 1 甲と乙は、本件担保不動産の評価額が金〇〇〇円であることを相互に確認する。
 2 甲と乙は、本件根抵当権の別除権評価額が金〇〇〇円、同不足額が金△△△円であることを相互に確認する。

第4条（別除権の目的である財産の受戻し）
 1 甲は、本件担保不動産が乙の事業の再生に不可欠な資産であることを認め、乙が甲から本件担保不動産を、前条第2項の別除権評価額で受け戻すことに同意する。
 2 乙は、甲に対し、別除権評価額金〇〇〇円を、平成〇年〇月から平成△年△月まで、毎月末日限り金〇〇円ずつ分割して、甲の指定する口座に振込送金する方法により支払う。ただし、振込手数料は乙の負担とする。

第5条（担保権不行使）
 甲は、乙が前条第2項に定める支払いを怠らない限り、本件根抵当権を実行しない。

第6条（担保権の抹消）
 1 甲と乙は、第4条第2項に従って、甲が別除権評価額全額の支払いを受けたときは、本件根抵当権が消滅することを確認する。
 2 前項の場合、甲は、直ちに本件根抵当権を解除し、本件根抵当権の抹消登記手続を行うものとする。但し、抹消登記に要する費用は乙の負担とする。

第7条(期限の利益喪失)
　乙が第4条第2項の弁済を怠り、その合計額が2か月分に達したときは、甲の請求により乙は期限の利益を喪失し、乙は甲に対して同項の金員から既払金を控除した残額を一括して支払う。

第8条(解除条件)
　本再生事件について再生計画認可決定の効力が生じないことが確定したとき、再生計画不認可決定が確定したとき、または再生手続廃止決定がなされたときは、本協定は将来に向かって効力を失う。

第9条(停止条件)
　本協定は、本再生事件の監督委員が本協定の締結に同意することを停止条件として効力を生じる。

第10条(合意管轄)
　甲と乙は、本協定に関し訴訟の必要が生じたときは、○○地方裁判所を第一審の専属的合意管轄裁判所とすることに合意する。

第11条(協議条項)
　本協定に定めのない事項または本協定の解釈に疑義が生じた事項については、甲と乙は関係法令に基づき誠実に協議し、解決を図るものとする。

平成○年○月○日

6 商取引債権の保護

第1 破産手続における商取引債権の保護

　商取引債権とは、取引の相手方が倒産手続開始決定前に会社に対して事業の継続のために必要な商品を供給し、または役務を提供した結果として取得した金銭債権をいいます。

　以下では、破産手続における商取引債権の保護について説明します。

1．取引の相手方が別除権者である場合
（1）商事留置権の行使

ケース1

　AはBから商品（宝石）の加工の依頼を受け、商品を加工しましたが、Bから加工に関する代金の支払いを受ける前にBが破産手続開始決定を受けました。このような場合、AはBの破産管財人に対してどのような主張をすることができるでしょうか。

　商事留置権とは、商人間においてその双方のために商行為となる行為によって生じた債権が弁済期にあるときに、債権者がその債権の弁済を受けるまで、その商行為によって自己の占有する債務者の所有する物または有価証券を留置する権利をいいます。その趣旨は、商事留置権者に物を留置することを認めることにより商行為により生じた債権の履行を促し、当事

者間の公平を図った点にあります。取引の相手方が占有する財産に商事留置権（商31、521、562等）が成立する場合、商事留置権者は、別除権者として保護されます（破185Ⅰ）。商事留置権者は自己が留置する財産について、特別の先取特権を行使して競売の申立てを行うことにより自己の債権を回収することが可能となります。

ケース1では、AがBから商品の加工の依頼を受け、当該商品に加工を加えたものの、Bが加工代金を支払う前に破産した場合、AはBから加工代金の支払いを受けることが困難となります。しかし、**ケース1**では、AがBから預かっている商品に対して商事留置権が成立するため、AはBの破産管財人に対して商事留置権を主張して商品の引渡しを拒み、また当該商品の競売申立てを行い、加工代金の回収を図ることができます。

(2) 動産売買先取特権の行使

取引の相手方が破産者に対して、動産を転売していた場合、動産の売主は、動産売買先取特権（民321）を行使して、転売代金債権を差し押さえて自己の売買代金債権回収を図ることができます（動産売買先取特権については、本書第2章**2**参照）。

ケース1で、たとえば、AがBに対して動産を売却し、BがAに対して売買代金を支払う前にBがCに対して当該動産を転売し、その後Bが破産した場合、Aは動産売買先取特権を行使して、BのCに対する転売代金債権を差し押さえることができます。

2．取引の相手方が破産債権者である場合

(1) 双方未履行双務契約の規律

双方未履行双務契約とは、互いの債務の全部または一部が履行されていない状態にある双務契約をいいます。

たとえば、買主の売主に対する代金支払債務および売主の買主に対する商品引渡義務がともに未履行である場合が双方未履行双務契約の典型例です。

破産管財人には、双方未履行双務契約について、契約を解除するか履行するかを選択する権限が与えられています（破53Ⅰ）。その趣旨は、破産財団にとって不利な契約は解除し破産財団にとって有利な契約は存続させることを破産管財人に認め破産財団の維持増殖を図った点にあります。

① 双方未履行双務契約の解除

　双方未履行双務契約について破産管財人による解除権を認めた趣旨は、破産財団に不利な契約を解除し、権利関係の清算を円滑に進めるため、法律が特別の解除権を付与した点にあります。

　破産管財人が双方未履行双務契約を解除した場合、解除に伴う相手方の破産管財人に対する原状回復請求権は、破産者の受けた反対給付が現存する場合には、取戻権として保護され、破産者の受けた反対給付が現存しない場合、財団債権として保護されます（破54Ⅱ）。

　これに対して、破産管財人による解除によって生じた損害賠償債権については破産債権として取り扱われます（破54Ⅰ）。このように破産管財人による解除によって生じた損害賠償債権を破産債権とした趣旨は、本来であれば損害賠償債権は、破産管財人による契約の解除という破産管財人のなした行為によって生じた債権であるため財団債権（破148Ⅰ④）となるところ、破産管財人の解除権行使に萎縮的な影響を与えないようにするため、特別に破産債権として取り扱った点にあります。

　もっとも、破産管財人が双方未履行双務契約の解除権を行使しないと取引の相手方は、破産管財人から契約の解除がなされるか否かを予測することができず、不安定な地位に置かれることとなります。

　そこで、取引の相手方は、破産管財人が双方未履行の双務契約の解除を選択するか履行を選択するかを明らかにするため、相当の期間を定めて破産管財人に履行を選択するか解除を選択するかの催告をすることができます（破53Ⅱ）。催告とは、取引の相手方が破産管財人に対し契約を履行するか解除するかの確答を求めることをいいます。この趣旨は取

引の相手方に催告権を認めることにより、長期間不安定な地位に置かれることから解放しようとした点にあります。破産管財人が相当の期間内に確答をしない場合には、契約を解除したものとして取り扱われます。

② 破産管財人が履行選択した場合

破産管財人が双方未履行双務契約の履行を選択すると、相手方の請求権は財団債権として保護されます（破148Ⅰ⑦）。この趣旨は、相手方の履行によって破産財団が利益を受け、その対価である破産管財人の相手方への債務の履行を破産財団が負担する財団債権として取り扱った点にあります。

（2）継続的給付を目的とする双務契約の特例（破55）

ケース2

Aは、Bに対して電気を継続的に供給していました。

Bは、Aに対する5月分の電気料の支払いを怠り、6月5日に破産手続開始の申立てを行い、6月12日に破産手続開始決定を受けました。Aは、Bが5月分の電気料支払義務を履行しないことを理由として6月分の電気の供給（なお6月分の電気料は支払い済み）を拒むことができるでしょうか。

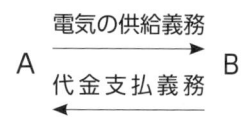

```
              電気の供給義務
         ───────────────→
    A                        B
         ←───────────────
              代金支払義務
```

破産者（B）に対して継続的給付の義務を負う双務契約の相手方（A）は、破産者（B）の破産手続開始の申立て前の給付に係る破産債権について破産者から弁済がないことを理由として、破産手続開始決定後に自己の義務の履行を拒むことはできません（破55Ⅰ）。この趣旨は、事業が解体清算される場合であっても、仕掛品の完成や破産財団に所属する財産の維持増殖を図る等破産管財業務を遂行する上で、破産管財人が給付を継続し

て受ける必要があることから、破産管財人が継続的な給付を受けることを認めた点にあります（竹下守夫編著『大コンメンタール破産法』青林書院、226頁）。

ケース2で、AはBが5月分の電気代を支払わないことを理由に6月の電気の供給を停止することはできません（破55Ⅰ）。5月分の電気料は破産債権として取り扱われることになります。

双務契約の相手方が破産手続開始の申立てから破産手続開始決定前にした給付に関する請求権は、財団債権としての保護を受けます（破55Ⅱ）。なお、一定期間ごとに債権額を算定すべき継続的給付については、申立ての日の属する期間内の給付にかかる請求権が財団債権として保護されます（破55Ⅱかっこ書）。

たとえば、**ケース2**で、電気料金は、一定期間ごとに債権額を算定すべき継続的給付契約にあたるため、日割りではなく、申立日の属する6月分の電気使用料金全体が財団債権として保護されます（破55Ⅱ）。

第2 再建型手続のもとでの商取引債権の保護

1. 再建型手続のもとでの商取引債権の保護の必要性

事業の清算を目的とする破産手続の場合と異なり、事業の再建を目的とする再生手続や更生手続では、特に取引先維持の観点から商取引債権の保護が事業の再建にとって重要となります。以下では、再建型手続の基本法である再生手続における商取引債権に関する保護について説明します。

再生債務者が再生手続開始の申立てを行った場合、申立てと同時に裁判所から再生債務者に対して弁済禁止の保全処分が発令されます（民再30Ⅰ）。再生手続開始決定後、再生手続開始決定前に生じた債権は、再生債権として弁済が禁止されます。弁済命令の保全命令は、債務者が一部の債

権者に対してのみ優先的に弁済を行うことによる不公平な結果を回避するために発令される保全処分です。

弁済禁止の保全処分が発令されると再生債務者は、取引の相手方に対して自己の債務を弁済することができなくなります。

また、再生手続開始決定が発令されると再生債務者は再生手続開始決定前に生じた債権（これを再生債権といいます）を弁済することができなくなります（民再85Ⅰ）。

しかし、これでは、再生債権者は取引の相手方から商品を継続して提供することができなくなり、債務者の事業の再生を図るという民事再生法の目的を達成することが困難となるおそれがあります。

そこで、民事再生法は、再生手続開始決定前後で、再生債務者の事業を継続し、事業の再建を実現するために商取引債権者を保護する制度を設けています（民再120Ⅰ、85Ⅴ）。

2．再生手続開始の申立て後、再生手続開始決定前の商取引債権の保護

ケース3

Aは、Bに対してBの商品の原材料を継続的に供給していました。

Bは、5月分の商品を納入する前に再生手続開始の申立てを行いました。Aの再生手続開始の申立てと同時に裁判所からAに対して弁済禁止の保全処分が発令され、監督委員Cが選任されました。この場合、Aは、どのような法的手段をとることが考えられるでしょうか。

```
           商品納品義務
       A ───────────→ B
           代金支払義務
         ←───────────
```

6 商取引債権の保護 221

(1) 弁済禁止の保全処分と監督命令の発令

前述のとおり、再生債務者が再生手続開始の申立てを行うと、裁判所から再生債務者に対して弁済禁止の保全処分が発令されます（民再30Ⅰ）。その結果、再生債務者は、取引の相手方に対して自己の債務を弁済することができなくなります。

再生手続開始の申立てが行われると、裁判所から再生債務者に対して弁済禁止の保全処分が発令されるとともに、原則として再生債務者の手続遂行を監督する監督委員が選任されます（民再54Ⅰ）。

(2) 再生債権の共益債権化

裁判所は、再生手続開始の申立て後再生手続開始決定前に、再生債務者の資金の借入れ、原材料の購入、その他の行為によって生じる相手方の請求権を共益債権とする旨の許可をすることができます（民再120Ⅰ）。これを共益債権化の許可といいます。

共益債権とは、再生計画外で随時再生債務者が弁済することのできる債権をいいます（民再121Ⅰ・Ⅱ）。

民事再生法120条1項が再生債権の共益債権化を認めた趣旨は、原材料の購入その他の行為によって生じる相手方の請求権を共益債権とし、再生債務者による弁済を認めることで、相手方との取引の継続を可能とした点にあります。

また、事業の継続に欠くことのできない資金の借入れや原材料の購入等は再生債務者の事業を行う上で、日常的に頻繁に行われるため、常に裁判所の許可を要することとすると煩雑となります。そこで、東京地方裁判所破産再生部では、裁判所は、監督委員に対して裁判所の許可に代わる承認をする権限を付与しています（民再120Ⅱ。鹿子木康編、東京地裁民事再生実務研究会著『民事再生の手引』商事法務、64頁）。具体的には裁判所の許可に代えて監督委員が共益債権化の承認の可否を判断することになります。

ケース3でAはBとの取引を継続する条件として、Bに対して、原材

料にかかる売買代金の支払債務を共益債権化する旨の監督委員の承認を得ることを求めることが考えられます。監督委員の承認を得られない場合、再生債務者Bは再生債権を弁済することができません。

Q&A

Q 取引の相手方Aが再生手続開始の申立てをしました。当社は、Aに対して商品を供給する条件として、再生手続開始の申立て前に発生したAの当社に対する商品の代金支払債務を共益債権化するよう求めたいと考えています。当社の債権の共益債権化は認められるでしょうか。

A この場合、共益債権化は認められません。

解説
　共益債権化が認められるのは、再生手続開始の申立てのあった日から再生手続開始決定までの間になされた行為によって生じた請求権に限定されます（民再120Ⅰ）。したがって、再生手続開始の申立て前に発生した債権を共益債権化することは認められません。そのため当社の債権の共益債権化は認められません。

3．再生手続開始決定後の商取引債権の保護

ケース4

　Aは、Bに対してBの商品の原材料を継続的に供給していました。
　Bは、5月分の商品を納入する前に再生手続開始の申立てを行い、再生手続開始決定を受けました。BにはAに対して3か月分の未払いの代金債務があります。この場合、Bは、Aとの取引を維持するためAに対する代金債務を支払うことは可能でしょうか。

```
           商品納品義務
        ──────────────→
     A                    B
        ←──────────────
           代金支払義務
```

(1) 民事再生法85条5項前段

民事再生法85条5項前段は、「少額の再生債権を早期に弁済することにより再生手続を円滑に進行することができるとき」に裁判所は、再生計画認可決定が確定する前の時点で、再生債務者等の申立てにより、取引の相手方に対する少額債権の弁済を許可することができます（民再85Ⅴ前段）。

民事再生法は、再生計画案の可決要件として頭数要件および決議要件についてそれぞれ過半数の賛成を得ることを求めています。

しかし、債権者数が多い場合は、多額の通知費用を要する等手続上の負担が重くなります。そこで再生債務者の手続的負担を軽減するため、民事再生法85条5項前段は少額債権者に対し弁済することを認めました。

なお、実務上はたとえば、再生計画案の可決要件のうち、頭数要件を充足しやすくするため、少額の債権者に対する弁済をすることで債権者数を減らす等の工夫がなされています。

(2) 民事再生法85条5項後段

ケース5

　Aは、Bに対してBの商品を製作するために必要不可欠な原材料を供給していました。Aの供給する原材料は代替性に乏しく、A社のみが大量に供給する能力を備えています。

　Bは、5月分の商品を納入する前に再生手続開始の申立てを行い、再生手続開始決定を受けました。BはAに対して3か月分の未払いの代金支払債務があります。Aは、Bが3か月分の代金支払債務の履行がないため、Bとの取引を継続しない旨を主張しています。この場合、Bは、どのような対応をすることが考えられるでしょうか。

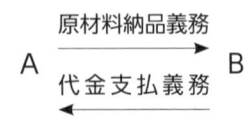

```
              原材料納品義務
           ────────────────→
       A                      B
           ←────────────────
              代金支払義務
```

民事再生法85条5項後段は、「少額の再生債権を早期に弁済しなければ再生債務者の事業の継続に著しい支障を来すとき」は、裁判所は、再生計画認可の決定が確定する前でも、再生債務者等の申立てにより、少額債権の弁済を行うことができるとしています。この趣旨は、少額の再生債権を早期に弁済しなければ再生債務者の事業の継続に著しい支障を来すときに少額債権の弁済を認めることで取引関係を維持し事業価値の毀損を防いだ点にあります。

　少額債権に該当するか否かは、再生債務者の事業規模、負債総額、資金繰り等の弁済能力等を総合考慮して相対的に判断されています（法曹会編『例題解説　民事再生法』法曹会、136頁）。

　もっとも、少額債権の弁済は、再生債権の弁済禁止の例外として認められるものであるため、「事業の継続に著しい支障を来す」といえるかどうかについては慎重に判断されることになります。具体的には、債権者との取引継続の必要性の程度、代替的な取引先確保の可能性、債権者が少額の再生債権の弁済を求める合理性の有無等を総合考慮して「事業の継続に著しい支障を来す」といえるか否かを判断するべきことになります（法曹会編『例題解説　民事再生法』法曹会、137頁）。たとえば**ケース5**では、Aの供給する原材料は代替性に乏しくBはAに代わる取引先を確保することは困難であるといえます。また、Aの原材料はBの商品を製作するために必要不可欠なものであり、Bとの取引継続の必要性は高いといえます。したがって、**ケース5**では、Bは民事再生法85条5項後段に基づきAに対する代金支払いについて弁済の許可を求めることが考えられます。

民事再生法85条5項後段の少額性　COLUMN

　民事再生法85条5項後段の少額弁済は、特定の債権者に対して早期に弁済しなければ再生債務者の事業価値を著しく毀損する場合において例外的に少額債権の弁済を認めた規定です。この目的は、早期に取引先に対する

債権の弁済を行うことにより取引の継続を維持し再生債務者の事業価値を高めることにより、再生債権者全体の利益を図ろうとした点にあります。

したがって、民事再生法85条5項前段と比べて金額が相対的に多額となる場合もあります。

担当者として留意すべき事項：民事再生法85条5項後段に基づく少額債権の弁済

取引先が民事再生手続開始の申立てを行った場合、①取引継続の必要性、②代替的取引先確保の可能性等を考慮して、再生債務者にとって自社との取引を継続する必要性が高いといえる場合、弁済禁止の例外として少額債権の支払いを受けることが可能となります。企業担当者としては、自社の債権が民事再生法85条5項後段の少額債権に該当するか否かを検討した上で、再生債務者、監督委員と協議することが必要になります。

7 情報開示

第1 はじめに

1．倒産手続における情報開示の意義
（1）破産手続において

　債務者が破産手続に移行した場合で、債権者が有する債権が破産債権であるときには、当該破産手続において債権者はごくわずかの配当しか得られないというのが通常です。債権者からすれば、突然の事態に、債務者に対し強い不満や不信感を抱く場合もあると思われます。そのような状況下にも関わらず、破産手続申立て直前の債務者の財産状況等に関して不審な点がないかを調査することもなく、また、債権者に対して情報が与えられないままに、破産手続が進行し終了するということでは、その不満や不信感は払拭されません。

　この点、東京地裁破産再生部では、最低20万円の引継予納金がある破産事件については、全件を破産管財事件、すなわち、破産管財人が債務者の財産状況等に関して調査を行い、その調査結果を債権者に提供する（「情報の配当」）という運用をとっています。可能な限り情報の配当を行うことで、破産手続の公平性・透明性を高めようとの工夫がされているのです（鹿子木康・島岡大雄編、東京地裁破産実務研究会著『破産管財の手引（増補版）』きんざい、91頁）。また、破産配当に至らず、異時廃止で終了する破産管財事件であっても、破産管財人が調査を適正に行うことで、債権者か

らのニーズに応え納得を得ることが重要とされているところです。

　また、破産者には説明義務が課せられているところ（破40Ⅰ）、この説明義務に違反することは、破産手続における免責不許可事由に該当し（破252Ⅰ⑪）、刑事罰の対象となります（破268Ⅰ・Ⅱ）。これらは、破産管財人が適切に調査を行い、債権者への情報開示を担保する制度といえます。

(2) 民事再生・会社更生手続において

　再建型手続においては、事業の維持存続を図るために、倒産債権について権利変更（一部免除）を求めることになりますが、債務者は、債権者集会において再建計画案に対する法定多数の可決（民再172の3、会更196）を得ることによって、倒産債権の権利変更を受けることができます（民再179Ⅰ、会更205Ⅰ）。翻れば、債権者の理解・同意なくして再建の途は存しないため、再生債務者や管財人は、債権者に対し、適切な情報を開示することによって、権利変更を伴う再建計画案についての理解をとりつけ、また手続への協力を得ようと努めるという仕組みになっています。

　このように再生債務者や更生会社の再建の可否は、権利変更を受ける債権者の計画案への賛否投票に委ねられているのですが、それを判断する債権者にとっては、当該計画案やそれに関連する重要な事項についての情報開示を再生債務者や更生会社に求めることは極めて当然のことです。また、債権者は、再建計画案を独自に策定し裁判所に提出する権限も付与されており（民再163Ⅱ、会更184Ⅱ）、これに必要な情報の開示を債権者が求めることもあります。

2．情報開示の限界

　他方で、情報の性質によっては、無制限に情報開示をすることが倒産手続の遂行の支障となり、かえって債権者全体の利益に反するという場合があります。たとえば、再生債務者や更生会社の営業秘密等に関連する情報や、契約上もしくは信義則上第三者に対して守秘義務を負っている情報に

ついては、無制限に開示されるべき性質のものではありません。

再建型手続において、倒産債権の弁済原資や事業維持に大きな影響を与えるスポンサー選定は債権者の関心が極めて大きい事項です。しかし、特にスポンサーの選定段階においては、その交渉を行っていること自体が極めてデリケートで密行性の高い情報であり、逐次情報を開示することができない場合があることは、情報開示の限界の代表例の一つです。

3．情報開示要求の高まりとその背景

近時、再建型手続において情報開示の要求は格段に高まりつつあります。本来再建型手続においては、倒産手続開始前に生じた倒産債権について大幅な債務免除を求める内容の再建計画案が策定されることが一般的です。かかる権利変更について多数の債権者からの理解と同意を取りつける上で、倒産手続の透明性、公平性は不可欠であり情報開示はその根幹ともいえます。債権者としても、とりわけ金融機関としては十分な情報開示も求めずに安易な債権放棄に応じたことで後日、株主等から責任を追及されるリスクもあります。

加えて、従前の経営者が倒産手続開始後も経営を続投するDIP型会社更生の方式が増加している状況では、手続の公平性、透明性を求めるニーズが高まり情報開示の要請はいっそう強いものとなります。

また、昨今再建型手続において外国人債権者が増加していることも情報開示の要請の高まりに影響を与えています。本書第2章**8**で説明するとおり、米国型の倒産手続構造のもとでは、倒産債務者と債権者とは対等な当事者対立関係におかれ、債権者は十分な情報開示や債権者委員会を設置した上で強力な交渉を債務者側と行うことが広く行われています。こうした倒産手続構造のもとでの情報開示に習熟した外国人債権者は日本での再建型手続においても情報開示を強く求めることが少なくありません。

4. 情報開示の手段と方法

　倒産手続においては、債権者が適時に適切な情報を得るための制度が法定されています。破産手続における債権者集会（破31Ⅰ②等）や、民事再生・会社更生手続における債権者説明会等（民再規61、会更規16）は、債権者に情報を開示することを一つの目的とした制度で、債権者はこれらの会合に出席することで適時に情報を取得することができます（**第2**にて後述）。

　債権者がより積極的に情報開示を求めたい場合には、倒産事件記録についての閲覧・謄写等請求権を行使することになり（破11、民再16、会更11）、債権者説明会等で開示されていない情報についても、一定程度これにアクセスすることが可能になっています（**第3**にて後述）。

　また、民事再生・会社更生手続においては、再生・更生計画認可の決定が確定する等までの間は、再生債務者等や管財人が裁判所に提出した財産目録等に記載されている情報の内容を表示したものを、再生債務者・更生会社の主たる営業所または事務所において閲覧できるようにしておく必要があるので（民再規64Ⅰ、会更規24Ⅰ）、債権者はこれを閲覧することもできます。

　この他に、債務者が自発的に行っている運用として、大型案件を中心にではありますが、インターネット上のウェブサイトで一定の情報を提示するということも行われています。また、倒産手続の初期段階のメディアによる報道も、債権者が情報を入手するための一つのツールといえます。

第2 債権者説明会および債権者集会

ケース1

　A社はX社に200万円の売掛債権を有しているのですが、先日、X

社が民事再生法の適用を視野に事後処理を弁護士に委任したとの情報を入手しました。A社としては、今後どのような手続で進むのか、200万円の売掛債権を無事に回収できるのか等について漠然とした不安を持っていたのですが、先ほど、X社より、民事再生手続開始の申立てをしたことの報告と社長によるお詫び文書とともに、債権者説明会を開催する旨の通知が送られてきました。

1．破産手続
（1）破産手続における債権者集会
　債権者に対して、当該破産事件の事案の概要、破産に至った経緯、財産目録、破産管財人の任務終了の計算報告書等の情報を開示することを一つの目的として、裁判所により債権者集会が開催されます（破31Ⅰ②、88Ⅱ、217Ⅰ）。債権者は、この債権者集会に出席することで、当該破産事件に関する情報を入手することができます。

　破産法が定める債権者集会の種類としては、財産状況報告集会（破31Ⅰ②）、任務終了計算報告集会（破88Ⅲ）および破産手続廃止に関する意見聴取集会（破217Ⅰ）があります。債権者集会の開催は任意的ですが（破135Ⅱ、31Ⅳ、89Ⅰ・Ⅱ、217Ⅱ）、東京地裁民事再生部では、情報開示の重要性と手続の透明性確保の目的から、全件について債権者集会を開催しています。

（2）債権者集会で入手することのできる情報
　破産管財人は、財産状況報告書（破産者が破産手続に至った事情や、破産者および破産財団に関する経過および現状等を記載した報告書（破157Ⅰ、破規54Ⅰ））、財産目録、収支計算書および破産貸借対照表等の書面（破153Ⅱ・Ⅲ）を債権者に用意しているのが通例で、債権者は債権者集会でこれらの書面を入手することができます。また、破産管財人から破産財団の状況に関する事項等について説明がされ、債権者が質問や意見等を述べる機会が

与えられているのが一般的です。

2．民事再生・会社更生手続
(1) 民事再生・会社更生手続における債権者説明会等

　民事再生・会社更生手続は、債権者に対して、債権一部免除・支払期限の猶予等の権利変更を強いる手続ですから、債権者の理解や協力なくしては成り立ちません。債権者に対して適時に適切な情報を提供することは、民事再生・会社更生手続を成功させるためには不可欠といえます。他方で、再建型手続の申立て自体で当該事業の信用は大幅に劣化し、取引関係者等の不安も高まることが懸念されるので、早急に情報を提供する必要性が極めて高いといえます。

　そこで、再生・更生申立ての直後（3日後から1週間程度）に債権者説明会（会社更生手続においては関係者説明会。以下あわせて「債権者説明会等」といいます）を開催し、債権者に対する適時適切な情報開示が行われています（民再規61、会更規16参照）。この説明会の開催自体は法的義務ではありません。しかし、再建型手続の内容（保全処分の意味も含む）や、今後の手続き進行の概要を知らせるとともに、倒産手続開始決定以降の取引継続のお願いや取引条件の説明を行うためにも、債権者説明会の開催は極めて重要であり、債権者としてもできる限り出席し正確な情報を入手すべきといえます。また、再建型手続申立てに至った経緯や再建の基本方針についても説明される場合が少なくありません。

　ケース1では、再生債務者であるX社からA社に送られてきた通知書に記載されている債権者説明会とは、上記のとおり通例開催することとされている民事再生手続開始申立て直後の債権者説明会です。A社としては、この債権者説明会に出席することで、今後の再建の基本方針の説明等を含む情報を入手することができるのが通常なので、A社の持つ不安を解消するために、債権者説明会に出席することは有効な方法と考えられます。

（2）民事再生・会社更生手続における債権者集会等

民事再生・会社更生手続においても破産手続同様に債権者集会（会社更生手続においては関係人集会。以下あわせて「債権者集会等」といいます）が法定されているところ、最も重要な債権者集会は、再生・更生計画案の決議のための債権者集会等（民再169Ⅱ①、会更189Ⅱ①）です。債権者への情報の提供として重要な意味を持つ財産状況報告集会は、実務上は開催される事案はあまりなく、債権者説明会の開催等の代替措置が講じられるというのが一般的です（民再規63Ⅰ、会更規25Ⅰ）。

第3 倒産事件記録の閲覧・謄写等

ケース2

BはY社の株主です。経営破綻したY社は民事再生手続開始の申立てをし、これを受け裁判所は監督委員による監督を命じる旨の発令をしました。もっとも、民事再生手続開始決定はまだ出ていないという状況です。Bは、Y社が経営破綻に陥った原因がY社役員による杜撰な経営にあるとの疑念を抱いており、Y社が経営破綻するに至った経緯等の詳細な情報を入手したいと考えていますが、Y社の倒産事件記録を閲覧・謄写請求することはできるでしょうか。

1．倒産事件記録の閲覧・謄写等
（1）倒産事件記録の閲覧・謄写等の請求

倒産手続においては、当該手続を定めた法律の規定に基づき裁判所に提出され、または裁判所が作成した文書その他の物件（以下「倒産事件記録」といいます）の閲覧・謄写等の制度が法定されています（破11、民再16、会更11）。債権者等の当該倒産手続の利害関係人は、この制度を利用するこ

とによって、債権者集会や債権者説明会等で開示されていない情報についてアクセスすることができます。

　閲覧・謄写等を請求するときは、当該倒産手続の係属する裁判所の裁判所書記官に対し、当該請求にかかる文書その他の物件を特定するに足りる事項を明らかにして請求することになります（破規10Ⅱ、民再規9Ⅱ、会更規8Ⅱ）。また、当該倒産手続に関し、裁判所書記官に対して電話照会をすることもできますが、照会事項や照会時期についての制約があります。

(2) 閲覧・謄写等の請求をすることができる者

　倒産手続は非公開を原則としているので、倒産事件記録の閲覧・謄写をできる者は、当該倒産事件の利害関係人に限られています（破11Ⅰ、民再16Ⅰ、会更11Ⅰ）。ここでいう利害関係人とは、倒産債権者のように当該倒産手続と法律上の直接的な利害関係を持つ者でなければならず、事実上または単なる経済的な利害関係では足りません。

　ケース2では、再生債務者Ｙ社の株主であるＢが、当該民事再生手続の利害関係人として再生事件記録の謄写をすることができるかが問題となります。この点、民事再生・会社更生手続における株主は、権利行使の制限を受けるものであることから、利害関係人として再生・会社更生事件記録の閲覧・謄写等をすることができるとされています。

　他方で、破産手続における株主は、破産手続が破産財団に属する財産を債権者に公平かつ適正に分配することを目的とする手続であり、株主が通常、破産手続の進行に法的利害関係を有さないとの理由から、破産事件記録の閲覧・謄写等をすることは認められません。

(3) 閲覧・謄写等の対象

　閲覧・謄写等の対象とされているのは、当該手続を定めた法律の規定に基づき裁判所に提出され、または裁判所が作成した文書その他の物件（写真や図画等）です（破11Ⅰ、民再16Ⅰ、会更11Ⅰ）。具体的には、下記の一覧表に記載の書類が対象となります。なお、管財人や監督委員等が裁判所

と打合せを行うために提出した連絡文書等は、法律の規定に基づいて裁判所に提出された書面ではないことから、閲覧・謄写等の対象とはされません。

【閲覧・謄写等の対象書類一覧】

		破産手続		再生手続		更生手続	
		有無	根拠条文	有無	根拠条文	有無	根拠条文
裁判所に提出される書類	倒産手続開始の申立書およびその添付書類	○	破20 破規14Ⅰ	○	民再規2Ⅰ・14Ⅰ	○	会更規1Ⅰ・13Ⅰ
	財産目録および貸借対照表	○	破153Ⅱ	○	民再124Ⅱ	○	会更83Ⅲ
	倒産手続開始に至った事情等記載の破産管財人等による報告書	○	破157Ⅰ	○	民再125Ⅰ	○	会更84Ⅰ
	破産財団に属する財産の管理および処分の状況等を記載した報告書	○	破157Ⅱ				
	債務者の業務および財産の管理状況等を記載した報告書（月次報告書等）			○	民再125Ⅱ	○	会更84Ⅱ
	監督委員の同意に関する報告書			○	民再規21Ⅱ	○	会更規17Ⅱ
	倒産債権の届出書	○	破111Ⅰ	○	民再94Ⅰ	○	会更138Ⅰ
	破産管財人等の債権認否書	○	破117Ⅰ	○	民再101Ⅰ	○	会更146Ⅰ
	倒産債権者表	○	破115Ⅰ	○	民再99Ⅰ	○	会更144Ⅰ
	許可申立書（不動産の任意売却等）	○	破78Ⅱ等	○	民再41Ⅰ等	○	会更72Ⅱ等
	再生・更生計画案			○	民再163Ⅰ	○	会更184Ⅰ
	破産管財人等の任務終了の計算報告書	○	破88Ⅰ	△	民再77Ⅰ	○	会更82Ⅰ
裁判所が作成した書類	保全処分	○	破28Ⅰ	○	民再30Ⅰ	○	会更28Ⅰ
	保全管理命令	△	破91Ⅰ	△	民再79Ⅰ	△	会更30Ⅰ
	監督命令			○	民再54Ⅰ	○	会更35Ⅰ
	調査命令			○	民再62Ⅰ	○	会更39Ⅰ
	手続開始決定	○	破30Ⅰ	○	民再33Ⅰ	○	会更41Ⅰ
	許可申立書に対する許可決定	○	破78Ⅱ等	○	民再41Ⅰ等	○	会更72Ⅱ等
	付議決定			○	民再169Ⅰ	○	会更189Ⅰ
	再生・更生計画認可決定			○	民再174Ⅰ	○	会更199Ⅰ
	再生・更生手続終結決定			○	民再188Ⅰ	○	会更239Ⅰ

（4）閲覧・謄写等が可能となる時期

倒産手続の初期の段階においては、手続の密行性を確保する必要があるので、債権者等の利害関係人が閲覧・謄写等の請求をすることができる時期は制限されています（破11Ⅳ、民再16Ⅳ、会更11Ⅳ）。

すなわち、倒産手続の初期の段階では、債権者の駆込み的な取立行為等がなされるおそれがあるので、当該倒産手続の申立人以外の利害関係人に対して、手続の密行性を確保する必要があります。ゆえに、債務者以外の

利害関係人に関しては、中止命令（破24Ⅰ、民再26Ⅰ、会更24Ⅰ）、保全処分命令（破28Ⅰ、民再30Ⅰ、会更28Ⅰ）、監督命令（民再54Ⅰ、会更35Ⅱ）、倒産手続開始申立てについての裁判等のいずれかがあるまでは閲覧謄写請求が認められないとの制限が課せられているのです。

ケース2では、民事再生手続開始申立てについての裁判は行われていないものの、すでに監督命令が発令されています。したがって、閲覧・謄写等の請求にかかる時間的制約にはかからず、Bは、Y社の民事再生手続に関する事件記録の閲覧・謄写請求をすることができます。

2．支障部分の閲覧等の制限（破12、民再17、会更12）

（1）支障部分の閲覧等の制限

　裁判所許可事項の許可を得るために裁判所に提出された書面等一定の文書のうち、利害関係人がその閲覧・謄写等を行うことにより、破産財団の管理または換価に著しい損害を与えるおそれ（再生債務者・更生会社の事業の維持再生・更生に著しい支障を生ずるおそれまたは再生債務者の財産に著しい損害を与えるおそれ）がある部分が存する場合には、当該文書を提出した破産管財人等の申立てにより、裁判所は、閲覧・謄写等の制限をかけることができます（破12Ⅰ、民再17Ⅰ、会更12Ⅰ）。

　支障部分として閲覧・謄写等の制限がかけられる具体例としては、民事再生・会社更生手続において、事業譲渡の許可申立てやスポンサー選定の際に、交渉の相手方との間で秘密保持契約を締結の上、交渉がなされた内容のうち、外部に出ると事業の再生に支障が生じる場合等があります。

（2）閲覧等制限の決定の取消しの申立て

　支障部分の閲覧・謄写等をしようとする利害関係人は、倒産裁判所に対して、閲覧・謄写等の制限をかけるための要件を欠くことや、欠くに至ったことを理由として、裁判所のした閲覧・謄写等の制限の決定の取消の申立てをすることができます（破12Ⅲ、民再17Ⅲ、会更12Ⅲ）。

8 債権者委員会

第1 はじめに

1．債権者委員会の概要

　債権者委員会とは、倒産手続外で倒産債権者等が自主的に組織した委員会のうち、裁判所の承認を受けたものをいいます（破114、民再117、会更117）。再生債務者等や管財人等は、債権者委員会に報告書等を提出することを義務づけられているので、倒産債権者等は、債権者委員会を通じて適時に情報を収集することができます（民再118の2等）。また、債権者委員会は、裁判所や管財人等に対して意見を陳述する権限を付与されるので、倒産債権者等は債権者委員会を通じて自己の意見を倒産手続に反映させることができます（民再117Ⅲ等）。

2．近時注目されている背景

　近時、会社更生手続において、主要な更生担保権者が中心となって更生担保権者委員会が設置され、更生管財人に対して情報開示を求めたり、更生担保権者委員会の意見を表明し独自の提案を行って、管財人と協議する事例が生じています（更生会社 Spansion Japan 株式会社、更生会社エルピーダメモリ株式会社の事例）。Spansion Japan の案件では、更生担保権者委員会の策定した更生計画案と管財人策定の計画案を一本化するために、会社更生手続外で調停まで行って合意に至った旨が紹介されています。

もともと、債権者委員会の制度は、米国のDIP型再建手続（従前経営者が倒産手続開始後も経営を継続する方式のもとでの再建型手続）において活用されてきた制度です。米国では、当該再生債務者と債務の一部免除を求められる債権者とは手続上も本来対等な当事者対立関係にあるものと位置づけられており、必要な情報を債権者に開示させ、債権者側に再建計画案の策定に深く関与する権限を与えて、再生債務者と対等な協議交渉を行わせしめることを目的として債権者委員会が制度化され運用されています。

　日本企業のグローバル化に伴い、米国型倒産手続の経験が豊富な外国人債権者が多数登場する再建型倒産案件も増加していますし、会社更生事件においてDIP型がとられることが増えている状況において、米国と異なり後見監督型の手続構造をとる日本において、債権者委員会がどのように活用されるべきかが注目されているのです。

　以下では、債権者委員会の活用が特に注目を集めている再建型手続に絞って、債権者委員会の制度を概観していきます。

第2　要件・権限等

1．債権者委員会の承認要件（民再117、民再規52Ⅰ、会更117Ⅰ・Ⅵ・Ⅶ、会更規30Ⅰ）

【要　件】
① 委員の数が、3人以上10人以内であること
② 倒産債権者等の過半数が当該委員会が倒産手続に関与することについて同意していると認められること
③ 当該委員会が倒産債権者等全体の利益を適切に代表すると認められること

(1) ①の要件

①の要件は、構成する委員数を定めたものです。簡易円滑に意思決定を行うために委員数の上限が10人と定められています。

(2) ②の要件

②の要件は、同種の関係人全体の利益を適切に代表するものであることを、客観的な事情に基づいて判断するための規定です。

(3) ③の要件

③の要件は、通常、倒産事件においては利害関係の異なる複数の集団が存在していることを前提として、意思決定の手続方法、構成委員の選任方法、構成委員の属性等を総合的に考慮して、当該委員が同種の関係人全体の利益を適切に代表する組織か否かを判断するための規定です。

たとえば、更生債権者の債権者委員会を設置する場合に、取引債権者と金融債権者とでは属性が異なり、更生計画案に対して求めるニーズが背反する場合もあります。取引債権者であれば、更生会社の事業が継続して、取引も継続するという長期的視点を重視する側面がありますが、他方で、金融債権者であれば、当該事業の継続以上に、目の前の更生債権の弁済額の極大化に関心を持つ側面があるためです。また、債権額の大きい債権者と少額の債権者との間でも利害が対立します。いわゆる少額弁済の実施や（民再85Ⅴ、会更47Ⅴ）、更生計画案における傾斜弁済率（少額債権部分と高額債権部分とで免除の割合に差異を設ける方式）についても、これらの債権者間で意見を異にすることは明らかです。

このように利害関係の異なる債権者間で対立が生じ得るところ、再建型手続は、会社更生手続であれば、「債権者、株主その他利害関係人の利害を適切に調整し、もって当該株式会社の事業の維持更生を図ることを目的とする」（会更1）ものですから、同種の関係人全体の利益を適切に代表する委員を選任することは極めて重要といえます。他方で、民事再生手続・会社更生手続についての専門知識や経験を有する委員を取引債権者か

ら選出できるかという物理的問題もあり、委員会の更生委員の選任には難しい問題があります。

2．債権者委員会の権限

債権者委員会の権限は、下記の表のとおり、情報収集に関するものと、手続関与に関するものに大別できます。監督委員や調査委員には報告徴収権や検査権（会更38、126、77等）が付与されていますが、債権者委員会にはこれらの権限はありません。

【債権者委員会の権限】

		権　限		相手方	根拠条文	手続時期
情報収集	①	裁判所に提出された報告書等（財産状況報告書、倒産手続開始時の財産目録・貸借対照表）の提出を受ける。	破産	破産管財人から	破146 I	相手方が報告書等を裁判所に提出したとき、遅滞なく
			再生	再生債務者等から	民再118の2 I	
			更生	管財人から	会更119 I	
	②	倒産債権者全体の利益のために必要があるときは、報告義務者に破産財団に属する財産の管理および処分（再生債務者・更生会社の業務および財産の管理状況その他再生債務者・更生会社の事業の再生・更生）に関し必要な事項について、報告をすることを命ずるよう申し出ることができる。	破産	裁判所に対して（報告義務者は破産管財人）	破147 I	適時
			再生	裁判所に対して（報告義務者は再生債務者等）	民再118の3 I	
			更生	裁判所に対して（報告義務者は管財人）	会更120 I	
	③	破産に関し必要な説明をするよう請求することができる。	破産	破産者等に対して	破40 I	適時
手続関与	①	裁判所が必要があると認めるときに、意見の陳述を求められる。	破産	裁判所から	破144 II	適時
			再生		民再117 II	
			更生		会更117 II	
	②	倒産手続において、意見を陳述することができる。	破産	裁判所または破産管財人に対して	破144 III	適時
			再生	裁判所、再生債務者等または監督委員に対して	民再117 III	
			更生	裁判所または管財人に対して	会更117 III	
	③	破産財団に属する財産の管理および処分（再生会社・更生会社の業務および財産の管理）に関する事項について、意見聴取を受ける。	破産	破産管財人より	破145 II	債権者委員会が裁判所に承認された後遅滞なく
			再生	再生債務者等より	民再118 II	
			更生	管財人より	会更118	
	④	債権者集会・関係人集会の招集を申し立てることができる。	破産	裁判所に対して	破135 I ②	適時

			再生		民再114
			更生		会更114 I ②③④（株主委員会は制限あり、同Ⅱ）
⑤	再生債務者・更生会社の営業等の全部または重要な一部の譲渡（更生手続においては更生計画外の譲渡をいう）に関して、意見聴取を受けること。		再生	裁判所から	民再42Ⅱ
			更生		会更46Ⅲ①②（株主委員会は権限なし）	営業等譲渡の許可が裁判所に求められた後
⑥	再生計画で定められた弁済期間内にその履行を確保するために、監督その他の関与を行うこと。		再生	再生債務者等に対して	民再154Ⅱ参照	適時

　上記の表のとおり、情報収集欄②記載の権限（民再118の3Ⅰ、会更120Ⅰ）に関していえば、債権者委員会は、再生債務者等や管財人から直接情報開示を受けることはできず、裁判所に対し、報告させることを求める権利にとどまっています。また、手続関与権の多くは、債権者委員会からの意見聴取を規定するものですが、債権者委員会が表明した意見に再生債務者等や管財人が法的に拘束されるものではありません。もっとも、債権者委員会の委員たる債権者らが大きな債権額を有する場合には、事実上大きな交渉力を債権者委員会は有し、再生債務者等や管財人に対する影響力も大きいものと考えられます。

COLUMN　再建型手続の手続構造と債権者委員会の権限

　日本の会社更生では、中立公平な第三者たる管財人が従前の経営者に代わって会社更生手続を遂行することが原則ですが、近時実施されているDIP型会社更生手続（従前の経営者を管財人として選任する手続）においては、裁判所の後見のもとに、管財人の財産管理・業務遂行を監督・調査する機関として監督委員・調査委員を選任し、管財人が遂行する手続の透明性・公平性を確保することで、債権者からの手続に対する信頼を保護する制度（後見監督型）としています。監督委員・調査委員には、このような手続構造・目的のもとで報告徴収権や検査権が付与されているのです。

> 現行法のもとでの債権者委員会は、債権者を代表する機関ではあっても、委員会として独自に計画案を策定・提出したり、管財人と協議したり、計画案への議決権行使を行うというものではなく、管財人と対等の立場で手続に関与する主体ではありません。したがって、債務者会社と債権者委員会が手続上対等とする当事者対立構造をとる米国で債権者委員会に付与されている強大な権限は、日本の債権者委員会には付与されていないのです。

3．債権者委員会の活動費用の償還（民再117Ⅳ、会更117Ⅳ）

　債権者委員会に、再生・更生に貢献する活動があったと認められるときは、裁判所は、当該活動のために必要な費用を支出した倒産債権者等の申立てにより、再生債務者財産・更生会社財産から、当該倒産債権者に対して相当と認める費用を償還することを許可できます。

　債権者委員会活動が活発に行われると、委員会を補助する多数の専門家（弁護士、公認会計士、コンサルタント等）の起用を伴うこととなり、また、かかる手続費用が再生債務者や更生会社の財産から支出されるので、手続の時間とコストが過大となることへの懸念が指摘されています。また、当該債権者委員会の活動の結果が、別の種類の債権者の利益や満足には繋がらない場合には、「再生・更生に貢献する活動」であるかには疑問があり、緩やかに費用償還を認定すべきではないと考えられます。

第3　債権者委員会の活用論と問題点

　債権者委員会のあり方については、現行法のもとでの債権者委員会の権限が小さいために、立法論としてこれを拡充して、より広く運用されるよう活性化を図るべきとの意見も一部にあります。

　この点、債権者委員会の意義と権限のあり方は、債権者と再生債務者・

管財人との対立構造を再建型手続のなかでどのように位置づけるかという問題と密接に関連します。DIP型の民事再生手続が、監督委員を選任する方式で行われることが多く、近時実施されているDIP型会社更生手続でも監督委員・調査委員の選任が必須とされている日本においては、裁判所の監督を前提とする後見監督型手続が定着しています。手続の透明性を高め、債権者の手続への信頼を確保するために、債権者への適時適切な情報開示を進めていく必要は大きいものと考えられます。しかしながら、対等な当事者としての対立構造をとらない日本の再建型手続においては、債権者委員会の権限を拡充してその活性化を図る必要性まではないように思われます。

第3章
倒産手続と契約実務

1 倒産解除条項

第1 倒産解除条項

1．倒産解除条項の意義

ケース1

　A社はB社との間で売買契約を締結し、製造した機械をB社に引き渡しました。同契約には、B社が売買代金を完済するまでは所有権をA社に留保すること、B社につき、その振り出した手形の不渡りまたはB社に破産手続開始の申立ての原因となるべき事実が発生したときは、A社は催告を経ることなくB社との間の売買契約を解除できる旨の特約を定めていました。

　その後、B社が破産手続開始の申立てを行い、破産手続開始決定を受けたため、A社はB社に対して、上記特約に基づいて売買契約の解除の意思表示をするとともに、機械の引渡しを求めています。

　B社の破産管財人は、A社の要求に応じて、機械を引き渡さなければならないでしょうか。

　倒産解除条項とは、売買契約や賃貸借契約等の各種の契約のなかで、契約の当事者に倒産手続開始決定や倒産手続開始の申立て、支払停止等の事実があったことを解除権の発生原因として、これに基づいて相手方が契約を解除できる旨を定めた特約をいいます。

たとえば、「当事者の一方に破産手続開始、民事再生手続開始、更生手続開始または特別清算の申立て等があったときは、相手方は催告をしないで契約を解除することができる」と定める場合が挙げられます。このような倒産解除特約に基づく契約の解除が有効であるかが問題となります。

2．会社更生手続

　判例は、所有権留保特約付きの売買契約のなかで、当事者の一方に手形の不渡りまたは倒産手続開始の申立ての原因となる事実が発生した場合、相手方は無催告で売買契約を解除できる旨を定めた後、買主について会社更生手続が開始した事案で、以下のとおり判示して、倒産解除特約の効力を否定しています（最判昭57・3・30民集36巻3号484頁）。

　「買主たる株式会社に更生手続開始の申立の原因となるべき事実が生じたことを売買契約解除の事由とする旨の特約は、債権者、株主その他の利害関係人の利害を調整しつつ窮境にある株式会社の事業の維持更生を図ろうとする会社更生手続の趣旨、目的（会社更生法1条参照）を害するものであるから、その効力を肯認しえないものといわなければならない」。

　このように判例は、所有権留保付き売買契約の倒産解除特約の有効性について、窮境にある株式会社の事業の維持・更生を図ろうとする会社更生手続の趣旨、目的（会更1参照）を害することを理由に、その有効性を否定しています。したがって、会社更生手続では、他の契約類型でも倒産解除特約に基づく解除は否定される可能性があります。

3．民事再生手続

　判例は、フルペイアウト方式のファイナンス・リース契約のなかで、ユーザーについて整理、和議、破産、会社更生等の申立てがあったときは、リース業者は催告をしないで契約を解除することができる旨の特約（倒産解除特約）を定めていたところ、ユーザーである会社が民事再生手続

開始の申立てをしたことから、リース業者から営業等の譲渡を受けた原告が特約に基づいてリース契約を解除したと主張して、リース契約上の地位を承継した者に対して、リース物件の返還およびリース料相当額の損害金の支払を求めた事案で、以下のとおり判示して、倒産解除特約に基づく解除を否定しました（最判平20・12・16民集62巻10号2561頁）。

「民事再生手続は、経済的に窮境にある債務者について、その財産を一体として維持し、全債権者の多数の同意を得るなどして定められた再生計画に基づき、債務者と全債権者との間の民事上の権利関係を調整し、債務者の事業又は経済生活の再生を図るものであり（民再1参照）、担保の目的物も民事再生手続の対象となる責任財産に含まれる。

ファイナンス・リース契約におけるリース物件は、リース料が支払われない場合には、リース業者においてリース契約を解除してリース物件の返還を求め、その交換価値によって未払リース料や規定損害金の弁済を受けるという担保としての意義を有するものであるが、同契約において、民事再生手続開始の申立てがあったことを解除事由とする特約による解除を認めることは、このような担保としての意義を有するにとどまるリース物件を、一債権者と債務者との間の事前の合意により、民事再生手続開始前に債務者の責任財産から逸出させ、民事再生手続の中で債務者の事業等におけるリース物件の必要性に応じた対応をする機会を失わせることを認めることにほかならないから、民事再生手続の趣旨、目的に反することは明らかというべきである」。

このように判例は、前述の会社更生手続に関する昭和57年判決と同様に、ファイナンス・リース契約におけるユーザーの民事再生手続開始の申立てを解除事由とする特約は経済的に窮境にある債務者について、その財産を一体として維持し、全債権者の多数の同意を得るなどして定められた再生計画に基づき、債務者と全債権者の間の民事上の権利関係を調整し、債務者の事業又は経済生活の再生を図るという民事再生手続の趣旨、目的

（民再1参照）に反するとして、特約の効力を否定しています。

本判決は、フルペイアウト方式のファイナンス・リース契約の法的性質から倒産解除特約の有効性を判示するものであり、本判決の射程がおよび他の契約類型の場合にも特約の効力が否定されるかは必ずしも明らかではありません。

学説上は、民事再生手続が再生債務者とその債権者との間の民事上の権利関係を適切に調整し、もって当該債務者の事業または経済生活の再生を図ることを目的とする手続であるところ（民再1）、倒産解除特約は再生債務者の再建の基礎とすべき財産を特定の債権者と債務者との合意で事前に失わせるものであり、再生手続の趣旨・目的に反し無効であるとする見解が有力に主張されています。

4. 破産手続

破産手続における倒産解除特約の有効性に関して、判断を示した判例はありません。そこで、再建型倒産手続である会社更生手続や民事再生手続に関する上記の判例の射程が、果たして清算型倒産手続である破産手続に及ぶかが議論されています。

この点について、破産手続では手続開始後に担保目的物を継続的に使用する必要性は必ずしも大きいとはいえず、当事者の一方の信用状況の悪化が現実化した場合に、相手方が契約を解除して損害の極小化を図ろうとすることに合理性が認められるとして、破産手続における倒産解除特約の効力を肯定する見解が主張されています。

これに対して、倒産解除特約の効力を認めると、相手方は破産管財人に対して、常に解除を主張できることになります。このことは破産法が破産管財人に対して双方未履行の双務契約の解除または債務の履行の選択権（破53）を与えた意義が事実上失われることを理由に、破産手続でも倒産解除特約の効力を否定すべきであるとする見解も有力に主張されています。

下級審では、建物賃貸借契約の賃借人に破産手続開始の申立てがあった事案で、破産手続開始の申立てがあったときは賃貸人は契約を解除できる旨の条項は、平成16年の民法改正により、当時の民法621条（賃借人が破産した場合に賃貸人または破産管財人は賃貸借契約の解約の申入れをすることができる旨の規定）が削除された趣旨および破産法53条1項により破産管財人に双方未履行の双務契約の契約の解除または債務の履行の選択権が与えられている趣旨に反し、無効であると判示したものがあります（東京地判平21・1・16金法1892号55頁）。

第2　違約金条項

1．違約金条項の意義

　違約金条項とは、当事者の一方が債務を履行しなかった場合等に、相手方が違約金として一定額の支払いを求めることができる旨を定めた特約をいいます。契約当事者の一方（債務者）が契約に違反した場合、相手方（債権者）は債務不履行に基づく損害賠償を請求できますが（民415）、損害の発生およびその数額を立証する必要があります。契約で賠償額を予定することにより、債権者は損害の立証の負担を免れます。また、債務者としても賠償を受ける額をあらかじめ予測することができます。このように当事者があらかじめ債務不履行の場合の損害賠償の額を約定することを損害賠償の予定（民420Ⅰ）といいます。違約金は賠償額の予定と推定されるため（民420Ⅲ）、違約金条項を定めた場合も、損害賠償を予定した場合と同様に取り扱われます。

　破産管財人が破産法53条1項に基づいて契約を解除した場合に、違約金条項の適用が認められるかが問題となります。

2．賃貸借契約の場合

ケース2

不動産賃貸業を営むA社は、借主Bとの間で賃貸借契約を締結し、「借主が賃貸借期間内に中途解約する場合は、賃貸借期間終了までの残存期間の賃料相当額を違約金として支払う」旨の違約金条項を定めていました。

その後、借主Bが破産手続開始決定を受け、Bの破産管財人が破産法53条1項に基づいて賃貸借契約を解除し、A社に対して、敷金の返還を請求しました。A社は、違約金条項を主張し、敷金を違約金に充当することができるでしょうか。

賃貸借契約で、契約期間の定めがあり、その期間内に賃借人が契約を中途解約したときは、残存期間の賃料相当額を違約金として支払う旨の特約（違約金条項）を設けている場合があります。

この場合に、破産手続開始後に賃借人の破産管財人が解除を選択したとき（破53Ⅰ）、違約金条項が適用されるか否かについて、議論の対立があります。

(1) 否定説

破産管財人の破産法53条1項に基づく解除権は、民法上の解除原因の存否や契約当事者間の合意内容に関わらず行使し得るものであることからすれば、破産管財人に特別に与えられた法定解除権であると解されます。また、破産法は、破産財団の維持・増殖の観点から、破産管財人に破産法53条1項に基づく解除権を付与し、もって破産者の従前の契約上の地位よりも有利な法的地位を与えたものと考えられます。このように解する立場からは、破産管財人が破産法53条1項に基づいて契約を解除する場合は、破産者にとって不利な内容である違約金条項の適用を受けないこととなります。

大阪地裁第6民事部では、上記と同様の見解に立って、破産管財人が破産法53条12項に基づいて賃貸借契約を解除した場合には、当該賃貸借契約中の違約金条項の適用はないという運用をしています（大阪地方裁判所第6民事部編『破産・個人再生の実務Q&A』149頁、大阪弁護士協同組合、平成20年）。

　また、前述**第1　4.** の東京地判平成21年1月16日金法1892号55頁は、「賃貸人または賃借人は、解約日の6か月前までに相手方に対し書面による通知をすることにより、契約期間内であっても本契約を解約することができる。賃借人は、この通知にかえて賃料の6か月分相当額を賃貸人に支払い、即時解約することができる」という特約は、賃借人が賃貸人に対して賃料6か月分を支払うことにより契約を解除し得るという趣旨であると解され、他の事由による契約の終了時にも賃借人が違約金を支払うべきことを規定したものであると解することはできないとして、破産管財人が破産法53条1項に基づいて賃貸借契約を解除した場合は、違約金条項が適用される解除に該当しない旨を判示しています。

（2）肯定説

　賃貸人は、賃借人の破産という偶然の事情によって、本来であれば賃借人に対して主張することのできた違約金条項を主張できないこととなり、不測の損害を被るおそれがあるとして、違約金条項の適用を認める見解が主張されています。この見解に立った場合、賃貸人は賃借人の破産管財人に対して違約金の支払いを請求できることとなります。ただし、違約金支払請求権は、破産手続開始前の原因に基づくものであり、破産債権になると考えられます（破2Ⅴ）。

　破産手続の事案で、賃借人の破産管財人が破産法53条1項に基づいて賃貸借契約を解除した場合に、違約金条項の適用を肯定した裁判例として、東京地判平成20年8月18日金法1855号48頁があります。この事案では、賃貸借契約のなかで、①賃借人が自己の都合および原因により賃貸借期間内

に解約または退去する場合は、保証金（2億円）は違約金として全額返還しない旨、および、②賃貸借契約期間内は原則として契約を解約できないものとし、賃借人のやむを得ない事由により中途解約する場合は、保証金は違約金として全額返還しない旨の違約金条項を定めていました。賃借人の破産管財人が賃貸人に対して、本件違約金条項は、破産管財人の破産法53条1項に基づく解除権を不当に制約し、著しく正義公平の理念に反するものであり、公序良俗に反し無効であると主張して、保証金の返還を請求しました。裁判例は、破産法53条1項に基づく解除は、破産という賃借人側の事情によるものであり、本件違約金条項における賃借人の自己の都合および原因により賃貸借期間中に契約が終了した場合に該当すること等を理由に、本件違約金条項は、破産管財人が破産法53条1項に基づいて賃貸借契約を解除した場合にも適用されると判示しました。

　また、民事再生手続の事案で、大阪地判平成21年1月29日判時2037号74頁は、再生債務者である賃借人による賃貸借契約の解除に関して、民事再生法は、「49条1項において、双方未履行の双務契約につき再生債務者等に、当該契約を履行するか解除するかを合理的に選択することができる権能を付与したにとどまり、…再生債務者等との契約の相手方が民法の規定や有効な契約の定めにより実体上有していた地位を当然に失わせて、その不利益を甘受させることまで許容しているとは解されない」として違約金条項の適用を認めました。

　ケース2の場合、借主Bの破産管財人は貸主A社に対して、破産法53条1項に基づいて賃貸借契約を解除する場合、違約金条項の適用はなく、敷金を違約金に充当することは認められないと主張することが考えられます。

　これに対して、貸主A社は、違約金条項は借主Bの自己都合およびやむを得ない事由等、B側の事情により契約期間中に契約が終了した場合に適用されるものであるところ、Bの破産はB側の事情によるものであり、Bの破産管財人が破産法53条1項に基づいて賃貸借契約を解除する場合に

も、違約金条項は適用されると反論することが考えられます。

　なお、破産手続開始前に賃貸人が賃借人に対して契約の解約を申し入れていた場合には、賃借人の破産管財人ではなく、賃借人自身が契約を解除する場合であることから、破産法53条1項に基づく解除は問題とならず、賃貸人は違約金条項に基づいて違約金の支払いを請求できると考えます。この場合、違約金の金額が高額である場合や、賃貸人が新たな賃借人を早期に見つけたために実質的に賃料を二重に取得しているという事情が認められる場合は、公序良俗違反として違約金の全部または一部が無効となる場合があり得ます（東京地判平8・8・22判タ933号155頁参照）。そこで、このような場合にも賃借人の破産管財人が違約金条項の有効性について争うことが考えられます。

3．請負契約の場合

ケース3

　　C社は、注文者であるD市より工事を請け負い、請負代金の一部の前払いを受けました。請負契約では、「請負人（C社）が契約の規定によることなく契約の解除を申し出た場合には、注文者（D市）は契約を解除することができ、請負人は請負代金額の10分の1に相当する額を注文者に対して支払わなければならない」旨を定めていました。

　　その後、C社は破産手続開始決定を受け、Xが破産管財人に選任されました。破産管財人Xは、D市に対して、破産法53条1項に基づいて請負契約を解除するとともに、請負残代金を請求しました。これに対して、D市は、C社のD市に対する請負残代金請求権とD市のC社に対する違約金請求権を相殺する旨の意思表示をしました。D市のC社に対する相殺の主張は認められるでしょうか。

　請負契約において、当事者の一方が仕事完成前に契約を中途解約した場

合、相手方が違約金を請求できる旨の特約（違約金条項）を設ける場合があります。そこで、請負人の破産管財人が注文主に対して破産法53条1項に基づいて契約を解除した場合に、違約金条項が適用されるかが問題となります。

この点が争われた事案として、名古屋高判平成23年6月2日金法1944号127頁があります。この事案では、C社の破産管財人Xが注文者D市に対して、請負契約に基づいて請負残代金を請求したところ、D市が請負残代金は公共工事標準請負契約約款（以下「本約款」といいます）46条2項に基づく違約金請求権と相殺済みであると主張しました。本約款46条2項は、請負人から契約の規定によらない契約の解除の申し出があった場合等、本約款46条1項に定める事由が生じた場合は、注文者は契約を解除することができ、その際、請負代金額の10分の1に相当する額の違約金が生じる旨を定めていました。

裁判例は、本約款46条2項の違約金が発生するのは、請負人に本約款46条1項各号のいずれかに該当する事由が生じ、注文主が本約款46条1項に基づく解除権を行使したことにより契約が解除された場合であり、破産管財人が破産法53条1項により契約を解除した場合には本約款46条2項は適用されないとして、D市の相殺の主張を認めず、C社にD市に対する請負残代金の請求を認めました。

ケース3の場合、C社の破産管財人がD市に対して破産法53条1項に基づいて契約を解除した場合には、違約金条項の適用がなく、D市の相殺の主張は認められないと考えられます。

2 主な契約類型別の対応 ①
売買と倒産手続

第1 はじめに

ケース1

　自動車の販売業を営むA社はBとの間で売買契約を締結し、Bに対して自動車を販売しました。その後、買主Bが破産手続開始決定を受け、Xが破産管財人に選任されました。Bが破産手続開始決定を受けた時点で、A社はBに対して自動車を引き渡しておらず、BはA社に対して売買代金を支払っていない場合、破産管財人XはA社に対してどのような請求をすることができるでしょうか。

　売買契約とは、売主がある財産権を買主に移転することを約束し、買主がこれに対してその代金を支払うことを約束する内容の双務契約をいいます（民555）。売買契約は双務契約の典型であり、売主または買主が倒産した場合に、契約の相手方が有する債権がどのように取り扱われるかは、売買契約の債務の履行の有無によって、次の**第2**のように整理できます。

第2　売買契約の処理

1．売主の引渡義務が履行済みで、買主の代金支払義務が未履行の場合

　この場合、売主が破産したときは、売主は目的物の引渡義務を履行済みであることから、売主の破産管財人は買主に対して売買代金の支払いを請求できます。買主が破産したときは、売主の買主に対する売買代金請求権は破産債権（破2Ⅴ）となります。

2．売主の引渡義務が未履行で、買主の代金支払義務が履行済みの場合

　この場合、売主が破産したときは、買主の売主に対する目的物引渡請求権は金銭債権ではありませんが、倒産手続開始前に生じた債権であることから、破産債権として取り扱われます（破103Ⅱ①イ）。具体的には、破産手続開始時の市場価格等を基礎として、目的物の価値を評価します。買主が破産したときは、買主は代金支払義務を履行済みであることから、買主の破産管財人は売主に対して、目的物の引渡しを請求できます。

3．売主の引渡義務および買主の代金支払義務の双方が未履行の場合
（1）破産管財人の選択権

　破産手続開始時に契約当事者の双方の債務が全部または一部未履行である場合を双方未履行の双務契約といいます。破産法は、双方未履行の双務契約について、「双務契約について破産者及びその相手方が破産手続開始の時において共にまだその履行を完了していないときは、破産管財人は、契約の解除をし、又は破産者の債務を履行して相手方の債務の履行を請求することができる」と定めています（破53Ⅰ）。

　この場合、破産管財人は、破産者の契約上の債務を履行した上で相手方に対して契約上の債務の履行を請求するか、解除権を行使して契約関係を

消滅させるかを選択することができます。

　破産管財人は、債務の履行が可能・容易であるか、相手方からの反対給付の内容や相手方の資力等を検討した上で、破産財団の増殖につながるか否かを基準に、債務の履行を選択をするか、契約の解除を選択するかを検討することになります。なお、破産管財人が100万円を超える価額について債務の履行を選択する場合は裁判所の許可が必要となります（破78Ⅱ⑨・Ⅲ、破産規則25）。

① 売主が破産した場合

　売主が破産した場合、売主の破産管財人が売買契約の履行を選択したときは（破53Ⅰ）、売主の破産管財人は買主に対して目的物の引渡義務を履行し、買主は売主の破産管財人に対して代金支払義務を負います。この場合、買主の目的物引渡請求権は財団債権（破148Ⅰ⑦）となるため、破産手続によらずに行使できます。

　売主の破産管財人が売買契約の解除を選択したときは、売主の破産管財人は買主に対して給付した目的物の返還を請求することができます。この場合に買主は、支払済みの代金があるときは、財団債権者として代金の返還請求権を行使できます（破54Ⅱ）。解除により買主に損害が生じたときは、買主は売主の破産管財人に対して損害賠償を請求できますが、当該損害賠償請求権は破産債権となります（破54Ⅰ）。

② 買主が破産した場合

　買主が破産した場合、買主の破産管財人が売買契約の履行を選択したときは、買主の破産管財人は売主に対して売買代金債務を履行し、売主は買主の破産管財人に対して目的物引渡義務を負います。この場合、売主の買主の破産管財人に対する売買代金請求権は財団債権となるため（破148Ⅰ⑦）、破産手続によらずに行使できます。

　買主の破産管財人が売買契約の解除を選択したときは、売主は、引渡済みの目的物があれば、財団債権として目的物の返還を請求できます。

目的物が現存しないときは、その価額を財団債権として返還請求することができます。解除により売主に損害が生じたときは、売主は買主の破産管財人に対して損害賠償を請求できますが（破54Ⅰ）、当該損害賠償請求権は破産債権となります（破54Ⅰ）。

ケース1の場合、買主Bの破産管財人Xは、売買契約の履行を選択したときは、A社に対して自動車の売買代金債務を履行し、自動車の引渡しを請求できます。また、破産管財人Xは、売買契約の解除をすることもできます。

(2) 相手方の催告権

破産管財人が債務の履行または契約の解除の選択権を行使するに際して、時期的な制約は設けられていません。そのため、契約の相手方は破産管財人が選択権を行使するまで長く不安定な地位に置かれる可能性があります。そこで、契約の相手方は破産管財人に対して、相当の期間を定めて、その期間内に契約の解除をするか、または債務の履行を請求するかを確答すべき旨を催告することができます（破54Ⅱ）。破産管財人がその期間内に確答しないときは、契約を解除したものとみなされます。

4．所有権留保売買

ケース2

C社は、D社との間で売買契約を締結し、D社に対して工作機械（以下「本件機械」といいます）を販売しました。D社はC社に対して本件機械の売買代金を分割払いで支払っていました。C社とD社の間の売買契約には、D社が売買代金の支払いを完了するまでは、本件機械の所有権をC社に留保する旨の特約が付されていました。

D社が本件機械の代金の支払いを終えるまでに、C社が破産手続開始決定を受けた場合、C社の破産管財人は当該売買契約を解除するこ

とができるでしょうか。

(1) 所有権留保売買の意義

　所有権留保売買とは、売買契約成立時に目的物の占有を売主から買主に移転する一方で、代金完済までは目的物の所有権を売主に留保するという特約を付した売買契約をいいます。売買契約に所有権留保特約を付することにより、買主が売買代金債務の履行を怠った場合に、売主は留保所有権に基づいて目的物を買主から取り戻し、それを換価することによって残代金債権の満足を確保することが可能となります。

(2) 双方未履行の双務契約に該当するか

　代金完済前の所有権留保売買について、売主または買主について倒産手続が開始された場合、当該所有権留保売買契約は双方未履行の双務契約に該当するでしょうか。形式的にみれば、売主は所有権移転義務を未履行であること、買主は残代金支払義務を未履行であることから、代金完済前の所有権留保売買は双方未履行の双務契約に該当すると解する余地があります。もっとも、実質的にみれば、売主は買主に目的物を引渡済みであるため、売主は買主に対する債務を履行済みであると考えられるため、双方未履行の双務契約に該当するかが問題となります。

　この問題について、所有権留保売買は代金完済前でも双方未履行の双務契約に該当しないと解する見解が有力に主張されています。この見解は、代金完済という条件つきであっても目的物の所有権は買主に移転していること、売主にはもはや履行すべき積極的な義務が残っていないため、双方未履行の双方契約に該当しないと評価すべきであること、また、売主の倒産手続において、売主の破産管財人に解除権の行使を認めて買主の条件つき所有権を一方的に失わせることは不当であること等を根拠とします。

　また、所有権留保売買のうち、登記・登録制度のある自動車等を目的物として、代金完済時に登記や登録を買主に移転することを内容とする所有

権留保売買の場合は、売主には登記や登録の移転手続義務という積極的な義務が残っています。そこで、このような場合には双方未履行の双務契約に該当すると解する余地があるといえます。

しかし、裁判例は、登録制度のある自動車の所有権移転売買において登録が買主に移転されていない事案で、売主の負担する所有権移転登録手続をする義務と買主の負担する残代金債務は牽連関係に立つとはいえないとして、具体的事情のもとで、双方未履行の双務契約に該当しないと判断しています（東京地判平18・3・28金法1781号64頁）。

(3) 双方未履行の双務契約に該当する場合の取扱い

一方、所有権留保売買が双方未履行の双務契約に該当する場合は、通常の売買契約の場合と同様、破産した債務者の破産管財人に、債務の履行または契約の解除の選択権が認められることになります（破53Ⅰ）。

① 売主が破産した場合

売主の破産管財人が売買契約の履行を選択した場合、買主に対して売買契約における約定に従った代金の支払いを請求できます。また、売主の破産管財人は買主に対して、約定に従い代金完済時に登記・登録を移転し、目的物の引渡しを行うことになります。

売主の破産管財人が売買契約の解除を選択した場合、買主に対してすでに引き渡した目的物の返還を請求できます。買主は売主の破産管財人に対して、既払分の代金の返還請求権を有することとなり、これは財団債権となります（破54Ⅱ）。売買契約の解除により買主に損害が生じたときは、買主は売主の破産管財人に対して損害賠償を請求できますが、当該損害賠償請求権は破産債権となります（破54Ⅰ）。

② 買主が破産した場合

買主の破産管財人が売買契約の履行を選択した場合、売主の残代金請求権は、財団債権となります（破54Ⅱ）。売主は、代金が完済された場合は、約定に従い代金完済時に登記・登録を移転し、目的物の引渡しを

行うことになります。

買主の破産管財人が売買契約の解除を選択した場合、売主に対して、すでに引渡しを受けている目的物を財団債権として返還し、既払分の代金返還を請求することになります。解除により売主に損害が生じたときは、売主は買主に対して損害賠償を請求できますが、当該損害賠償請求権は破産債権となります（破54Ⅰ）。

（4）双方未履行の双務契約に該当しない場合の取扱い

① 売主が破産した場合

所有権留保特約が双方未履行の双務契約に該当しない場合、売主の破産管財人に解除権は認められず、買主に対して売買代金を請求することとなります。その結果、買主は従前どおり売買代金支払債務を負い、代金を完済した場合には、目的物の所有権の移転を受けられることとなります。なお、買主が代金の支払いを怠った場合は、売主の破産管財人は、民法の債務不履行の規定に基づいて、売買契約を解除することができます（民541、543）。

② 買主が破産した場合

買主が破産した場合、売主は、別除権者として契約を解除した上で、目的物を引き揚げるのが通常です。買主が目的物を継続して使用することを希望する場合には、売主から別除権の行使をされないようにするため、別除権者である売主との間で別除権協定の締結を検討することになります。

担当者として留意すべき事項　　製品の納入を求められた場合

1　製品の納入を求められた場合

売買契約の売主が信用状態に不安のある取引先（買主）から製品の納入を求められた場合、代金回収が滞らないよう代金の早期回収を図ることを検討する必要があります。

まず、販売代金を製品の納入前や納入時に回収できれば、販売代金が未

回収となるリスクを回避できます。そこで、取引先との間で支払条件について交渉すること考えられます。納入時の一括支払いが困難である場合でも、従前の取引時よりも納期を早めることを要請し、できる限り回収不能となるリスクを軽減することが重要です。

また、製品販売時に所有権留保特約を締結することにより、買主が代金完済ができない場合に納入済み製品を引き揚げることを可能としておくことが考えられます。その他、取引先（買主）に対して担保や保証人の設定を要請することが考えられます。

2　不安の抗弁権

継続的な売買契約のなかで、売主が買主から代金の支払いを受けるよりも先に、売主が買主に製品を納入する旨の約定（先履行の特約）がある場合、買主からの代金の支払いよりも前に売主は買主に対して製品を納入する義務を負うのが原則です。もっとも、買主の信用状態に不安があるときは、売主は買主に対して不安の抗弁権の行使により、製品の納入を拒絶することが考えられます。

不安の抗弁権とは、双務契約において、債務者が先に債務を履行すべき場合でも、相手方から反対給付を受けられないおそれが生じたことを理由に、自己の債務の履行を拒絶できる権利をいいます。不安の拒弁権が認められる場合は、売主が買主に対する目的物の引渡しを拒んでも、債務不履行責任を負わないこととなります。

裁判例では、「継続的売買契約の成立後、買主の代金支払能力が著しく低下し、売主においてその契約に従って目的物を供給していては、その代金回収を実現できない事由があり、かつ、後履行の買主の代金支払を確保するため、売主が担保の提供を求めるなど売主の不安を払拭するための処置をとるべきことを求めたにもかかわらず、それが買主により拒否されている場合には、右代金回収の不安が解消すべき事由のない限り、先履行たる目的物の供給について約定の履行期を徒過したとしても右売主の履行遅滞には違法性はないものと解するのが公平の原則に照らし相当である」として、買主からの代金の支払いが期待しがたい具体的な理由がある場合には、売主が製品の納入を拒絶しても債務不履行があるとはいえないと判断したものがあります（東京地判昭58・3・3判時1087号101頁）。

2 主な契約類型別の対応 2
賃貸借

第1 賃借人の破産

ケース1

　A社は、B社との間で、平成20年10月20日に、賃貸借期間15年で建物（以下「本件建物」といいます）を賃貸する旨の賃貸借契約（以下「本件賃貸借契約」といいます）を締結し、B社に対して本件建物を引き渡しました（月額賃料200万円、敷金2,000万円）。本件賃貸借契約12条には、「賃借人から賃貸人に対して6か月前に賃貸借契約を解除する旨を予告しなければ契約を解除することはできない」との規定が存在します。

　B社は、本件建物内で食品を製造・販売する事業を行いましたが、多額の設備投資をしたため、金融機関に対する返済が困難となり平成26年4月10日に破産手続開始の申立てを行い、平成26年4月16日に破産手続開始決定を受けました。

　B社は、A社に対して平成25年12月から平成26年4月までの5か月分の賃料の支払いを怠っています。

　B社の破産管財人からA社に対して、破産法53条1項に基づき即時に契約を解除する旨の通知がありました。

　A社はB社の破産管財人に対して、本件賃貸借契約12条に「賃借人から賃貸人に対して6か月前に賃貸借契約を解除する旨を予告しなけ

れば契約を解除することはできない」との規定があるため、即時解除は認められない旨の反論をすることを検討しています。このようなA社の反論は認められるでしょうか。

1．賃貸借契約の意義〜双務契約

　賃貸借契約は、賃貸人が賃貸物を賃借人に使用収益させる義務を負い、賃借人が賃貸人に対して賃貸物の使用収益に対する対価を支払う義務を負う双務契約です（民601）。
　このように賃貸借契約は、双務契約であるため、賃貸人の使用収益させる債務とこれに対する対価（賃料）の支払いがなされず未履行である場合、賃借人の破産管財人は、賃貸人に対して双方未履行双務契約の解除をすることができます（破53Ⅰ）。

2．双方未履行双務契約の解除権の意義

(1) 双方未履行双務契約の趣旨

　破産管財人は、双方未履行双務契約の解除権の適切な行使を通じて破産者の権利関係を迅速に解消し、破産者の権利関係の清算を進めるべき立場にあります。双方未履行双務契約の解除権の趣旨については見解が分かれますが、破産法53条1項は、破産管財人に特別な解除権を付与することにより、従来の破産者の契約上の地位より有利な地位を与えたものであると解する立場が有力です（伊藤眞『破産法・民事再生法（第2版）』有斐閣、268頁）。

(2) 破産管財人による双方未履行双務契約の解除権の行使と予告期間条項

　このように双方未履行双務契約の解除権は、破産手続を円滑に遂行するために破産管財人に付与された特別の権能であるため、A社がB社との間で締結したB社が解除する場合に6か月前の予告を要求した本件賃貸借契約12条の予告期間の適用はないとする見解が有力です（たとえば東京高判

平24・12・13判タ1392号353頁）。なぜなら、破産管財人に予告期間条項が適用されると破産管財人は予告期間内は賃貸借契約を解除することができなくなり、破産手続の円滑な進行を阻害するといえるからです。

したがって、**ケース1**でA社の破産管財人に対する上記反論は認められないと解されます。

3．賃料および賃料相当損害金の請求

破産管財人から破産法53条1項に基づく解除権行使がなされた場合、破産手続開始時までに発生した賃料債権は、破産債権となり（破2Ⅴ）、破産手続開始後から賃貸借契約解除までの賃料債権は財団債権となります（破148Ⅰ②、④または⑧）。

また、破産管財人が賃貸借契約を解除した後に生じる賃料相当損害金もまた財団債権となります（破148Ⅰ②、④または⑧）。

A社の担当者は、破産手続開始決定前の未払賃料債権については、敷金返還債務と対当額で充当し、敷金で担保されない場合には、別途破産債権届出書を提出する必要があります。また、財団債権部分については、十分な破産財団の形式が見込まれる事案であればA社からB社の破産管財人に対して随時支払いをするよう求めることが可能です。

担当者として留意すべき事項　　破産手続における契約解除の予告期間条項の効力

破産会社との間で締結した賃貸借契約に契約解除の予告期間条項があるとしても、**ケース1**のように破産管財人から双方未履行双務契約の解除（破53Ⅰ）があった場合には、予告期間条項は適用されないと解する見解が有力です。

他方で、破産管財人から契約の解除がない場合、賃貸人側から賃借人の債務不履行を理由として債務不履行解除を検討する必要があります。

なお、賃借人に賃料未払いがない場合、賃借人に債務不履行が認められ

ないため賃貸人から賃貸借契約を解除することが認められないことになります。このような場合には賃貸人から賃借人の破産管財人に対して、相当の期間を定めて破産法53条1項に基づき契約を解除するか、履行を選択するかを確答するよう催告することが認められています（催告権）。破産管財人が上記催告を受けた後、期間内に契約解除をしない場合には、契約の解除をしたものとみなされます。賃借人に賃料未払いがない場合、賃貸人から賃借人の破産管財人に対して相当の期間を定めて解除するか賃料債務の支払いを履行するか催告した上で、対応することが必要です。

4. 賃貸借契約と違約金条項

ケース2

　ケース1の賃貸借契約12条には、「ただし、賃借人が本件賃貸借契約を即時に解除する場合、賃借人は賃貸人に対して違約金として賃料6か月分相当額を一括して支払わなければならない」との但書規定が存在していた場合、A社はB社の破産管財人に対して、上記の賃貸借契約12条に基づいて6か月分の賃料相当額の支払いを求めることは可能でしょうか。

　また、A社はB社の破産管財人からの敷金の返還を拒絶することは可能でしょうか。

(1) 違約金条項とは

　違約金条項とは、当事者の一方が相手方との約束に違反した場合に、違約金を支払う旨を約束した条項をいいます。

　ケース2では、A社とB社との間で、即時解除する場合には賃借人から賃貸人に対して6か月相当額の違約金を支払う旨の違約金条項が存在します。

(2) 裁判例

　違約金条項の有効性について争いとなった裁判例として、以下の名古屋

高判平成12年4月27日判時1748号134頁があります。
　① 事案
　　破産者（賃借人）は、賃貸人との間で破産者が拠出した建設協力金により賃貸人が建築した駐車場付店舗の賃貸借契約を締結しました。賃貸借契約の内容は、賃借人から賃貸人に対して賃料月額150万円を支払い、敷金2,500万円、建設協力金5,000万円を預託するという内容でした（建設保証金については、180回に分割して15年間で賃貸人から賃借人に返還する内容となっていました）。その後、賃借人が破産し、賃借人の破産管財人は、旧破産法59条（現行破53）に基づき賃貸人に対して賃貸借契約を解除する旨を通知し、賃借物件を賃貸人に明け渡しました。その上で、賃借人の破産管財人から賃貸人に対して敷金2,500万円および期限の利益を喪失した建設協力金残金3,388万円の返還を請求しました。これに対して、賃貸人は、賃借人が賃貸借契約を契約期間内に解約したときには、敷金および建設協力金残金は右解約による違約金として充当され返還を要しないとの違約金条項の定めがあることを理由に、違約金債権を自働債権、敷金および建設協力金返還債務を受働債権として相殺を主張しました。
　② 判旨
　　この事案における判旨は、以下のとおりです。「賃貸借契約においては、それぞれの契約の事情により、解約に伴う違約金に関しても様々な特約がなされているものであり、賃借人が破産した場合には、これらの特約の効力が破産管財人に対して全く主張できないとすれば、その違約金に関する特約内容が双方の利益衡量の視点からみて合理的なものである場合にも、賃貸人は、賃借人破産という偶然の事情によって、本来賃借人に主張できた特約を主張できなくなり、予想外の著しい不利益を被る結果になり相当ではない。また、旧破産法60条（現行破54）によれば、破産管財人が双務契約を解除した場合は、その相手方は損害賠償請

求ができることが本来の原則と定められている。したがって、合理的な内容の違約金に関する特約の定めまで認めない趣旨とは解することはできない。

本件違約金特約は、賃貸人が賃借人の希望する仕様に合わせて本件建物を建てたため、転用が困難であり、期間内解約をされれば建設協力金残金及び敷金の返還を余儀なくされることによる賃貸人の不利益を予め回避する趣旨であり合理性が認められる。

本件違約金特約は、違約金請求権を自働債権とし、本件敷金返還債務及び本件建設協力金返還債権を受働債権としてこれを相殺する旨の相殺契約である。

破産手続における相殺は、他の破産債権者に優先して満足を与える結果となるものであるから、少なくとも相殺できることへの合理的な期待の範囲内で定められるべきものであり、右範囲を超える相殺は、破産債権者全体の公平を害することとなって、相殺禁止規定に該当しなくても、権利濫用として許されない」。

上記名古屋高判平成12年4月17日判時1748号134頁は個別具体的な事情に照らし違約金請求権を自働債権とする相殺の主張を合理的期待の範囲内に限定した点に特徴があります。

③ **ケース2**の検討

ケース2では、違約金は6か月分であり、賃貸人が後継テナントを見つけるまでに必要な期間の賃料に相当する金額を違約金として定めたものと位置づけることができます。そのため、**ケース2**の違約金条項は有効であると解されます（東京地裁平20・8・18判タ1293号299頁、東京高裁平24・12・13判タ1392号353頁）。

もっとも、破産法54条1項は、破産法53条1項に基づき破産管財人が契約を解除したことによって、相手方に生じた損害賠償請求権を破産債権として取り扱うことを明記しています。そこで、違約金は、破産法54

条1項により破産債権として取り扱われることとなります。そこで、A社は、B社の破産管財人に対して破産債権届出を行うこととなります。

> **ケース3**
>
> 　A社は、B社との間で、平成20年10月20日に、賃貸借期間10年で建物（以下「本件建物」といいます）を賃貸する旨の賃貸借契約（以下「本件賃貸借契約」といいます）を締結し、Bに対して本件建物を引き渡しました（月額賃料200万円、敷金2,000万円）。その後、B社は、A社から賃借を受けた本件建物を増改築して使用しました。
> 　B社は、本件建物内で食品を製造・販売する事業を行いましたが、多額の設備投資をしたため、金融機関に対する返済が困難となりました。平成26年4月10日に破産手続開始の申立てを行うので、本件賃貸借契約を解約したいとの申入れをしてきました。A社としては、どのような点に留意して対応するべきでしょうか。

5．原状回復請求権の意義

　ケース3でA社はB社の破産管財人に対して原状回復義務の履行を求めることになります。原状回復請求権とは、賃貸人が賃借人に対して賃貸借契約の終了に基づき賃借物件を貸した当時の元の状態に戻して明け渡すことを求める権利をいいます。原状回復請求権は、賃貸借契約の終了によって生じる権利です。

6．破産手続開始決定前に賃貸借契約が終了していた場合

　破産手続開始決定前に賃貸借契約が終了した場合、すでに発生している原状回復請求権は破産法103条2項1号イに基づき金銭化され破産債権となります。ただし、賃借物件内に破産者の所有物（什器備品類）等が残置されたままの状態である場合には、これらの所有物（什器備品類）等に

よって賃借物件は不法に占有されているといえるため、破産管財人はこれらの所有物（什器備品類）等を撤去する義務を負います。この撤去費用は、破産管財人がした行為により生じた請求権（破148Ⅰ④）に該当するため、財団債権としての保護を受けます。

7．破産手続開始決定時点で賃貸借契約が終了していない場合

　破産手続開始決定の時点で賃貸借契約が終了していない場合、賃借人の破産管財人は、破産法53条１項に基づき解除するのが通常です。この場合の原状回復請求権の性質については、破産手続開始決定前の原因により生じた債権であり破産債権にあたると解する見解と財団債権であると解する見解があります。

　破産管財人の負う原状回復義務は財団債権にあたると解するのが従前の判例・通説です（東京地判平20・８・18判時2024号37頁）。

　これに対して、原状回復費用の発生原因となる損傷行為や改修工事等が破産手続開始決定前に存在する場合の原状回復請求権は破産債権になるとする見解も有力です。

　このように原状回復請求権の性質について近時は、破産債権説も有力に主張されています。

　ケース３でA社がB社からの賃貸借契約の解約の申入れに応じず、破産手続開始決定後にB社の破産管財人が賃貸借契約を解除した場合、財団債権説によれば、原状回復請求権は財団債権としての保護を受けます。これに対して破産債権説によれば、原状回復請求権は破産債権として取り扱われることになります。

> **COLUMN**
>
> **破産手続開始決定前の合意解約の成立と原状回復請求権の法的性格**
>
> ケース3のように破産手続開始決定前のB社からの本件賃貸借契約を解約したいとの申入れにA社が応じて合意解約が成立すると、原状回復請求権は、その時点で発生することになり、破産手続開始決定前の原因に基づいて生じた請求権として破産債権に該当することになるため、A社は解約に応じるかどうか慎重に対応する必要があります。

ケース4

A社は、B社との間で、平成20年10月20日に、賃貸借期間10年で建物（以下「本件建物」といいます）を賃貸する旨の賃貸借契約（以下「本件賃貸借契約」といいます）を締結し、Bに対して本件建物を引き渡しました（月額賃料200万円、敷金2,000万円）。

B社は、本件建物内で食品を製造・販売する事業を行いましたが、多額の設備投資をしたため、金融機関に対する返済が困難となり平成26年4月10日に破産手続開始の申立てを行いました。A社とB社との間で締結した本件賃貸借契約20条には「賃借人が破産手続開始決定を受けたときは、賃貸人は本件賃貸借契約を解除することができる」と規定しています。そこで、A社は、本件賃貸借契約20条に基づきB社が破産手続開始決定を受けたことを理由に本件賃貸借契約を解除することは可能でしょうか。

ケース4のように破産手続開始の申立てをもって契約を解除する旨を定めた条項を倒産解除特約といいます。倒産解除特約の有効性については、有効説と無効説があります。倒産解除特約は、破産管財人による双方未履行双務契約の解除権や履行選択権を阻害するおそれがあるため、無効とする立場が近時は有力です（伊藤眞『破産法・民事再生法（第2版）』有斐閣、

278頁)。また、破産手続のような清算型手続においては倒産解除特約自体は有効であるものの、個別事情に照らして解除が信義則上制限される場合もあるため留意する必要があります。

ケース4でA社はB社が破産手続開始決定を受けたことを理由に賃貸借契約を解除しても、解除が認められない場合があるため、この点にも留意が必要です。

第2 賃貸人の破産

ケース5

A社は、B社との間で、平成20年10月20日に、賃貸借期間10年で建物(以下「本件建物」といいます)を賃貸する旨の賃貸借契約(以下「本件賃貸借契約」といいます)を締結し、Bに対して本件建物を引き渡しました(月額賃料200万円、敷金2,000万円)。

A社は、平成26年7月10日に破産手続開始決定を受け、CがA社の破産管財人に選任されました。B社はどのような点に留意して対応するべきでしょうか。

1. 破産法56条1項について

破産法56条1項は「第53条第1項及び第2項の規定は、賃借権その他の使用及び収益を目的とする権利を設定する契約について破産者の相手方が当該権利につき、登記、登録その他の第三者に対抗することができる要件を備えている場合には、適用しない」と規定しています。この趣旨は、破産管財人による双方未履行双務契約の解除権の効力を制限することにより、賃借権について対抗要件を備えた第三者の保護を図った点にあります。

賃貸人が破産した場合でも、賃貸人から建物の引渡しを受けた賃借人は、借地借家法上の対抗要件（借地借家31Ⅰ）を備えているため、破産管財人から破産法53条1項に基づく解除権を行使することはできません（破56Ⅰ）。その結果、建物賃借人は破産管財人に対して建物の賃借権を対抗でき保護されることとなります。

　ケース5では、B社は、A社から本件建物の引渡しを受けており、借地借家法31条1項の対抗要件を具備しています。そのためA社の破産管財人Cは、B社に破産法53条1項に基づき契約解除することはできません。その結果B社はA社の破産管財人に対して建物の賃借権を対抗することができます。

2．賃借人から破産管財人に対する賃料の寄託請求

　賃貸人が破産した場合でも賃借人は賃借物件を使用収益することになるため、使用収益に対する対価（賃料）を支払う義務を負います。

　賃借人は、賃貸人の破産管財人に対して、将来返還されることが予定されている敷金返還請求権を確保するために賃料の寄託請求をすることができます（破70）。寄託請求（破70）とは、賃借人が破産管財人に対し賃料を支払う場合に、その弁済額を敷金返還請求権の限度で破産管財人用の口座と別口座で分別管理することを求める権利をいいます。この趣旨は、寄託請求に破産管財人が賃料を寄託した場合、配当の除斥期間内に賃貸借契約の終了、明渡しが完了すれば、賃料債務に対する従前の弁済は無効となり、寄託金を賃借人に返還することで賃借人を保護した点にあります。

　賃料の寄託請求を受けた破産管財人は、別口口座を設ける等して賃借人から支払いを受けた賃料につき敷金返還債務の金額の限度で管理し、後に敷金相当額を賃借人に返還しなければなりません（破70）。

　賃借人から賃貸人の破産管財人に対して寄託請求を行う場合、後に寄託請求をした事実を証拠化するため内容証明郵便を用いるとよいでしょう。

3．不動産の任意売却

　破産管財人が不動産を任意売却する場合、建物所有権が破産管財人から第三者（買主）に移転することに伴い、新所有者が新たに賃貸人となり、賃借人に対する敷金返還債務を引き受けることとなります（最判昭39・6・19民集18巻5号795頁）。

　このように賃借人は、賃貸人が破産した場合でも、賃貸人の破産管財人が賃借物件を第三者に任意に売却する任意売却を通じて保護される場合があるので、破産手続開始を受けた後に破産管財人に対して賃料を支払わずに契約解除をされないよう注意が必要です。

2 主な契約類型別の対応 ③
倒産手続と請負契約

第1 はじめに

　請負契約とは、請負人がある仕事を完成することを約束し、注文者がその仕事の結果に対して報酬を与えることを約束することを内容とする契約です（民632）。請負人の仕事完成義務と注文者の報酬支払義務は対価的な関係にあり、請負契約は双務契約としての性質を有します。

第2 注文者が破産した場合

ケース1

　請負人A社は、注文者B社から建物工事請負契約を締結し、一戸建て住宅の建築を請け負いました。本件建物の建築中に注文者B社の破産手続が開始しました。
　その後、請負人であるA社は工事を中断しましたが、B社の破産管財人は特段の連絡をしてきません。A社は本件建物を完成させなければならないでしょうか。

1．債務の履行または契約の解除

　ケース1のように請負契約における請負人の仕事完成前に注文者が破産

した場合、当該請負契約は双方未履行の双務契約に該当し、注文者の破産管財人は債務の履行または契約の解除を選択できます（破53Ⅰ）。この場合、注文者の破産管財人に限らず、請負人も請負契約を解除することができます（民642Ⅰ前段）。請負人にも契約の解除権を認めた趣旨は、報酬の支払いを受ける前に仕事の完成義務を負う請負人を契約関係から解放する点にあります。すなわち、注文者が破産した場合に請負契約が存続するとすれば、請負人は注文者の破産手続開始後も仕事の完成義務を負うこととなります。請負人の注文者に対する報酬や費用の支払請求権は財団債権（破2Ⅴ）となりますが、破産手続では、財団債権の全部を弁済することができない場合も想定されます。そこで、請負人が十分な報酬を受けられないおそれがあるため、請負人保護の観点から請負人に解除権を認めています。

また、請負人は注文者の破産管財人に対して、相当期間を定めて債務を履行をするか、契約を解除するかの確答を催告することができ、その期間内に確答がない場合は、破産管財人が契約を解除したものとみなされます（破53Ⅲ・Ⅱ）。

ケース1の場合、請負人Ａ社は注文主Ｂ社との間における建物工事請負契約を解除することが可能であり、この場合は本件建物の完成義務を免れます。また、Ｂ社の破産管財人に契約を解除するか否かについて相当期間を定めて確答を催告し、その期間内に確答がない場合も同様です（破53Ⅲ・Ⅱ）。

これに対して、注文主であるＢ社の破産管財人が破産法53条1項に基づいて契約の履行を選択したときは、請負契約は存続することとなります。この場合、Ａ社は本件建物の完成義務を負い、Ａ社のＢ社に対する報酬や費用の支払請求権は財団債権（破2Ⅴ）となります。

2．契約の解除を選択した場合

注文者の破産管財人または請負人が契約を解除した場合、破産手続開始

前の出来高の部分に関する請負人の注文者に対する報酬請求権や費用請求権は、破産債権となります（民642Ⅰ後段）。注文者の破産管財人が契約の解除を選択した場合は、請負人は破産債権として損害賠償請求権を行使することができます（民642Ⅱ）。この場合の損害賠償の内容は、履行利益（請負人が仕事を行っていれば得られたであろう利益）になります。これに対して、請負人が契約を解除した場合は、請負人および注文者の破産管財人の双方とも相手方に対する損害賠償請求権の発生を否定されるため、請負人が損害賠償請求権を破産債務として行使することは認められません（民642Ⅱ）。

　注文者の破産管財人が請負契約を解除した場合、請負人によって施工された出来高は破産財団に帰属すると解されます。契約の解除を選択した注文者の破産管財人は、解除によって生じた損害があるとしても、その賠償を請負人に対して請求することはできないと解されます（民642Ⅱ前段の反対解釈）。

3．債務の履行を選択した場合

　注文者の破産管財人と請負人の双方が契約を解除せず、注文者の破産管財人が破産法53条１項に基づいて債務の履行を選択した場合は、請負人は仕事の完成義務を負います。請負人の報酬等の請求権は、破産手続開始後の出来高に対応する部分は財団債権となります（破148Ⅰ⑦）。これに対して、破産手続開始前の出来高に対応する部分の報酬等については争いがあり、全体が不可分であり、破産管財人が履行の選択をした以上、破産手続開始前の出来高に対応する部分も財団債権になるという見解、出来高による分割は可能であり、破産手続開始前の出来高に対応する部分は破産債権になるという見解があります。

　また、請負人が仕事を完成した場合、請負目的物の所有権の帰属は、請負人と注文者の間に特約があればそれによって定まります。特約がないと

きは、主たる材料の供給者がいずれであるか、請負代金の主要部分が支払われているか等の要素により定まります。

建物の請負契約の場合に、出来高部分の所有権が注文者に帰属するときは、注文者の破産管財人が目的物の管理処分権を有することとなります（破78）。この場合、請負人は、不動産工事の先取特権（民325②）や商事留置権（商521）を別除権として行使することができます（破2Ⅸ、66Ⅰ）。

他方、出来高部分の所有権が請負人に帰属するときは、請負人が目的物の管理処分権を有することとなります。この場合、請負人は不動産工事の先取特権または商事留置権を有しません。

4．催告権

注文者の破産管財人および請負人の双方とも債務の履行を選択せず、契約の解除もしない場合は、相手方は注文者の破産管財人に対して、債務を履行するか契約を解除するかについて、相当期間内に確答するよう催告することができます。注文者の破産管財人からその期間内に確答がない場合は、契約の解除が選択されたものとみなされることとなります（破53Ⅲ・Ⅱ）。この趣旨は、破産管財人による債務の履行または契約の解除の選択権の行使について、時期的制限が設けられていないことから、相手方が長く不安定な立場に置かれる可能性があるため、これを防止する点にあります。

5．商事留置権の行使

ケース2

C社は、家具の製造・販売を目的とする会社です。C社は、注文者D社から椅子200脚の製造を請け負いましたが、その後にD社の破産手続が開始しました。

D社の破産管財人は請負契約を解除し、製作済みの椅子100脚は破

産財団に属するものであることを理由に、Ｃ社に対して製作済みの椅子100脚を納品することを請求しました。Ｃ社はＤ社の破産管財人に対して、製作済みの椅子100脚を納品しなければならないでしょうか。

　請負契約の途中で注文者が破産し、注文者の破産管財人または請負人が契約を解除した場合、解除の時点までに請負人が行った仕事の結果は破産財団に帰属します（最判昭53・6・23金判555号46頁）。注文者の破産管財人が請負契約を解除した場合、破産手続開始前の出来高に相当する報酬等の請求権は破産債権となります（民642Ⅰ後段）。

　ケース2の場合、請負人Ｃ社は注文者Ｄ社の破産管財人に対して製作済みの椅子100脚を引き渡したとしても、これに対応する報酬等については破産債権を行使することにより、配当による割合的満足を受けることができるのみとなります。

　もっとも、請負人Ｃ社は製作済みの椅子100脚を占有しているため、商事留置権を行使して、未払いの報酬等が支払われるまでは製作済みの椅子100脚の引渡しを拒むことができます（商521）。そこで、注文者Ｄ社の破産管財人は、椅子の引渡しを受けるために商事留置権の消滅請求（破192）をすることや、引渡しを求めて請負人Ｃ社に対して和解を要請することが考えられます。

第3　請負人が破産した場合

ケース3

　私（Ｅ）は、Ｆ社に自宅の建築を依頼しましたが、Ｆ社について破産手続が開始され、建築工事が中断してしまいました。Ｆ社の破産管財人からは何の連絡もなく、工事が中断したままで困っています。

私は、F社の破産管財人に対してどのような請求をできるでしょうか。

1．破産法53条に基づく債務の履行または契約の解除

　請負人が破産した場合について、注文者が破産した場合とは異なり民法や破産法は特別の規定を設けていません。そこで、請負人が破産した場合、請負契約の目的である仕事が破産者である請負人以外の者において完成することのできない性質のものでない限り、双方未履行の双務規定に関する規定（破53）が適用されます（最判昭62・11・26民集41巻8号1585頁）。

　したがって、請負人が破産した場合、債務の履行を選択するか、契約を解除するかの選択権を有するのは請負人の破産管財人のみであり（破53Ⅰ）、注文者はその選択権を有しません。そこで、破産管財人が破産法53条1項に基づく契約の解除または債務の履行の選択権を行使しない場合、注文者は、請負人の破産管財人に対して、相当期間を定めて、契約を解除するか、債務の履行をするかについて確答するよう催告することができます（破53Ⅱ前段）。その期間内に確答がない場合には、契約が解除されたものとみなされることになります（破53Ⅱ後段）。

　ケース3の場合、EはF社の破産管財人に対して、債務の履行を選択するか、契約を解除するかについて確答するよう催告することが考えられます。これに対して、F社の破産管財人が期間内に確答しない場合には、請負契約は解除されたものとみなされます。

2．請負人の破産管財人が履行を選択した場合

　請負人の破産管財人が債務の履行を選択した場合、請負契約は従前の内容どおり存続することになります。したがって、注文者は、請負人の破産管財人に対して目的物の完成およびその引渡しを請求することができ、この請求権は財団債権となります（破148Ⅰ⑦）。請負人の破産管財人は仕事の完成義務を負い、他の会社や元従業員を雇用すること等により、残りの

工事を完成させることとなります。仕事が完成した場合、請負人の破産管財人は、注文者に対して、請負契約に基づき報酬請求権を有することになります。

ケース3の場合、F社の破産管財人が、債務の履行を選択するときは、EはF社の破産管財人に対して報酬等を支払い、完成した建物の引渡しを受けることになります。

3．請負人の破産管財人が契約を解除した場合

請負人の破産管財人が契約の解除を選択した場合、解除の遡及効は破産手続開始時の既施工部分には及ばず、未施工部分にのみ及ぶため、請負人の破産管財人は注文者に対して、破産手続開始前の出来高に相当する報酬等を請求できます。

そこで、請負人の破産管財人が請負契約を解除した場合、注文者は請負人の破産管財人と工事が完成した出来高部分を確定する必要があります。出来高部分の工事代金が前払いした請負代金よりも高い場合は、請負人の破産管財人は注文者に対して、その差額を請求することとなります。これに対して、前払いした請負代金が出来高部分の工事代金よりも高い場合は、注文者はその差額について請負人の破産管財人に対して返還を請求することとなります。この差額の返還請求権は、破産手続開始時に請負契約が存続し、双方未履行の状態にあり、かつ請負人の破産管財人が解除した場合に限り財団債権となると解されますが（破54Ⅱ）、破産債権と解する立場もあります。

請負人の破産管財人が請負契約を解除した場合、注文者は請負人に対して、解除によって生じる損害の賠償請求権を有し、これは破産債権となります（破54Ⅰ）。

また、注文者は、この損害賠償請求権を自働債権とし、請負人の破産管財人の注文者に対する未清算の出来高部分にかかる報酬請求権を受働債権

として、相殺することができます。たとえば、請負人の破産管財人が契約を解除した場合、注文者は出来高を引き取った上で、新たな業者を探して工事を続行させるのが通常です。この場合、請負人の交替に伴う新たな費用負担が発生するのが一般であり、注文者は、残工事のために要する超過費用負担相当額の損害賠償請求権を自働債権とし、出来高についての報酬請求権を受働債権として相殺を主張することが考えられます。

　このような相殺の主張について、裁判例では、注文者の請負人に対する損害賠償請求権は破産手続開始が決定した後の事由である破産管財人の解除によって発生したものであり、破産手続開始時に相殺適状にないことから相殺は許されないと判断したものがあります（札幌地判平25・3・27金法1972号104頁）。そこで、実務では、出来高算定の際に超過費用が発生する点を柔軟に考慮して出来高を調整することにより、請負人の破産管財人と注文者の間で和解交渉が行われています。

　ケース3の場合、F社の破産管財人が請負契約を解除するときは、EはF社の破産管財人から、破産手続開始前の出来高部分の報酬等を請求されることが考えられます。これに対して、EはF社の破産管財人に対して、残工事のために要する超過費用負担相当額の損害賠償請求権を自働債権とし、出来高部分の報酬請求権を受働債権として、相殺を主張することが考えられます。

4．注文者の民法641条に基づく解除権

　民法は、注文者は、いつでも請負人に生じた損害を賠償して、請負契約を解除することができると定めています（民641）。民法641条に基づく解除権は、請負人の破産手続が開始した後も失われないと解されているため、注文者は、請負人の破産手続開始後でも、同条に基づいて請負契約を解除することが考えられます。

　この場合、注文者は、請負人の破産管財人に対して、履行済みの部分に

ついての報酬・費用と未履行部分の履行利益について賠償する必要があります（民641）。

ケース3の場合、EはF社に対して、民法641条に基づいて請負契約を解除することが考えられます。

2 主な契約類型別の対応 4
倒産手続と委任契約

第1 はじめに

　委任契約とは、委任者が法律行為をすることを受任者に委託し、受任者がこれを承諾することにより成立する契約をいいます（民643）。民法は、委任契約について、特約のない限り、受任者の委任者に対する報酬請求権の存しない無償委任を原則としています（民648Ⅰ）。

　もっとも、実務では、受任者の委任者に対する報酬請求権の存する有償委任の場合が多いといえます。有償委任の具体例として、株式会社が取締役を選任する場合、弁護士に訴訟活動を委任する場合等が挙げられます。この場合は、委任事務の処理と報酬の支払いが対価関係にあり、委任契約は双務契約に該当することになります。

第2 委任者が破産した場合

ケース1

　売主A社は、買主B社に製造した機械を1,000万円で販売することとして、B社との間で売買契約を締結しました。A社はB社に対して、代金の支払いに先立って機械を引き渡しました。しかし、B社が代金を支払わなかったため、A社はB社に対して、売買代金の支払い

を求めて訴訟を提起しました（以下「本件訴訟」といいます）。

B社は、本件訴訟の提起・追行を弁護士Lに委任していましたが、訴訟係属中にB社は破産手続開始決定を受けました。今後、弁護士LはB社の訴訟代理人として訴訟活動を続けることができるでしょうか。

1．委任契約の終了

　委任者が破産した場合、委任契約の内容が有償・無償のいずれの場合でも委任契約は当然に終了します（民653②）。この趣旨は、委任契約は契約当事者間の信頼関係を基礎とする契約であるところ、当事者の一方が破産した場合にはその信頼関係が失われるため、当事者の一方の破産を委任の終了事由とした点にあります。この規定は、破産管財人による契約の解除によることなく、契約が終了するという点から、双方未履行の双務契約に関する破産法53条1項の特則であると解されています。また、委任契約に基づいて受任者に代理権が付与されている場合、受任者の代理権は委任の終了によって消滅します（民111Ⅱ）。

　ケース1の場合、B社の破産によってB社と弁護士Lの間の委任契約は終了し（民653②）、弁護士Lの訴訟代理権は消滅します（民111Ⅱ）。また、B社の破産により訴訟手続は中断します（破44Ⅰ）。A社のB社に対する売買代金請求を求める本件訴訟は破産債権に関するものであるため、A社は改めて破産手続において届出を行い（破111以下）債権調査手続を経て（破115以下）破産財団から配当を受けることとなります（破193以下）。これに対して、B社がA社に対して訴訟を提起した場合は、B社の破産により訴訟手続は中断しますが（破44Ⅰ）、B社について管理処分権を有するB社の破産管財人が訴訟手続を受継します（破44Ⅱ）。

2．特約の有効性

　委任契約のなかで、委任者が破産しても契約は終了しない旨の特約を設けている場合があります。かかる特約の有効性については、委任事項が委任者の財産に関するものであり破産財団に関わる場合と破産財団に関わらない場合に区別して検討する必要があります。

　まず、委任事項が破産財団に関わる場合は、委任者の財産は破産財団を構成して破産管財人の管理処分権に服するため、委任者の破産を委任契約の終了原因としない特約は無効であるとする見解があります。

　これに対して、委任関係が存続するとしても、破産財団は委任契約を双方未履行の双務契約として債務の履行または解除を選択することができ（破53Ⅰ）、破産債権者の利益を害することはないため、特約を有効とする見解が有力に主張されています。

　また、委任事項が破産財団に関わらない場合、たとえば破産者の身分上の権利に関する事項等については破産管財人の管理処分権が及ばないため、委任者の破産を委任契約の終了原因としない特約は有効であると解されます。

3．受任者が委任者の破産の事実を知らない場合

　委任者の破産による委任契約の終了は、受任者に対して委任者破産の事実を通知し、または受任者がその事実を知ったときでなければ、受任者に対抗することはできません（民655）。この趣旨は、委任の終了を知らないために、相手方が損失を受けることを防止する点にあります。したがって、委任者が破産した事実について、受任者が委任者から通知を受けず、かつ、委任者が破産した事実を知らないまま受任者が委任事務を処理した場合には、受任者はこれによって生じた委任者に対する費用償還請求権（民650）や報酬請求権（民648、商512）を取得することとなります。しかし、これらの請求権は、破産手続開始後の原因に基づくものであり、破産

債権の要件をみたさず（破2V）、破産法の一般原則によれば、受任者は破産債権として行使できないこととなります。そこで、破産法は受任者を保護するためにこれらの請求権は、破産手続開始後の原因に基づく場合でも破産債権として取り扱うこととしています（破57）。ただし、受任者の委任事務処理が破産財団の利益のために行われた場合には、事務管理（民697）に該当するため、その費用償還請求権（民702）は財団債権（破148Ⅰ⑤）となります。

また、受任者は、委任契約が終了した場合でも、急迫の事情があるときは、委任者またはその破産管財人が委任事務を処理することができるようになるまでの間、必要な処分を行う義務を負います（民654）。当該義務の履行によって生じた費用償還請求権（民650）は、財団債権となる場合があります（破148Ⅰ⑥）。

4．株式会社が破産した場合

株式会社は、破産手続開始の決定により当然に消滅します（会471⑤、641⑥）。ただし、破産手続による清算の目的の範囲内で破産手続が終了するまでは、会社は存続するものとみなされます（破35）。

ここで、株式会社と取締役は、委任契約の関係にあるため（会330）、会社が破産した場合に会社と取締役の間の委任契約が終了し、取締役がその地位を失うかが問題となります。

この点について、最判昭和43年3月15日民集22巻3号625頁は、民法653条によれば、委任契約は委任者または受任者の破産によって終了するのであるから、取締役は会社の破産手続開始の決定により当然に取締役の地位を失うと判示しました。

これに対して、近時は、取締役が会社の組織法的事項に関する権限を行う限りでは、取締役の地位は残存することを前提とするとみられる判例が出ています。すなわち、最判平成16年6月10日民集58号5号1178頁は、保

険会社との間で火災保険契約を締結していた有限会社が破産宣告（現行法上の破産手続開始決定）を受けた後、その代表取締役が保険の目的たる建物に放火したため、当該建物が消失したことから、有限会社の保険金請求権に質権の設定を受けていた金融機関が保険会社に対して保険金を請求した事案で、「有限会社の破産宣告当時に取締役の地位にあった者は、破産宣告によっては取締役の地位を当然には失わず、社員総会の招集等の会社組織に係る行為等については、取締役としての権限を行使し得ると解される」として、有限会社の破産宣告当時の取締役は、火災保険契約約款の免責条項の「取締役」に該当すると判示しました。

学説上も、破産財団と関わりのない組織法上の活動（会社設立無効の訴えの応訴等）は、これを破産管財人の任務とすれば破産管財人の負担を増すことになるとして、このような事項との関係では取締役の地位は存続し、取締役にこの種の活動を行わせるべきであるとする見解が主張されています（伊藤眞『破産法・民事再生法（第2版）』有斐閣、299頁）。こうした見解によれば、会社が破産手続開始の決定を受けた場合でも取締役は当然にその地位を失うものではなく、会社の財産関係に影響を及ぼさない会社組織に関する事項との関係では、取締役の地位を有することとなります。

第3 受任者が破産した場合

ケース2

C社の取締役Dが破産した場合、取締役DはC社の取締役としての職務を継続することはできるでしょうか。

1．委任契約の終了

委任契約の受任者が破産した場合、委任者が破産した場合と同様に、委

任契約の内容が有償双務契約であるか無償片務契約であるかを問わず、委任契約は当然に終了します（民653②）。もっとも、受任者が破産しても委任契約は終了しない旨の特約は有効であると考えられています。委任者が受任者を信頼してかかる特約を締結した場合は、委任契約の継続を認めても不都合はないといえるためです。この場合、破産者は受任者の地位を引き続き保持することとなります。

ケース2の場合、取締役Dが破産した場合、上記の特約がある場合を除いて原則としてC社の取締役としての地位を失うこととなります。

かつては、復権するまでは取締役の欠格事由（旧商254の2②）に該当するとして、破産手続開始決定を受けた取締役は、その資格を喪失するとされていましたが、現行法はこのような制限を廃止しました（会331参照）。したがって、DがC社の取締役としての地位を失った場合でもC社がDを改めて選任したときは、Dは復権していなくともC社の取締役に就任することができます。

また、C社と取締役Dとの間で、Dが破産しても委任契約を終了しない旨の特約を締結していた場合には、Dは破産した場合でも当然にはC社の取締役としての地位を失わないこととなります。

2．委任者が受任者の破産の事実を知らない場合

受任者の破産による委任契約の終了は、委任者に対して受任者破産の事実を通知し、または委任者がその事実を知ったときでなければ、委任者に対抗することができません（民655）。また、受任者は、自ら（受任者）が破産した場合でも、委任終了後、急迫の事情があるときは、委任者が委任事務を処理することができるようになるまでの間、必要な処分を行う義務を負います（民654）。受任者が当該義務を果たした場合に、費用償還請求権や報酬請求権（民650）を取得することがあります。これらの請求権は、破産手続開始後の原因によるものであるため、受任者の自由財産（破産財

団に帰属せず、破産手続開始後も債権者が差し押さえることができず、破産者が自由に管理処分できる財産。破34Ⅲ）となります。

2 主な契約類型別の対応 5
信託

第1 信託の基本構造

1．信託とは

　信託とは、①委託者が受託者との間の信託契約や委託者の遺言、公正証書等による信託宣言等の単独行為の方法（信託行為）により受託者に対して委託者の所有財産を信託譲渡し、②信託譲渡を受けた受託者が信託行為に基づいて受益者に対して信託財産に属する財産の引渡しその他信託財産にかかる給付をすべき債務等を負うことをいいます（信託2）。

　信託財産は、委託者から受託者に所有名義が移転するとともに、受託者の固有財産から分別管理されるべきことになっています（信託財産の独立性）。この結果として、受託者の債権者は、信託財産に強制執行をすることはできず（信託23Ⅰ）、また受託者が倒産手続の開始決定を受けた場合でも信託財産は倒産財団に組み入れられることはありません（信託25Ⅰ）。このように信託は「倒産隔離機能」を有するといわれています。

　また、信託財産は「倒産隔離機能」を有していることから、委託者企業の企業価値とは別に財産的価値を見出すことが可能となります。企業の資金調達の方法の一つに不動産や債権の資産流動化がありますが、資産流動化は、信託という仕組みを利用することによって企業の有している不動産や債権を信託財産にして、そこに財産的評価をして資金調達を可能にしようというもので、委託者企業の企業価値とは別に信託財産に独自に財産的

価値を見出すことが可能であるからこそ、なし得る手法といえます。

2．信託を利用した資金調達の仕組み

委託者が自己の所有する財産を信託することにより資金を調達する過程としては、一般に次のような過程を経てなされます。

まず、受益者から委託者への受益権の対価の交付がなされるのは、①委託者から受託者への信託財産の譲渡、②受託者から委託者への当初受益権の交付、③委託者から受益者への受益権の譲渡、④受益者から委託者に対する対価の交付の①ないし④の過程を経てなされます。

一方、受益者は、投資家との間で受益権から得られる対価等を配当することを約した匿名出資組合契約等を締結したり、また受益権に質権を設定して金融機関等から借入れをしたりする等の方法により受益権の対価の資金を調達します。なお、受益者が投資家から資金を調達する場合には、投資家を保護するために金融商品取引法の規制に服する場合もあります。

【信託を利用した資金調達の仕組み】

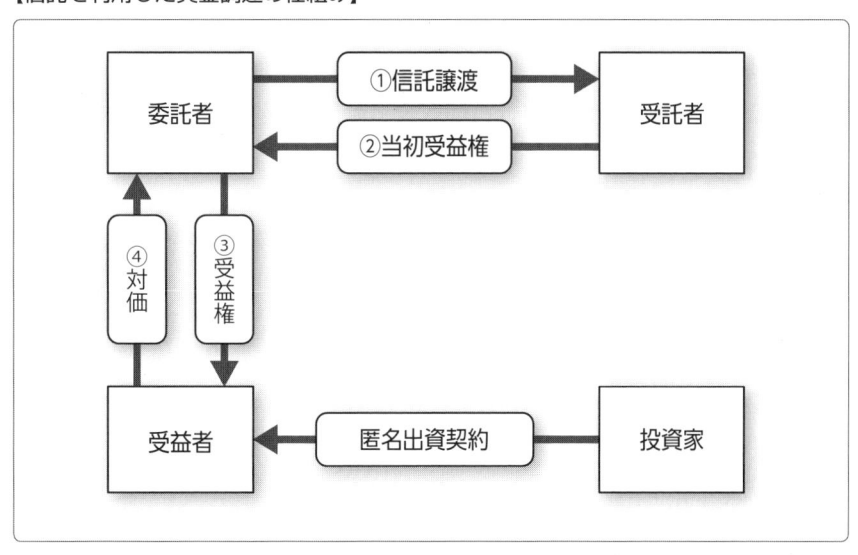

第2 委託者の倒産について

ケース1

　事業者金融のＡ社は、自社の貸付金債権をＢ信託銀行に信託譲渡をして資金調達をしていました。信託譲渡をする際に、Ａ社はＢ信託銀行からサービシングの委託を受けて信託譲渡をした貸付金債権の回収業務を継続していました。

　また、Ａ社は、自社ビルの建物をＣ信託銀行に信託譲渡をして資金調達を図っていました。Ｃ信託銀行はＡ社との間で賃貸借契約を締結し、受益者Ｄが信託からの配当を得ていました。

　その後、Ａ社は、資金繰りの悪化により事業の継続が困難となり、破産手続開始の申立てを行い、破産手続開始決定を受けました。

① Ａ社は、受益者Ｄに信託受益権を相当廉価で譲渡していました。Ａ社の破産管財人は否認権を行使しようと考えていますが、どのように行使することになりますか。

② Ｂ信託銀行はＡ社の破産手続開始決定前の回収金が未収となっていました。Ｂ信託銀行の回収金引渡請求権の取扱いはどのようになるのでしょうか。

1. 詐害信託の否認権等について

　信託法における委託者の倒産に関する定めは、詐害信託の否認、受益権の返還請求権の二つの定めがあります。

(1) 詐害信託の否認

　委託者がその債権者を害する目的のために信託を利用することがあり、これは「詐害信託」と呼ばれています。委託者の破産において詐害信託は詐害否認の適用（破160Ⅰ）を受けることになりますが、否認の要件であ

る「これによって利益を受けた者」の悪意（破160Ⅰ①②）を信託法では、「これによって利益を受けた受益者の全部又は一部」の悪意としています（信託12Ⅰ）。

受益権の譲渡は、法形式上、①委託者から受託者への信託財産の譲渡、②受託者から委託者への受益権の交付、③委託者から受益者への受益権の譲渡、④受益者から委託者に対する対価の交付の各過程を経てなされます。このように信託法における利益の享受者は受益者であり、そのため、信託法では、破産法の否認の特則を定めています。

なお、信託法では、否認権行使の相手方を委託者とすべきか、受益者とすべきかの明文の規定がなく、受益者の悪意の判断時期について明文化されていませんが、否認権のその他の要件については破産法の否認の定めを適用することになると考えられます。

（2）受益権の返還請求権

また、委託者が破産債権者を害することを知って委託者として信託をした場合には、破産管財人は、受益者を被告として、その受益権を破産財団に返還することを訴えをもって請求することができます（信託12Ⅱ前段）。ただし、受益者が、受益者としての指定を受けたことを知ったときまたは受益権を譲り受けたときにおいて債権者を害すべき事実を知らなかったときは、受益権の返還請求権を行使できないとされています（信託12Ⅱ後段、11Ⅳ但書）。

（3）民事再生法、会社更生法における否認への準用

なお、詐害信託の否認、受益権の返還請求権については、民事再生法、会社更生法における否認についても準用されています（信託12Ⅳ・Ⅴ）。

（4）設例の検討

ケース1の①では、受益権の廉価の譲渡が問題となっているので、上記で解説をしたとおり詐害信託の否認権の行使、受益権の返還請求権の行使の問題となります。

A社から受益者Dに対する受益権の譲渡時、受益者Dが破産債権者を害する事実を知って譲渡したのであれば（信託12Ⅴ）、管財人は、訴えをもって、詐害信託の否認権の行使、受益権の返還請求権の行使を行うことになります。

2．コミングリングリスクについて

　信託を利用した債権の流動化においては、委託者から債権の信託譲渡を受けた受託者がその債権の管理・回収業務をサービサー（債権回収代行業者）に委託をすることがあります。サービサーが回収した金銭は、受託者に引き渡されて信託財産に帰属することになりますが、サービサーが回収した金銭を引き渡す前に倒産手続が開始した場合には、サービサーの占有する回収金は倒産手続に取り込まれて、受託者のサービサーに対する回収金引渡請求権は単なる一般の倒産債権になってしまいます。これを一般にコミングリングリスクといいます。

　そのため、かかるコミングリングリスクを回避するために、A社がB信託銀行から債権回収業務の委託を受ける際に、信託譲渡した債権の専用口座を設けて、かかる専用口座からの払戻請求権を信託の目的として、受託者を受益者として信託宣言をする手法（井上聡編著『新しい信託30講』弘文堂、197頁）や、受託者であるB信託銀行を信託譲渡した債権の専用口座の委託者兼受益者として推定をすることを当初の信託契約に明記しておく手法（新井誠『信託法（第3版）』有斐閣、141頁）等が提案されています。

　ケース1の②における受託者の委託者に対する回収金引渡請求権は、受託者の信託財産に属する債権の請求権の行使となります。しかしながら、A社が会社破産手続開始決定前に回収した金員は、上記のとおり信託行為によりA社の信託財産として分別管理されていない限り、破産財団を構成します。そのためB信託銀行は、回収金引渡請求権を破産債権として届出を行い、配当を受けることになります。

第3 信託法理の適用と分別管理義務（信託34）

ケース2

A社は注文者たる地方公共団体B県との間で公営住宅関連の設備工事を内容とする公共工事請負契約を締結しました。一方、本件公共工事請負契約との関係で、A社はC銀行との合意に基づいてA社名義の前払金専用口座（本件預金）を開設し、B県は同口座に前払金を振込送金しました。数か月後、A社は資金繰りの悪化により破産開始決定を受けて、破産管財人としてXが選任されました。

Xは、C銀行に対して本件預金の払出しを求めることはできるでしょうか。

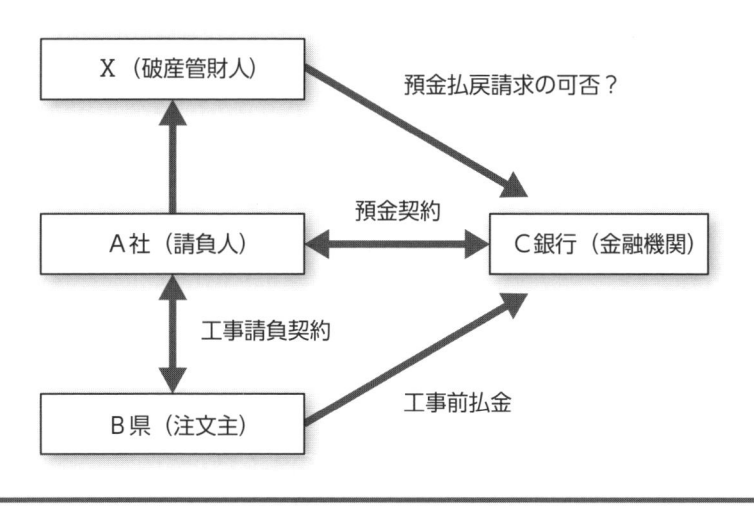

```
X（破産管財人）──預金払戻請求の可否？──┐
      ↑                                    ↓
      │                                    │
   A社（請負人）──預金契約──→ C銀行（金融機関）
      ↑                                    ↑
      │                                    │
   工事請負契約                          工事前払金
      ↓                                    │
   B県（注文主）────────────────────────┘
```

1. 信託法理の適用

信託法上、信託を設定するための要件としては、契約や遺言等の信託行為が必要とされていますが、明示の信託行為がない場合においても当事者の合理的意思解釈、固有財産と信託財産の分別管理の実態等から信託法理

が適用される場面があります。たとえば、弁護士のクライアントからの預り金口座、損害保険代理店の保険契約者の保険料管理口座、マンション管理組合法人の区分所有者の積み立てた修繕費積立口座等の預金口座がありますが、これらの預金口座は口座名義人以外の者が預金口座に経済的に出捐しており、実質的には経済的出捐者に帰属しているものです。このような場合に口座名義人の倒産によって、預金口座に入金されている金員は当然に倒産財団に取り込まれるのか問題となります。

　この点、請負人が破産した事例において、公共工事の前払金保証制度に基づく請負人名義の専用口座の預金債権が破産管財人に帰属するのか、それとも注文者に帰属するのか争われた判決例があります。最高裁判例は、公共工事の前払金の使途に関する厳格な法規制が課されていることに加えて、口座名義人の固有財産から完全に分別管理されている事実に鑑みれば、請負人名義の専用口座に入金されている注文者の前払金はその使途が工事の必要経費に限定された信託財産として理解することが相当であるとし、注文者が入金した前払金の信託財産は、分別管理されている事実からして信託の成立を破産管財人に対抗できるものとしています（最判平14・1・17民集56巻1号20頁）。

2．分別管理義務の方法

　上記判決例では、財産の名義人以外の者が当該財産の経済的出捐をした場合において分別管理されている事実が認められることを要素の一つとして経済的出捐をした者に対して当該財産の帰属を認めています。この分別管理について、信託法では財産ごとに以下のとおり定めています（信託34Ⅰ①ないし③）。

【信託法による分別管理】

①信託の登記または登録をすることができる財産	信託の登記または登録
②信託の登記または登録をすることができない財産	ⅰ）動産（金銭を除く） 信託財産に属する財産と固有財産および他の信託財産に属する財産とを外形上区別できる状態で保管する方法
	ⅱ）金銭その他ⅰ）以外の財産 その計算を明らかにする方法
③法務省令で定める財産	法務省令で定める方法により当該財産を適切に分別して管理する方法

　一方、この分別管理義務を強行規定とすると、実務において柔軟に対応することができず、信託財産の効率的な管理、処分等を行うことができません。そのため、上記①ないし③の管理方法は任意規定とされ、「信託行為に別段の定め」を置けば、それに従うものとされています（信託34Ⅰ）。

3．設例の検討

　ケース2では、公共工事の前払金のA社名義の預金口座が破産財団を構成するか否かが問題となっています。この点、公共工事の前払金は工事の必要経費にあてなければならないという規制があり、A社とB県との間には信託行為を設定したのと類似の関係が認められます。また、A社名義の銀行口座は本件公共工事のために別途設けたもので、A社のその他の銀行口座とは別に管理されています。

　したがって、上記の判決例に従えば、A社名義の公共工事の前払金の専用口座は、受益者をB県とする信託が成立しており、破産管財人はC銀行に対して預金の払戻しをすることはできないことになります。

第4 受託者の倒産について

ケース3

　出版業を営んでいるＡ社は、都内の一等地に甲建物を所有し、甲建物で事業を営んでいましたが、Ａ社は、資金調達のためにＢ社との間で信託契約を締結して、Ｂ社は、甲建物をＡ社から信託譲渡を受けると同時に、引き続き甲建物を利用させるためＡ社との間で建物賃貸借契約を締結しました。また、信託受益権はＣが引き受けました。その結果、Ｂ社は、信託受託者として不動産およびその賃料収入を管理することになりました。

　ところが、Ｂ社は、不動産バブルの崩壊に伴い資金繰りの悪化により事業を継続することが困難となりました。そのため、Ｂ社は〇〇地方裁判所に対して会社更生手続開始申立てを行い、同地方裁判所より会社更生手続開始決定が発令され、管財人が選任されました。

① Ｂ社は、更生手続開始決定前、受益者Ｃの同意を得て、Ｂ社の信託財産から100万円を借り入れていました。Ｂ社の信託財産からの借入金は更生手続ではどのように取り扱われるのでしょうか。

② Ｂ社は、受益者の同意を得ないまま、甲建物が市場価格よりも著しい廉価でＢ社の固有財産に帰属させていた場合、受益者はどのような対応をとることができますか。

1．会社更生手続開始に伴う受託者の地位

(1) 管財人の地位と受託者の地位の利益相反性

　信託法上、倒産手続が開始しても、信託財産は倒産財団に属することはありません（信託25）。そして、受託者の倒産手続において、受託者が破産手続開始決定を受けた場合には、受託者の任務は終了します（信託56Ⅰ

④)。しかし、受託者である株式会社が会社更生手続開始決定または民事再生手続決定を受けた場合には信託契約等の信託行為に別段の定めをしていない限り（信託56Ⅰ⑦）、受託者の任務は終了することはありません（信託56Ⅰ）。したがって、受託者である株式会社が会社更生開始決定を受けた場合、受託者の任務は継続し、受託者は信託財産に対する善管注意義務を負い続けることになります（信託29Ⅱ）。

一方、会社更生手続においては、管財人が選任されて、管財人は、更生会社の財産に対する管理処分権、事業経営権を有する（会更72Ⅰ）とともに、これらの権限に対して善管注意義務を負うことになります（会更80Ⅰ）。

そのため更生会社の管財人は、管財人としての固有財産に対する善管注意義務（会更80Ⅰ）と信託受託者としての信託財産に対する善管注意義務（信託29Ⅱ）、忠実義務（信託30）を負うことになります。しかし、**ケース3**の①、②のように更生会社の固有財産と信託財産との間で貸借関係、利益相反関係があった場合には、上記の義務が衝突する局面が生じます（下記図表参照）。

【管財人と受託者の利益の衝突】

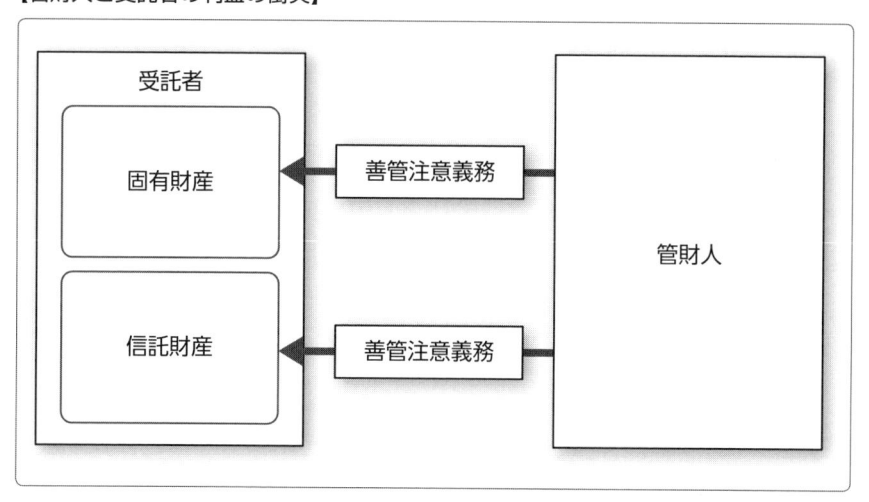

```
┌─────────────────┐          ┌─────────────┐
│    受託者        │          │             │
│ ┌─────────┐     │          │             │
│ │ 固有財産 │◄──[善管注意義務]──│             │
│ └─────────┘     │          │   管財人     │
│ ┌─────────┐     │          │             │
│ │ 信託財産 │◄──[善管注意義務]──│             │
│ └─────────┘     │          │             │
└─────────────────┘          └─────────────┘
```

ケース3の①、②のような場面では、管財人としては、委託者および受益者の同意を得て辞任するか（信託57Ⅰ）、もしくは、「やむを得ない事由」を疎明して裁判所の許可を得て辞任をした上で（信託57Ⅱ・Ⅲ）、新受託者に信託財産の事務を引き継ぐことになるものと考えられます。

仮に、新受託者が選任できない状況の場合には、管財人は、裁判所に対し新受託者が選任されるまでの間、信託財産管理命令の申立てを行い（信託63）、信託財産管理者の選任（信託64）を受けて、信託財産の事務の引継ぎを行うことになります。

（2）設例の検討

ケース3の①は、会社更生手続開始決定前の信託財産から固有財産への貸付けです。上記のとおり信託財産に属する財産を固有財産に帰属させる受託者の行為は利益相反取引により制限されていますが、本設例では受益者の承諾があるため、その制限は解除されているため有効です。

この貸金債権は、会社更生手続開始決定前の原因によって生じた債権（更生債権、会更2Ⅷ）なので、原則として、更生債権の届出を行い、更生計画に基づいて弁済を受けることになります（会更47Ⅰ、138）。したがって、**ケース3**の①のように固有財産に対し信託財産に属する貸金債権の返還を請求するためには、更生債権として届け出る必要があります。

なお、上記（1）記載のとおり、更生会社の管財人は信託受託者を辞任すれば、新受託者に信託事務の引継ぎがなされます。新受託者が就任した場合は、前受託者の任務が終了したときに、そのときに存する信託に関する権利義務を前受託者から承継したものとみなします（信託75）。したがって、固有財産と信託財産との間の権利義務も前受託者から新受託者に承継されることになります。よって、新受託者は、信託財産のCの固有財産に対する貸金債権を更生債権として届け出ることになります。

また、共益債権についても更生債権と同様となります。すなわち、前記の場合と同様に、固有財産と信託財産との間の権利義務関係は前受託者か

ら新受託者に承継されます。したがって、信託財産から固有財産に対する請求権が共益債権である場合には（会更127）、新受託者は更生会社の管財人に対して共益債権の行使をすることになります。

2．利益相反取引について
（1）受託者の利益相反取引規制（信託31）

　受託者は、原則として、①信託財産と固有財産との間の直接の取引（自己取引）、②信託財産と他の信託財産との間の直接の取引（信託財産間取引）、③取引の相手方の代理人となる信託財産との間の取引（双方代理的取引）、④第三者との間においてする取引のうち受託者またはその利害関係人と受益者との利益が相反する取引（間接取引）をすることは原則としてできません（信託31Ⅰ①ないし④）。

　ただし、利益相反取引の制限は、①信託行為にこれを許容する定めがある場合、②受託者が重要事実を開示して受益者の承認を得た場合、③相続その他包括承継により固有財産に帰属した場合、④信託の目的を達成するために合理的に必要と認められる場合であって、受益者の利益を害しないことが明らかであるとき、または当該行為の信託財産に与える影響、当該行為の目的および態様、受託者と受益者の実質的な利害関係の状況その他の事情に照らして正当な理由があるときには許容されます（信託31Ⅱ①ないし④）。

　自己取引、信託財産間取引の利益相反取引違反の効果は、受益者の追認がない限り無効となります（信託34Ⅳ）。ただし、取引の安全を図るために、自己取引、信託財産間取引の後、受託者が第三者に転売する等財産の処分行為をした場合には、第三者の悪意・重過失のある場合に限り取り消すことができます（信託34Ⅴ）。一方、双方代理的取引、間接取引は、取引の安全を図るために、第三者の悪意・重過失のある場合に限り取り消すことができるとしています（信託34Ⅵ）。

受託者が利益相反取引の制限に違反して信託財産に損失が生じた場合には、受託者は、当該行為によって生じた損失を補填しなければなりません（信託40Ⅰ）。この場合には、受託者または利害関係人が利益相反行為によって得た利益の額が損失と推定されます（信託40Ⅲ）。

(2) 設例の検討

　ケース3の②は、受益者の承認を得ないままに信託財産である甲建物を廉価でB社の固有財産に帰属させており、受益者の利益を害している状況は明らかです。そのため、受益者は、管財人に対し、利益相反取引の制限違反により無効（信託31Ⅰ・Ⅳ）の主張をした上で、取戻権（会更64）を行使して甲建物を信託財産に帰属させることになると思われます。一方、管財人は、新受託者に対し不当利得返還請求権（民703、704）に基づき売買代金の返還を求めることになります。

第4章
事業の再生と組織再編

1 会社分割と事業譲渡

第1 事例

ケース1

　A社は、家電製品等の製造業を営んでいますが、ゲーム機器製造事業の業績が好調な半面、テレビ製造事業が不振となっています。また、A社の財務状況も有利子負債が大きく、テレビ製造事業の赤字、有利子負債の処理のために、A社の損益は全体で赤字となり、ゲーム機器製造事業の業績にも影響を与えかねない状況となっています。

　B社は、A社のゲーム機器のソフト開発のメーカーですが、A社のゲーム機器製造事業に興味を示し、A社からゲーム機器製造事業を譲り受けることを希望しています。

① B社がA社からゲーム機器製造事業の承継を受けるにあたってはどのような承継の手法がありますか。

② A社に倒産手続が開始している場合、B社がA社からゲーム機器製造事業の承継を受けるにあたっての手続はどのようなものがありますか。

第2 解 説

1. 本稿の目的

　倒産の局面においては、企業活動において採算性のある事業を活かすことを目的として、事業承継の手法を用いて不採算の事業や金融機関との借入金債務（金融債務）の切離しを行い当該事業の再生を図ることが行われる場合があります。たとえば、C法人のD事業を活かす目的で、事業承継の手法によりD事業を別のE法人に移し替えた上で、D事業以外の不採算事業、金融債務等を有するC法人の特別清算手続を行い、E法人でD事業を継続する、あるいは倒産開始決定後のF法人のG事業をH法人に承継させ、H法人でG事業を継続する等です（このように採算事業、不採算事業を別の法人格に分けることから、「グッドバッド方式」や「第2会社方式」と呼ばれることもあります）。

　本稿では、倒産の局面においてよく用いられる事業承継の手法である会社分割と事業譲渡に焦点を当てて、会社分割および事業譲渡の手続の一般論を概説した上で、会社分割および事業譲渡の手続が倒産の局面においてどのようになっているのかを解説します。

2. 事業承継の手法

（1）会社分割とは

　「会社分割」とは、株式会社（分割会社）が、その事業に関して有する権利義務の全部または一部を他の会社に承継させることをいい、既存の他の会社（承継会社）に権利義務を承継させる「吸収分割」（会2㉙）と、分割手続において新たに設立される会社（設立会社）に権利義務を承継させる「新設分割」（会2㉚）の方法があります。

　承継会社・設立会社は、分割会社に対して、承継した権利義務の対価

（分割対価）の交付をしますが、この対価として、承継会社・設立会社の株式や現金を交付することができます（物的分割）。また、承継会社・設立会社は、分割会社に分割対価を交付するのではなく、分割会社の株主に対して、分割会社を介して（剰余金の現物配当等の方法により）、承継会社・設立会社の株式や現金を交付することもできます（人的分割、会758⑧、763⑫）。会社分割の概要（物的分割、人的分割）を図表に整理すると、下記の図のようになります。

【物的分割と人的分割】

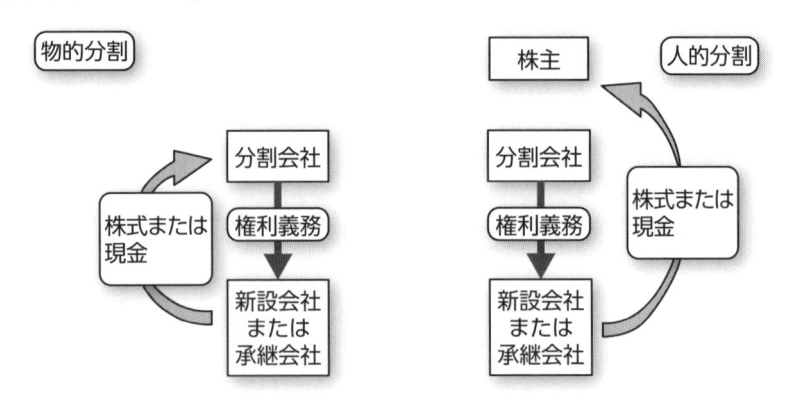

（2）事業譲渡とは

　事業譲渡は、株式会社（譲渡会社）が事業の全部または一部を取引行為（特定承継）により他の会社（譲受会社）に譲渡することをいいます（会467Ⅰ①②）。

　事業譲渡の対価は、金銭が一般的ですが、譲受会社の株式等の金銭以外の方法によることもできます。ただし、譲受会社の株式の交付による場合は、譲渡会社が現物出資をしていることになるので、この場合には、原則として裁判所の選任する検査役の検査を受ける必要があります（会33、207）。

(3) その他の承継手法

なお、事業承継の手法には、会社分割、事業譲渡の他に、合併、株式交換・株式移転があります。

まず、合併には吸収合併、新設合併の2種類があります。吸収合併とは、合併により解散する会社の権利義務の全部を、合併後に存続する会社に承継させるものをいいます（会2㉗）。また、新設合併とは、二つ以上の当事会社の全部が解散し、それと同時に新会社を設立して、当事会社の権利義務の全部を新会社に包括承継させることをいいます（会2㉘）。

株式交換とは、既存の株式会社の株主に対して一定の日に金銭等を交付することにより、その株主の有する全株式を一定の日に既存の他の株式会社に移転させることをいいます（会2㉛）。また、株式移転とは、既存の株式会社の株主の有する全株式を新設した他の株式会社に移転させ、既存の株式会社の株主を新設した株式会社の株主とすることをいいます（会2㉜）。

合併、株式交換・株式移転は、その効果が株式会社の事業の全部を承継させることにあるので、不採算事業や金融債務だけを別の法人格に移し替えることはできません。

3. 会社分割と事業譲渡の異同

会社分割と事業譲渡は、株式会社の権利義務の全部または一部を他の会社に承継させる点では同じですが、会社分割による場合にはその承継は「包括承継（全部または一部の包括承継）」と謂われているのに対し、事業譲渡による場合にはその承継は「特定承継」と謂われている点で相違します。以下、資産・負債の具体的な移転について解説をします。

(1) 契約上の地位の移転について

会社分割の場合には、その効果として一括して権利義務が承継されるため、事業を構成する債務・契約上の地位等の移転をする際には、個別にその契約の相手方の同意はいりません。これに対し、事業譲渡の場合には、

事業を構成する債務・契約上の地位は個々の契約ごとに譲渡されるため、個別に契約の相手方の同意が必要となります。

(2) 有形・無形固定資産の移転について

　土地建物等の固定資産については、事業譲渡および会社分割の場合は、その効果として、事業譲渡の場合には譲渡会社から譲受会社に、会社分割の場合には分割会社から承継会社（ないし新設会社）に所有権が移転することになりますが、第三者に対抗するために所有権移転登記手続を行う必要があります。ただし、特定承継である事業譲渡の場合には、建物や自動車等の有形固定資産の承継、無形固定資産である営業権の承継にあたり消費税が課税されることになります（消費税令45Ⅲ）。また、特定承継である事業譲渡と包括承継である会社分割とでは、所有権移転登記申請にあたって登録免許税の計算が異なります（不登9参照）。

(3) 抵当権・根抵当権の譲渡

　まず、抵当権の場合、債権の随伴性が認められるので、抵当権の被担保債権の譲渡があった場合には抵当権も移転します。したがって、事業譲渡や会社分割によって、譲受会社や新設会社・承継会社が被担保債権を承継した場合、その抵当権も譲受会社や新設会社・承継会社に承継されます。

　これに対し、根抵当権の場合、元本の確定前は随伴性が認められておりません（民398の7Ⅰ）。そのため、事業譲渡において債権が承継されたとしても、根抵当権の元本を確定する手続（民398の19Ⅰ）、もしくは根抵当権の譲渡の手続（民398の12Ⅰ）を経た上でなければ、承継された債権を被担保債権とする根抵当権を譲渡することはできません。

　一方、会社分割の場合には、元本確定手続を経る必要はなく、分割のときに存する債権の他、新設会社または承継会社が分割後に取得する債権も担保することになるとしています（民398の10Ⅰ）。この規定は、会社分割の権利義務の移転が包括承継であることを重視して定められたものです。ただし、根抵当権設定者は、根抵当権の継続を希望しない場合には、元本

の確定請求ができるとされています（民398の10Ⅲ、398の9Ⅲ）。

なお、抵当権、根抵当権の譲渡についても、第三者対抗要件のために登記を備える必要があります。

(4) 労働契約の移転について

会社分割の場合には、その効果として契約上の地位が承継されるのに対し、事業譲渡の場合には、労働契約上の地位を移転させるためには、個別の労働者の同意が必要になります。労働者の同意が得られる場合には、具体的には、譲渡会社における労働契約の合意解約と、譲受会社における労働契約の締結をすることになります。

(5) 税制について

法人税法上、事業譲渡においては、譲渡会社の資産・負債が譲受会社に承継されると、パーチェス方式（企業結合の際の評価方式。承継資産と承継負債を公正価値（譲渡時点の時価）で評価し、資本との差額をのれんとして計上する手法）により、譲渡会社に当該事業年度に譲渡損益を計上します。

会社分割も、事業譲渡の場合と同様に、パーチェス方式により譲渡会社に当該事業年度に譲渡損益を計上します（法人税62の2）。

ところで、会社分割においては、一定の要件を満たした会社分割については、資産・負債の帳簿価額での承継（持分プーリング法）、すなわち、譲渡損益計上の繰延べが認められています（法人税62の2・62の3）。会社分割においてかかる帳簿価額での承継が認められるのは、企業グループ間内での再編の実質が買収ではなく、共同事業を行うことを容易にさせるためであるとされています。事業譲渡は、過去このような方法は認められていませんでしたが、平成22年度税制改正によって、一定の要件を満たした事業譲渡については、同様の方法が認められることとなりました（法人税61の13）。

（6）許認可について

【許認可等を要する主な事業と事業承継】

事　業	許認可権者	許認可等	許可等根拠法	包括承継 分割	特定承継 譲渡	承継等根拠法	産活法（中小）39条の2第3項
旅館業	都道府県知事	許可	旅館業法3	承認	―	法第3条の2	○
不動産業者（宅地建物取引業）	都道府県知事	免許	宅地建物取引業法3	―	―		
レストラン、料亭、スーパーマーケット、食肉工場等（飲食業、食品販売業、食品製造加工業者）	都道府県知事	許可	食品衛生法52	届出	―	法第53条	
映画館、演芸場、コンサートホール、スポーツスタジアム（興行場）	都道府県知事（保健所を設置する市または特別区にあっては、その区長）	許可	興行場法2	届出	―	法第2条の2	
医療品・医薬部外品・化粧品・医療機器製造販売業医療品・医薬部外品・化粧品・医療機器製造業	厚生労働大臣	許可	薬事法12（製造販売業）、13（製造業）	届出	―	法第14条の8	

　事業の内容によっては監督官庁からの許可や認可を受けて行う事業もありますが、特定承継である事業譲渡の場合には、一般的には、改めて監督官庁から許可や認可を取得しなければならないのに対して、包括承継である会社分割の場合には、改めて監督官庁から許可や認可を取得する必要はないものと考えられます。もっとも、各許認可事業における事業譲渡、会社分割の具体的な取扱いは、上記の図表のとおり個別の行政法規に委ねられているので、一義的に結論づけることはできません。

4．会社分割と事業譲渡の手続の概要

（1）会社分割の手続の概要

　会社分割は、その効果として事業の全部または一部を他の会社に一括して承継させるので、当事会社の株主および債権者に影響を及ぼします。そのため、会社法は、会社分割に関して、株主の意思決定手続、保護手続を設けるとともに債権者保護手続を設けています。また、会社分割は、その

効果として労働者との労働契約を承継させるので、労働者の保護手続が必要になります。かかる観点から会社法等で次のとおり定めています。
① 株主の意思決定手続・保護手続
　ア　株主総会の特別決議
　　吸収分割をする場合には、各当事会社は、法定事項を定めた吸収分割契約を締結し、分割会社・承継会社は、吸収分割契約に定めた効力発生日の前日までに、株主総会の特別決議により吸収分割契約の承認を受けなければなりません（会783Ⅰ、795Ⅰ、309Ⅱ⑫）。新設分割する場合には、分割会社は、分割計画書を作成し、新設分割の登記前に株主総会の特別決議により新設分割計画の承認を受けなければなりません（会804Ⅰ、309Ⅱ⑫）。
　イ　反対株主の株式買取請求権
　　また、少数株主保護の見地から、当事会社の反対株主は、株式買取請求権を有しています（会785、786、797、798、806、807）。
② 債権者保護手続
　ア　吸収分割契約書・新設分割計画書等の備置、開示
　　吸収分割・新設分割の各当事会社は、法定の日から分割の効力が生じた日の後6か月を経過するまでの間、吸収分割契約書・新設分割計画書等の備置をしなければなりません（会782Ⅰ②、794Ⅰ、803Ⅰ②）。各当事会社の株主・債権者は、その書面の閲覧、謄写の請求をすることができます（会782Ⅲ、794Ⅲ、803Ⅲ）。
　イ　債権者に対する公告・催告
　　吸収分割においては分割会社・承継会社は、また新設分割においては分割会社は、債権者が吸収分割、新設分割について一定の期間内（1か月以上であることを要する）に異議を述べることができる旨を官報に公告し、かつ、知れたる債権者には、各別にそれを催告しなければなりません（会789Ⅱ・Ⅲ、799Ⅱ・Ⅲ、810Ⅱ・Ⅲ）。

なお、定款に定めた時事に関する事項を掲載する日刊新聞紙または電子公告により公告をした場合には、知れたる債権者に対する各別の催告を省略することはできますが、不法行為により生じた債務の債権者に対しては、省略できません（会789Ⅱ・Ⅲかっこ書き、810Ⅱ・Ⅲかっこ書き）。

③ 労働者保護手続

分割会社は、吸収分割契約・新設分割計画書の備置の日までに、労働者との間で労働者の理解と協力を得るための協議をしなければならず（労働契約承継7）、株主総会の2週間前の日の前日までに労働契約の承継に関する協議をしなければなりません（平成12年商法等改正附則5Ⅱ）。また、吸収分割契約・新設分割計画の備置の日または株主総会の招集通知発送日のいずれか早い期日までに、労働者への通知を行わなければなりません（労働契約承継2Ⅰ）。

所定の期間内に異議申出権のある労働者から異議の申出があった場合（労働契約承継4Ⅰ、5Ⅰ）には、承継される事業に属する労働者が承継の対象となっていない場合には労働契約は承継され、また承継されない事業に属する労働者が承継の対象となっている場合には労働契約は承継されないこととなります（労働契約承継4Ⅳ、5Ⅲ）。

【吸収分割の手続を整理したスケジュール】

手続	根拠法令	期日
吸収分割契約の締結	会757	
労働者の理解と協力を得るための協議	労働契約承継7	平成12年商法等改正附則5Ⅰの協議までに開始することが望ましい。
労働契約の承継に関する労働者との協議	平成12年商法等改正附則5Ⅰ	分割契約等の通知期限日（株主総会日の2週間前の日の前日）までに協議 十分な協議ができる時間的余裕をみて開始することが望ましい。
労働者への通知	労働契約承継2Ⅰ	通知期限までに通知 分割契約等の本店備置開始日または分割契約等承認株主総会の招集通知日を通知日より早くする場合は、それらの日と同じ日に通知することが望ましい。

吸収分割契約等の本店の備置	会782Ⅰ②、794②	株式買取請求手続等開始日または分割契約承認株主総会日の2週間前から効力発生日後6か月を経過するまで備置。
株主総会招集通知	会299Ⅰ	株主総会の2週間前まで通知
株式買取請求・通知・公告	会785Ⅰ・Ⅲ・Ⅳ、797Ⅰ・Ⅲ・Ⅳ	
債権者異議申述・公告・催告	会789Ⅰ②、799Ⅰ②・Ⅱ	債権者が一定の期間（1か月間）異議を述べる旨の公告
労働契約承継についての労働者の異議申出	労働契約承継4Ⅰ、5Ⅰ	通知期限の翌日から株主総会の前日までの分割会社が定める期間（少なくとも13日間）に申出
株主総会による分割契約の承認	会783Ⅰ、795Ⅰ	
効力発生日	会759Ⅰ、761Ⅰ	
登記	会923	

（2）事業譲渡の手続の概要

① 株主の意思決定手続・保護手続

　譲渡の対象が事業の全部または一部であるときは、譲渡する資産の帳簿価額が当該会社の総資産額として法務省令で定める額の5分の1を超えない場合を除き、譲渡会社は、株主総会の特別決議によりその承認を得なければなりません（会467Ⅰ①②、309Ⅱ⑪）。また、反対株主に対し株式買取請求権が認められています（会469、470）。

　一方、譲受会社は、他の会社から事業の全部を譲り受ける場合には、株主総会の特別決議の承認を経る必要があり（会467Ⅰ③、309Ⅱ⑪）、また反対株主に対し株式買取請求権が認められています（会469、470）。

② 債権者保護手続

　事業譲渡の場合には、個別の債権者の同意がない限り契約上の地位の移転はできませんので、会社法上の債権者保護手続は設けられていません。

③ 労働者保護手続

　労働契約についても労働者は、譲渡会社との間で労働契約を終了させて、譲受会社との間で個別に労働契約を締結することになるので、特段の保護手続は設けられていません（なお、譲渡会社との間で労働契約を終

了させるにあたって解雇を伴う場合には解雇権濫用の法理の適用があります）。

（3）簡易な会社分割・事業譲渡手続

なお、会社分割において、分割会社または承継会社の株主に及ぼす影響が軽微な場合には、その会社の株主総会の承認決議を経ることなく会社分割が認められ（簡易分割、会784Ⅲ等）、また吸収分割の一方の当事会社が他方の特別支配会社（会468Ⅰ、総株主の議決権の10分の9以上を有する関係にある場合）である場合には、従属関係にある当事会社における株主総会の承認決議を経ることなく会社分割が認められています（略式分割、会784Ⅰ等）。

一方、事業譲渡の場合も同様に、譲受会社において全部の事業譲渡を受ける場合でも、同社が対価として交付する財産の帳簿価額の合計額が同社の純資産額として法務省令で定める額の5分の1を超えない場合には譲受会社の株主総会の特別決議は必要ないとされています（簡易な事業全部の譲受け、会468Ⅱ）。また、譲渡会社と譲受会社の一方が特別支配会社である場合、譲渡会社、譲受会社の株主総会の特別決議は必要ないものとされています（会468Ⅰ、略式事業譲渡、略式事業全部の譲受け）。

5．倒産法における会社分割と事業譲渡の取扱い

（1）倒産手続において事業承継手法が用いられる局面

倒産手続開始決定後、スポンサーが事業の承継の手法により事業を譲り受けて、当該事業の再建を図ることがあります。このような局面において、会社分割や事業譲渡の手法が用いられることがありますが、以下では、倒産手続開始後において、会社分割や事業譲渡の手続がどのようになるのかについて解説をします。

（2）破産の場合

破産手続は、清算型の倒産手続ですが、破産手続開始の決定がされた後

であっても、破産管財人は裁判所の許可を得て、破産者である株式会社の事業を継続することができます（破36）。そして、破産管財人は、裁判所の許可を得れば、破産財団である事業の全部または一部の譲渡をすることもできます（破78Ⅱ③）。ただし、破産管財人が事業の譲渡について裁判所の許可を得ようとする場合には、事前に労働組合等の意見を聴取しなければなりません（破78Ⅳ）。

他方で、会社分割は、破産管財人の権限に含まれていないので（破78Ⅱ）、破産手続中の会社分割を行うことはできません。

(3) 民事再生の場合

① 再生計画に基づく事業譲渡

事業譲渡は、組織再編に関わる重要な事項なので再生計画に記載をすることが望ましいです。ただし、再生計画案に基づいて事業譲渡を行う場合にも、認可に基づいて効力が生じるわけではないので、株主総会の特別決議が必要になります。代替許可を得る必要がある場合には（民再43）、再生計画認可決定と同時に代替許可を得ることができるように準備をしておく必要があります。

② 再生計画に基づく会社分割

上記①と同様に、会社分割も再生計画に記載をした上で会社分割を実行することが望ましいです。再生計画の認可によって会社分割の効力が生じるわけではないので、会社法の規定に従って会社分割を行う必要があります。なお、会社分割には事業譲渡のような代替許可の制度はありません。

③ 再生計画によらない事業譲渡

上記のとおり事業譲渡は再生計画に記載をした上で実行することが本来ですが、再生申立てがなされると事業価値の劣化が進みます。再生計画案の認可まで事業の承継ができなければ、事業の再生を果たすことができません。そのため、再生債務者である株式会社は、再生計画によら

ずに、「事業の再生のために必要である場合」には、裁判所の許可を得て、会社財産の事業譲渡をすることができます（民再42Ⅰ後段）。

この場合には、知れたる再生債権者や労働組合等の意見を聴取しなければなりません（民再42Ⅱ・Ⅲ）。また、上記のとおり事業譲渡の場合には、株主総会の特別決議が必要となります（会467Ⅰ・Ⅱ）。ただし、事業譲渡が事業の継続のために必要である場合には、裁判所が株主総会の決議に代わる許可を与えることができるものとされています。

④ 再生計画によらない会社分割

民事再生手続が開始しても、再生債務者は、会社法の定めに従い会社分割を行うことができます。この点、旧商法下では「債務の履行の見込みがあること」が会社分割の要件とされていたので、再生計画認可後に会社分割の手続をとる必要がありました。しかし、会社法では、「債務の履行の見込みがあること」は会社分割の要件ではなくなりました（会施規183⑥、192⑦、205⑦）ので、認可前に会社分割することが理論的には可能となっています（ただし、反対説有り（江頭憲治郎『株式会社法（第3版）』有斐閣、829頁））。もっとも、会社分割は、事業譲渡と異なり債権者保護手続を省略できる方法もある（会789Ⅰ②、789Ⅱ、810Ⅰ②、810Ⅱ）ので、民事再生手続の趣旨を没却しないように、認可前の会社分割が許されるのは早期に事業承継をしなければ事業劣化のおそれがある等の必要性が極めて高い限定的な場合に限られると考えられます（全国倒産処理ネットワーク編『通常再生の実務Q&A120問』きんざい、249頁以下）。なお、会社分割には事業譲渡のような代替許可の制度はありません。

（4）会社更生の場合

① 更生計画に基づく事業譲渡

事業の譲渡は、更生会社の事業の維持更生の根幹に関わるものとして、更生計画によってなされることが原則となります（会更46Ⅰ本文、

167Ⅱ)。更生計画による事業譲渡の場合には、更生計画案において株主総会の決議その他の株式会社の機関の決定において必要となる事項を定めなければなりません（会更174柱書・⑥）。更生計画に基づく事業譲渡の場合には、可決の上で裁判所による認可を受ければ、認可のときに事業譲渡の効力が生じます（会更201）。

② 更生計画に基づく会社分割

会社更生法では、会社分割は更生計画によらなければできないものとされています（会更45Ⅰ⑦）。管財人は、更生計画において、吸収分割については吸収分割契約において定める事項を、新設分割については新設分割計画書に定める事項を、それぞれ定めなければなりません（会更182・182の2）。更生計画に基づく会社分割の場合には、可決の上で裁判所による認可を受ければ、その効力が生じます（会更201）。

③ 更生計画によらない事業譲渡

また、会社更生手続開始から更生計画付議決定がされるまでの間において、管財人は、「事業の更生のために必要であると認められる場合」には、裁判所の許可を得て、事業譲渡をすることができます（会更46Ⅱ）。この事業譲渡には、会社法の規定は適用されません（会更46Ⅹ）。

ただし、この場合には、譲受会社が特別支配会社の場合および更生会社が債務超過の場合を除き（会更46Ⅷ）、株主の反対の意思の有無を問うために官報公告、株主に対する個別催告手続が必要になります（会更46Ⅳ）。

また、知れたる更生債権者、知れたる更生担保権者、労働組合等からの意見聴取手続も必要となります（会更46Ⅲ）。

④ 更生計画によらない会社分割

なお、会社更生法では、更生計画によらない会社分割は認めていません。

2 倒産手続における組織再編と雇用関係

第1 はじめに

　清算型手続が選択される場合、すべての労働者が手続の利用前に解雇されていることが通常です。これに対し、再建型手続が選択される場合、再建のために労働者の存在は必要不可欠ですので、すべての労働者が手続の利用前に解雇されているということはありません。しかし、再建型手続であったとしても、労働者との雇用関係に何ら変化が生じないというケースは考えづらく、特に再建型手続において組織再編が行われるケースでは、労働者との雇用関係に変化が生じることが多いようです。

ケース1

　お菓子の製造・販売業を営むA社（株主5名。3名はA社の取締役であり、その議決権の合計割合は70％）は、資金繰りに窮したため、民事再生手続の開始を申し立てました。A社には、取締役3名、監査役1名のほか、一つの工場に勤務する製造部門の労働者20名（管理職3名）、五つの店舗（東京営業部4店舗、名古屋営業部1店舗）に勤務する販売部門の労働者30名（1店舗あたり6名、1店舗あたり管理職1名）、本社（東京）に勤務する人事・総務・経理部門の労働者5名（管理職1名）が働いていました。

　A社は、当初、自主再建を目指しましたが、お菓子の原材料の調達

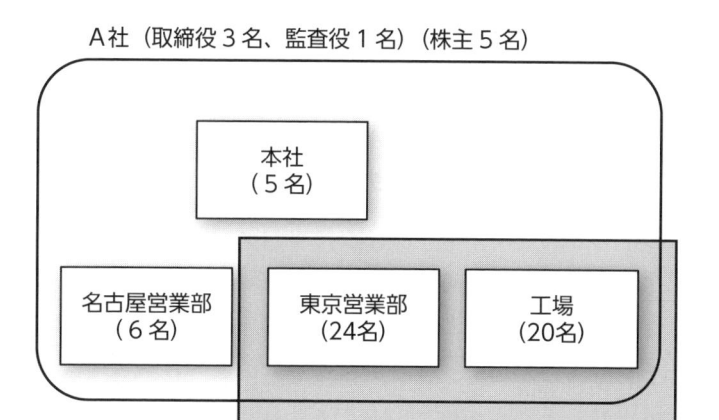

```
A社（取締役3名、監査役1名）（株主5名）

    本社
   （5名）

名古屋       東京営業部      工場
営業部       （24名）      （20名）
（6名）

        B社による事業の承継範囲
        （工場勤務15名、店舗勤務20名）
```

が厳しくなり、店舗でのお菓子の売上も伸び悩んだため、スポンサーを募ることとなり、同業他社であるB社がスポンサーとなりました。ただし、B社から提示された内容は、「一つの工場と東京営業部の4店舗を承継するが、名古屋営業部の1店舗と本社機能はB社の既存店舗や本社機能と重複するために承継しない」というものでした。また、「B社で承継する労働者は、工場勤務15名、店舗勤務20名であり、本社勤務の労働者は不要であり、承継する場合の労働条件についてもA社の退職金制度は承継しない」というものでした。

このようなケースにおいて、A社の労働者との雇用関係は、どのように取り扱うことになりますか。

　再建型手続におけるA社の立場としては、心情的には、すべての労働者との雇用関係を維持してもらいたいと考えることが多いものですが、スポンサーであるB社は、必ずしもすべての労働者との雇用関係を維持してくれるものではありません。また、A社の立場としても、すべての労働者との雇用関係の維持に固執したために、A社の事業を承継してもらうことの

対価が低くなってしまえば、A社の債権者の利益を損なうことになりますので、債権者に対してできる限り多くの弁済を実現するという観点からは、すべての労働者との雇用関係の維持に固執し続けることもできないという事情もあります。したがって、**ケース1**のように、A社の事業をB社側に対して承継するにあたり、A社の労働者のうち、一部は承継できるけれども、残りは承継できない上に、承継後の労働条件は承継前のものから変更されるというケースも生じることになります。

　このようなケースにおいて、A社の事業をどのように承継するかという組織再編の手法と、A社の労働者をどのように承継するかという労働者承継の手法は、相互に密接に関連します。以下では、労働者との雇用関係が組織再編の手法によってどのような影響を受けるのか、という点について一般的な解説を行うとともに、**ケース1**について、どのような労働者承継の手法が考えられるのか、また、どのように労働者との雇用関係の変化が生じるのか、という点について検討を行います。

第2　再建型手続における組織再編が雇用関係に与える影響

　組織再編の手法としては、株式譲渡、株式交換・株式移転、会社分割、事業譲渡、合併、減増資等、多種多様なものがあり、これらの一つを選択する場合と、複数を組み合わせて利用する場合が考えられます。こうした組織再編の手法は、いわゆる平時の局面だけでなく、再建型手続という局面でも活用されることがあります。具体的には、再建型手続のなかで、対象会社の減増資を行うことや、いわゆる第二会社方式を採用し、スポンサー側の指定する別の会社に再生可能な事業を承継すること（その際、活用されるのは、会社分割や事業譲渡になります）が考えられます。

　そこで、まず、①減増資、②会社分割、③事業譲渡という三つの組織再

編の手法ごとに、労働者との雇用関係にどのような影響が生じるのか、という一般論について整理します。

1. 減増資と雇用関係

　対象会社の事業を承継する手法の一つとして、減増資があります。すなわち、対象会社の既存の株式をすべて減資すると同時に、スポンサーが対象会社の増資を引き受けることによって、スポンサーが対象会社の事業を承継するという手法になります。この手法は、対象会社の資産や契約、さらには許認可等を承継するための手続が基本的に不要であり（ただし、契約によっては、主要株主の変更を解除事由等として定めているものもあるため、精査する必要があります）、また、それらの承継に要する費用を抑えられるというメリットがあります。

　もっとも、このような減増資の場合、対象会社の労働者との雇用関係は、減増資の前後を通じて、当然に変化が生じることにはなりません。労働者にとっては、会社の株主が変更されたとしても、同じ会社に雇用されていることに変わりはないからです。そのため、スポンサーが、減増資によって対象会社の事業を承継する場合に、対象会社の労働者の労働条件を変更したり、その労働者の一部を退職させたりしようと思えば、労働法規や慣行等に則って所要の手続を進めなければならない場合もあり、ケースによっては、不利益変更や退職の対象となる労働者の同意や、労働組合の同意を得なければならない場合もあります。したがって、スポンサーにとっては、このような手続や同意を経なければ、減増資によって対象会社の事業を承継した以降も、従前と同様の労働者との雇用関係を存続しなければならないことから、対象会社の事業の承継にあたりどうしても労働者との雇用関係を変更せざるを得ないと判断しているケースでは、減増資の手法は敬遠される場合があります。

　もちろん、スポンサーの提示する労働条件を実現できなければ、対象会

【減増資スキームのイメージ】

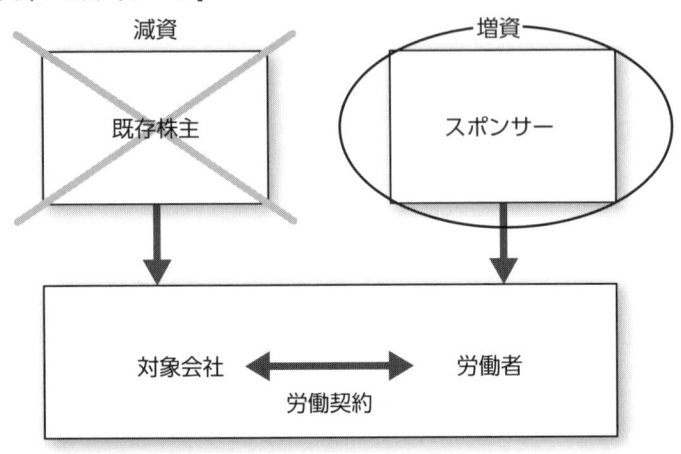

社の事業を存続させることができない、すなわち、スポンサーによる増資に応じてもらえないというケースでは、対象会社から労働者や労働組合に対して適切に情報を開示した上で説明を行えば、その理解を得られる可能性もあるでしょう。したがって、スポンサーとして対象会社の事業の承継にあたりどうしても労働者との雇用関係を変更せざるを得ないと判断しているケースだからといって、常に減増資の手法が敬遠されるわけではありません。

　なお、会社更生法や民事再生法上、対象会社の事業の承継にあたり減増資を選択する場合には、更生計画案や再生計画案について労働組合等（従業者の過半数で組織する労働組合があるときはその労働組合、当該労働組合がないときは従業者の過半数を代表する者をいいます。以下同じ）の意見聴取が必要とされています（会更188、民再168）。そのため、そのような手続との関係でも、労働組合等の理解を得なければなりません。

2．会社分割と雇用関係

　対象会社の事業を承継する手法の一つとして、会社分割があります。すなわち、対象会社の事業を、スポンサー側の会社に承継したり（吸収分割）、新たに設立する会社に承継した上で、スポンサーに対して当該新設会社の株式を譲渡したり（新設分割および株式譲渡）することによって、スポンサーが対象会社の事業を承継するという手法になります。この手法は、対象会社の契約を承継するために基本的に相手方から個別に同意を取得する必要がないと考えられており（ただし、契約によっては、会社分割や主要株主の変更を解除事由等として定めているものもあるため、精査する必要があります）、また、会社分割によって事業を承継する場合、事業に必要な許認可について、承継しやすいように配慮した定めを設けている法律も多くあります。さらに、事業に必要な不動産の承継にあたり必要となる費用も、一定の軽減措置が設けられているため、不動産の承継が多く必要となる事業においては、無視できないメリットといえるでしょう。

　もっとも、会社分割の場合、会社分割に伴う労働契約の承継等に関する法律（以下「労働契約承継法」といい、単に「承継法」ともいいます）や、労働契約承継法施行規則（以下「承継法規則」といいます）、労働契約承継法指針（以下「承継法指針」といいます）が定められていることに留意する必要があります。その詳細については、承継法、承継法規則および承継法指針を参照ください。労働者や労働組合との関係で必要になる流れとその概要は、以下のとおりとなります。

1．労働者の理解と協力を得るための協議（承継法7、承継法規則4、承継法指針第2.4（2）参照）

　すべての事業場において、その労働者の過半数で組織する労働組合や、そのような労働組合がない場合には、労働者の過半数を代表する者との間での協議を通じて、①会社分割をする背景および理由、②会社分割の効力発生日以後における分割会社および承継会社等の債務の履行に関す

る事項、③承継される事業に主として従事する労働者に該当するか否かの判断基準、④会社分割にあたり、労働者との間に生じた問題の解決手続について、理解と協力を得るように努めなければなりません。
2．労働契約の承継に関する労働者との協議（平成12年商法等改正法附則5、承継法指針第2.4（1）参照）

　　分割会社は、承継される事業に従事している労働者と、①労働者が勤務することとなる会社の概要、②労働者が分割される事業に主として従事する労働者にあたるか否かの考え方等について十分に説明し、③本人の希望を聴取した上で、④労働契約の承継の有無、承継するとした場合または承継しないとした場合の労働者が従事することを予定する業務の内容、就業場所その他の就業形態等について、承継法が定める通知をすべき日までに、十分な協議ができるようにしなければなりません。
3．労働者への通知（承継法2Ⅰ、承継法規則1、承継法指針第2.1参照）、労働組合への通知（承継法2Ⅱ、承継法規則3、承継法指針第2.1参照）

　　分割会社は、①承継する事業に主として従事する労働者、②それ以外の労働者であって承継会社に承継させる労働者、③労働協約を締結している労働組合に対して、①②との関係では次のイ〜リ、③との関係ではニ〜ヘ、チ、ヌ〜ヲを、書面に記載して通知期限日までに通知しなければなりません。

　　イ　労働者が承継会社に承継されるという分割契約等の定めの有無
　　ロ　労働者の異議申出期限日
　　ハ　労働者が上記①②のいずれに該当するかの別
　　ニ　承継される事業の概要
　　ホ　分割会社および承継会社の商号・住所・事業内容・雇用予定労働者数
　　ヘ　効力発生日
　　ト　分割会社または承継会社の労働者が従事する予定の業務内容・就業場所その他の就業形態

> チ 分割会社および承継会社の債務の履行の見込みに関する事項
> リ 異議がある場合はその申出を行うことができる旨および異議の申出を受理する部門の名称・住所あるいは担当者の氏名・職名・勤務場所
> ヌ 労働協約が承継会社に承継されるという分割契約等の定めの有無
> ル 承継される労働者の範囲
> ヲ 承継会社が承継する労働協約の内容
> 4．労働者の異議申出（承継法4、5）
> 承継される事業に主として従事する労働者を分割会社に残留させる場合や、承継される事業に主として従事する労働者以外の労働者を承継会社に承継させる場合には、労働者は所定の期間内に異議を申し出ることができ、異議を申し出れば、本人の意向に従って、労働契約が承継され、または承継されないことになります。

このような承継法等の手当てがあるため、会社分割による事業の承継に伴って労働者を承継する場合に、労働者から個別の同意を取得する必要がないという点は、手続的にメリットがあるといえます。もっとも、このような会社分割の場合、いわゆるスポンサー側の第二会社に承継される労働者との雇用関係は、当然に変化が生じることにはならず、何ら手当てが講じられない限り、従前と同じ労働条件のまま承継されることになります。

そのため、スポンサーが、会社分割によって対象会社の事業を承継する場合に、同時に承継する労働者との雇用条件を変更しようと思えば、労働法規や慣行等に則って所要の手続を進めなければならない場合もあり、ケースによっては、不利益変更の対象となる労働者の同意や、労働組合の同意を得なければならない場合もあります。また、スポンサーが、会社分割によって事業を承継する場合に、承継する事業に主として従事する労働者の全部または一部を残留させたいと思ったとしても、その労働者から異議を申し出られた場合には、その労働者との労働契約を承継しなければな

りません。したがって、スポンサーにとっては、承継する事業に主として従事する労働者との労働条件を維持しなければならない可能性が高いことから、対象会社の事業の承継にあたりどうしても労働者との雇用関係を変更せざるを得ないと判断しているケースでは、会社分割の手法は敬遠される場合があります。

【会社分割スキームのイメージ】

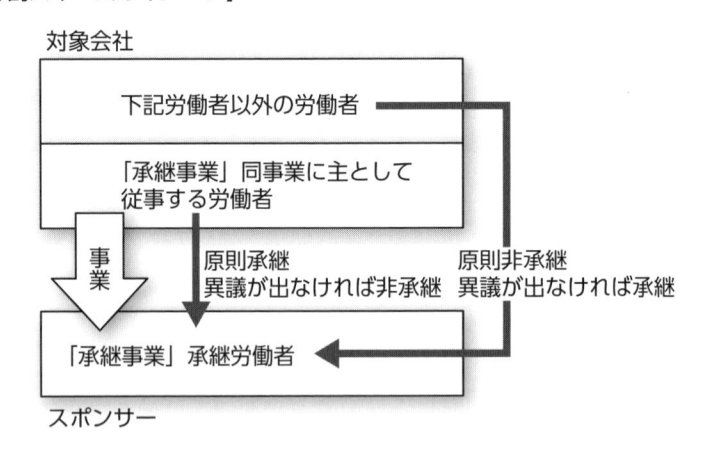

```
対象会社
┌─────────────────────────────────┐
│  下記労働者以外の労働者            │
├─────────────────────────────────┤
│ 「承継事業」同事業に主として       │
│  従事する労働者                    │
└─────────────────────────────────┘
      事業↓   原則承継          原則非承継
             異議が出なければ非承継  異議が出なければ承継
┌─────────────────────────────────┐
│ 「承継事業」承継労働者             │
└─────────────────────────────────┘
スポンサー
```

　もちろん、スポンサーの提示する労働条件を実現できなければ、スポンサーによる事業の承継に応じてもらえないというケースでは、対象会社から労働者や労働組合に対して適切に情報を開示した上で説明を行えば、その理解を得られる可能性もあるでしょう。また、前述した異議の申出を受ける可能性は残るものの、対象会社の事業の承継は会社分割を利用しつつ、対象会社の労働者との関係では、対象会社を退職した上で、いわゆるスポンサー側の第二会社において新たに労働契約を締結するという手法を利用することもあります。

　これは、会社分割に伴って事業に加えて必要な資産および契約を承継するものの、労働契約は会社分割に伴って承継する訳ではないという前提に立って、スポンサーにとって必要とされる労働者が、対象会社を退職した

上で、スポンサー側の第二会社に新たに就職するという手法になります。かかる手法を選択する場合は、承継法の違反または潜脱と指摘されることがないよう留意する必要があるように考えられます（このような手法は、対象会社との間で締結していた労働契約に関する簿外債務を承継してしまうリスクを低くしたり、労働条件を変更したりすることを目的として利用される手法になります）。

したがって、スポンサーとして対象会社の事業の承継にあたりどうしても労働者との雇用関係を変更せざるを得ないと判断しているケースだからといって、常に会社分割の手法が敬遠されるわけではなく、このような手法が採用されるケースもあります。

なお、会社更生法や民事再生法上、対象会社の事業の承継にあたり更生計画や再生計画において会社分割を選択する場合には、更生計画案や再生計画案について労働組合等（従業者の過半数で組織する労働組合があるときはその労働組合、当該労働組合がないときは従業者の過半数を代表する者をいいます。以下同じ）の意見聴取が必要とされています（会更188、民再168）。また、対象会社の事業の承継にあたり更生計画や再生計画によらずに会社分割を選択する場合にも、裁判所の許可を受けて行う会社分割について労働組合等の意見聴取が必要になると思われます（会更46Ⅲ、民再42Ⅲ参照）。そのため、そのような手続との関係でも、労働組合等の理解を得なければなりません。

3．事業譲渡と雇用関係

対象会社の事業を承継する手法の一つとして、事業譲渡があります。この手法は、会社分割と異なり、対象会社の契約を承継するために相手方から個別に同意を取得する必要があるので、承継する契約数が多い場合は、非常に手間がかかることになります。また、許認可についても、会社分割と異なり、承継しやすいように配慮した定めが法律に設けられていないこ

とが多いので、スポンサー側での許認可の手当に時間を要することになります。さらに、事業に必要な不動産の承継にあたり必要となる費用についても、会社分割と異なり、その軽減措置は設けられていません。

もっとも、このようなデメリットはあるものの、いわゆる第二会社方式による事業の再建を図る場合に、会社更生法や民事再生法上、対象会社の更生計画や再生計画によらない事業譲渡が選択されることもあります。その理由の一つとして、次のような理由を挙げることができます。

すなわち、会社更生法や民事再生法上、対象会社の更生計画や再生計画において会社分割を利用する場合には、対象会社の既存株主による株主総会の承認決議は必要とされていませんが、対象会社の更生計画や再生計画によらずに会社分割を利用する場合には、対象会社の既存株主による株主総会の承認決議は必要とされています。

これに対して、事業譲渡であれば、会社更生法や民事再生法上、対象会社の更生計画や再生計画によらない場合であっても、対象会社の既存株主による株主総会の承認決議は必要とされていません（会更46Ⅱ、民再43Ⅰ）。そもそも再建型の倒産手続の場合、対象会社の株式の価値はゼロに等しい状況となっているので、たとえば、対象会社の役員等がその議決権の3分の2以上を保有するようなケースを除けば、対象会社の既存株主の協力を得ることは極めて困難であり、できる限り早くスポンサーに対して事業を承継しないと、事業価値の毀損が拡大しかねないという事情があります。そこで、対象会社の既存株主の協力を得ないまま、早期に対象会社の事業を承継できる手法として、対象会社の更生計画や再生計画によらない事業譲渡が選択されることがあるのです。

また、事業譲渡の場合、会社分割と異なり、労働者の承継に関するルールを定めたものはありません。そのため、スポンサーが、事業譲渡によって対象会社の事業を承継する場合、一般的には、スポンサーにとって必要とされる労働者は、対象会社を退職し、それぞれの労働者の任意で対象会

社の事業を承継するスポンサー側に新たに就職するという手続が採用されています。このような手続であれば、そもそもスポンサー側に就職するかどうかは労働者の任意であり、また、退職した労働者を採用するかどうかはスポンサー側の任意なので、法的には、原則として、対象会社とスポンサー側との間で労働条件が異なることも許容されます。また、スポンサー側としても対象会社の労働者のうち誰を採用して誰を採用しないかを自由に決めることもできます（ただし、事業譲渡であれば、対象会社の労働者との雇用関係について自由自在に変化を生じさせることができるかというと、そこまではいえず、裁判例によって労働者の救済が図られているケースもあります（「倒産と労働」実務研修会編『詳説 倒産と労働』商事法務、309頁以下参照）。したがって、スポンサーとして、どうしても、対象会社との間で締結していた労働契約に関する簿外債務を承継しないようにしたり、対象会社の労働者の一部のみを採用したり、スポンサー側の指定する労働条件のもとで対象会社の労働者を新たに採用したりしたいと判断しているケースでは、事業譲渡が選択されることがあります。

【事業譲渡スキームのイメージ】

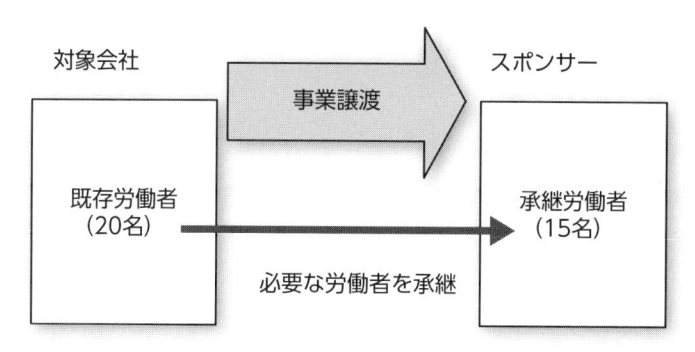

対象会社 → 事業譲渡 → スポンサー

既存労働者（20名） → 必要な労働者を承継 → 承継労働者（15名）

なお、会社更生法や民事再生法上、対象会社の事業の承継にあたり更生計画や再生計画によらずに事業譲渡を選択する場合にも、裁判所の許可を

受けて行う会社分割について労働組合等の意見聴取が必要とされています（会更46Ⅲ、民再42Ⅲ）。そのため、対象会社の事業の承継にあたり事業譲渡を選択するとしても、そのような手続との関係でも、労働組合等の理解を得なければならないことに変わりはありません。

4．小括

　以上のように、スポンサーが対象会社の事業を承継するにあたり、減増資、会社分割、事業譲渡のいずれの手法を選択するかによって、対象会社の労働者との雇用関係がどのような影響を受けるのかという一般論には違いがあります。

　もっとも、筆者の経験上、再建型手続において、この違いが大きな理由となって組織再編の手法が決定されることは稀でしょう。対象会社の事業を承継するにあたり、減増資や会社分割を選択しつつ、どうしても対象会社の労働者との雇用関係を変更したいというスポンサーの意向がある場合には、労働者に対して、適切な時期に適切な情報を提供することによって、スポンサーに対して対象会社の事業を承継することが最良の手法であり、そのためにはどうしても労働者との雇用関係を変更せざるを得ないことを説明して、労働者の理解と協力を得られるように努めることが重要です。

第3　再建型手続における組織再編と雇用関係への影響

　では、具体的なケースである**ケース1**を題材にして、スポンサーに対して対象会社の事業を承継するための組織再編を行うにあたり、対象会社の労働者との雇用関係を変化させるためには、どのような手続が必要とされるかを検討します。

1．事業譲渡を選択する場合

　前記**第2 3．**で述べたとおり、事業譲渡によってA社からB社側に対して事業を承継することに伴って、A社の労働者55名のうちB社側に承継される労働者35名は、A社を退職し、B社側に新たに就職することになります。また、事業譲渡の場合、A社の労働者55名のうちB社側に承継される労働者35名の選定は、基本的にB社側の裁量により行うことができます。

　一般的には、B社側が、A社の労働者55名のうちB社側に新たに就職することを希望する労働者を順次面接して、採用するか否かを判断するという手続をふむことになるので、わかりやすくいえば、B社側が必要とする労働者のみを採用することができるのです。

　しかも、事業譲渡の場合、B社側は、法的には事業譲渡に伴ってA社とその労働者との労働条件を当然に承継するわけではないので、A社の退職金制度を承継しないばかりか（A社を退職する労働者との関係では、A社が退職金を支払うことになります）、35名の労働者の採用にあたり新たに労働条件を定めることもできるのです（もっとも、労働条件を大幅に引き下げた場合、B社側としては、必要な労働者を採用できない可能性が高まるため、労働条件の大幅な引下げは行われないケースが多いと考えられます）。さらに、B社側は、新たに採用する労働者35名に対してA社が負担していた債務（未払残業代等の簿外債務を含みます）を承継しないので、後日、労働者に対する不測の債務が顕在化するリスクを回避することができるのです。

2．会社分割を選択する場合

　会社分割によってA社からB社側に対して事業を承継することに伴って、A社の労働者55名のうち労働者35名をB社側に承継させるためには、前記**第2 2．**で述べた流れにそって手続を進める必要があります。すなわち、A社は、労働者の理解と協力を得るための協議を行い、その後、労働契約の承継に関する労働者との協議を行った上で、B社側に承継する35

名の労働者に対して通知を行うという手続を進めることになります（また、スポンサーにとって必要とされる労働者が、対象会社を退職した上で、いわゆるスポンサー側の第二会社において新たに労働契約を締結するという手法による場合であっても、前記**第2　2．**で述べた流れを意識して進めないと、労働者承継法の違反または潜脱と指摘されるリスクが高まります）。

　その際、B社として留意しなければならないのは、承継される事業に主として従事する労働者の一部をA社に残留させる場合に、その労働者が異議を申し出れば、本人の意向に従って、その労働者との労働契約が承継されるという点です。また、承継される事業に主として従事する労働者以外の労働者をB社側に承継させる場合に、その労働者が異議を申し出れば、本人の意向に従って、その労働者との労働契約が承継されないという点です。

　もっとも、**ケース1**では、B社側に対して事業を承継した以降にA社が独自に事業を継続することは想定されていないため、実務上、B社が留意すべきは、前者のパターンになります。まず、A社の事業のうちB社側が承継する事業は、工場および東京営業部の4店舗になるので、そこに勤務する労働者は承継される事業に主として従事する労働者に該当することは明らかです。そのため、A社の工場および東京営業部の4店舗に勤務するA社の労働者44名のうちA社に残留させる労働者が異議を申し出た場合には、その労働者との労働契約もB社側に承継されることになります。他方で、A社の名古屋営業部の1店舗は、同じ営業部とはいえ、A社の事業からして地理的に東京営業部とは別の商圏を対象とする営業部であると考えられるため、そこに勤務する労働者は承継される事業に主として従事する労働者以外の労働者に該当するように思われます。これに対し、A社の本社に勤務する労働者は、本社が事業部門ではないという理由から、承継される事業に主として従事する労働者以外の労働者に該当すると解されるのか、それとも、承継される事業が多ければ多いほど、本社機能がなければ

当該事業を運営できないという理由から、承継される事業に主として従事する労働者に該当すると解されるのかは、いずれも考えられる解釈です。そのため、B社としては、A社の本社に勤務する5名が異議を申し出た場合には、その労働者との労働契約もB社側に承継される可能性があると考えておくべきでしょう。

　そこで、B社として、どうしてもA社から承継する労働者を35名に限定したいという意向がある場合には、承継法所定の手続を講じるだけではなく、A社において承継しない予定の労働者との間で個別に退職の合意をさせたり、後述する整理解雇を行わせたりしなければなりません。

3．減増資を選択する場合

　減増資によってA社からB社側に対して事業を承継することに伴って、A社の労働者55名を35名に減らすためには、B社側が増資によってスポンサーとなる前に、A社の労働者による退職が進まない場合には、A社において整理解雇を実施しなければなりません。

　整理解雇にあたっては、①人員削減の必要性、②解雇回避努力、③解雇対象者選定（人選）の合理性、④解雇手続の妥当性という四つの要素を総合考慮しなければならず、A社について再建型の倒産手続が選択されているとはいえ、自由自在に解雇できるわけではありません。もっとも、再建型の倒産手続を選択したA社は、自主再建ができず、同業他社であるB社の支援を受ける以外に事業を存続できない状況にあり、B社との交渉の結果、B社から支援の前提として人員削減を求められているのであれば、①人員削減の必要性および②解雇回避努力という要素は認められやすいケースといえるでしょう。また、再建型の倒産手続を選択したA社には、十分な資金や業績が好調の子会社・関連会社があるとは考えられず、最終的にA社の労働者55名を35名に減らすためには解雇手続による以外に考えられません。そのため、労働者との間であらかじめ十分な協議を行い、その理

解を得るプロセスをふむことによって（解雇対象となる労働者は、次の就職先を探すための時間を得ることもできます）、④解雇手続の妥当性という要素も認められやすいケースといえるでしょう。

　4要素のうち最も問題となり得るのは、③解雇対象者選定（人選）の合理性という要素です。たとえば、B社が承継しないとしているA社の名古屋営業部の1店舗と本社に勤務する労働者のなかにも、B社が承継するとしている工場や東京営業部の4店舗で現に勤務した経験のある者や、勤務したいという意欲のある者がいる可能性もあります。他方、B社が承継するとしている工場や東京営業部の4店舗に勤務する労働者のなかにも、B社への事業承継後の勤務を望まない者がいる可能性もあります。しかも、**ケース1**では、東京営業部の4店舗に勤務する労働者を平均して1名ずつ減らす必要があるので、B社が承継するとしている工場や東京営業部の4店舗に勤務する労働者全員の雇用を維持することもできません。したがって、B社が承継するとしている工場や東京営業部の4店舗に勤務する労働者の雇用継続を考慮しつつも、様々な可能性を考慮して、合理的であると説明できる解雇対象者の選定（人選）を行うことが求められるでしょう。

　なお、B社としては、A社が解雇した労働者から解雇手続を争われた場合は、B社のリスクで対応しなければならないため、B社にはA社による整理解雇にあたり解雇した労働者から苦情の申出がないことを確認したいという意向があるでしょう。

担当者として留意すべき事項：労働者の承継手法の選択

　スポンサーが、対象会社の事業を承継するにあたり、どうしても対象会社の労働者との雇用関係に変化を生じさせたいというケースでは、事業譲渡によって対象会社の事業を承継するとともに、その労働者の承継を検討するのが最も優れている手法ということになります。

　もっとも、スポンサーが対象会社の事業を承継するにあたりどのような

組織再編の手法を選択するかは、対象会社の労働者との雇用関係の変化の要否のみによって決定されるものではなく、様々な要素を考慮して決定されるものです。特に、スポンサーが事業譲渡以外の手法によって対象会社の事業を承継しようとするケースでは、あらかじめ労働契約に関する簿外債務の有無・程度を把握するためのデューディリジェンスを行ったり、スポンサーの希望する人数まで整理解雇を行ったり、スポンサーの希望する労働条件に変更したりすることを支援の前提条件としたりして、労働者の承継手法を選択することが多いようです。

3 再建型手続におけるスポンサー選定

第1 事業再建を図る上でスポンサー支援はなぜ必要か

ケース1

　A社は機械メーカー向けに、機械製品用部品を製造販売しています。現在資金繰りが苦しく、振り出している手形の不渡りが強く懸念されています。

　社長は創業家の二代目で、能力・人格に問題はなく社員からの信望もありますが、金融機関からこれ以上の新規融資はできない旨通告されています。主要売掛先であるメーカーB社も事業再建の経験がなく、A社事業再生を支援することに消極的という状況です。

　A社が事業再生を図るために、主要売掛先である外部スポンサーから支援を受けないで自主再建を図ることは可能でしょうか？ 問題点やスポンサー支援型との差異もあわせて教えてください。

ケース1を通じ、A社が事業再建を図る上でスポンサー支援型スキームを検討する必要があるか、スポンサーなしで自主再建を図るスキームとの違いはどこにあるのかについて説明します。

1．スポンサーの意義

　財務的に逼迫し、メイン銀行からの新規融資を拒絶されている企業とす

れば、スポンサーなしに自主再建で難局を乗り切るか（自主再建型）、自社の信用を補完してくれるスポンサーのもとで事業再建を図るか（スポンサー支援型）をまず大別して、二つの再生スキームを検討するのが一般的です。

スポンサーは、第1に、経営危機にある対象会社（以下「対象会社」といいます）の信用不安について財務上の与信を補完し当面の運転資金確保を支援してくれます。将来的には、事業再生計画を対象会社が立てて既存債務の免除を要請する際に、スポンサーが対象会社に対し新たな融資や出資を行う内容を事業計画で明らかにすることで、その後の対象会社の資金繰り等財務面での信用を補完することとなります。第2に、対象会社の経営を強化するためスポンサーが経営者や主要なキーマンを対象会社に送り込み、事業や企業体質の改善強化を図る場合もあります。スポンサーはこのように企業活動の3要素である「人、モノ、金」について、対象会社が現在失っている信用を補完してくれる企業のことです。

ケース1では、A社は、主要売掛先のB社に対しスポンサーとして支援を要請したもののB社が消極的とのことですから、まずスポンサーなしでの自主再建スキームを検討し、その結果やはりスポンサーが必要という場合には、後述の方法でスポンサー候補を再度検討することになるでしょう。

2．自主再建スキームの問題点と限界

経営危機の状態や程度によっては、スポンサーによる支援を受けずに自主再建を図るスキームで事業再建を図ることは可能です。

自主再建型スキームかスポンサー支援型スキームかを問わず、財務的に逼迫している対象会社とすれば、まず既存の債務（借入金債務等の金融債務と買掛金債務等の取引債務）の大幅な免除を債権者に対して求める必要があります（債務免除要請の対象を金融債務に限定するか、取引債務を含むすべ

ての既存債務について債務免除を要請するかについては、**第2の1.**にて後述します）。債務免除の要請を債権者が受け入れるかどうかは、債務免除要請時に示される対象会社の事業再建計画の実現可能性を債権者らがどう判断するかにかかっています。債権者らとすれば、債務免除後対象会社の事業再生が頓挫し二次破綻するリスクがあれば、事業継続を前提とした債務免除要請に応じることができないと考えるからです。

一般論として、スポンサー支援型のスキームは、自主再建型スキームに比べ上記の事業計画の実現可能性について債権者からの理解を得やすいというメリットがあります。自主再建型スキームにおいては、①事業リストラ（不採算部門の閉鎖等を含む）による将来の事業収支黒字化の可能性、または②対象会社の財務破綻の原因が専ら本業以外に起因すること（たとえば財テクの失敗等）が明らかで、本業自体は将来的にも黒字を確保できること等を債権者に対し説明することが必要となると考えられます。この説明によって事業計画を前提とした債務免除の要請について理解を得られるならば、自主再建型スキームも十分実効性があります。

ただし、自主再建型スキームにおいては、当面の運転資金の確保についてあくまで追加の新規借入れをあてにすることはできませんし、既存債務の免除後も信用力が回復していない間の資金確保について自社調達しなければなりません。この点、事業収益による資金繰り確保の見込みを立てることができるかが極めて重要となります。

第2 債務免除を債権者に求める方法

ケース2

上記A社が自主再建ではなく、スポンサーからの支援を受けることを目指す場合、以下の事項について教えてください。

① A社がこれまでの債務の一部を債権放棄してもらうために、いかなる手続をとる必要がありますか。それぞれの手続の留意事項もあわせて教えてください。
　ア　金融機関からの借入金のみの一部放棄を求める場合
　イ　上記アに加え、取引債権についても一部放棄を求める場合
② スポンサー会社から財務的な支援を受ける場合、具体的にいかなる方法があるのでしょうか。

1．債務免除を求める手続と手続上の留意点

　まず、**ケース2**の①について説明します。財務的に逼迫した対象会社が債権者らに対し債務免除を求める方法として大別すれば、金融債務のみを債務免除の対象とする私的整理手続と、金融債務に加え買掛金等の取引債務を含む一切の既存債務を債務免除の対象とする再建型法的手続とがあります。

　前者は、事業再生ＡＤＲ手続がその代表例ですが、特定調停制度を利用することもあります（本書150頁参照）。後者は、民事再生手続、会社更生手続です。

　以下、私的整理手続、民事再生手続、会社更生手続のそれぞれについてその留意点を説明します。

(1) 私的整理手続で債務免除を求める場合の留意点

　経営危機にある対象会社とすれば、事業の維持再生を図る上で既存の取引債務については債務免除を求めないことが必要と判断する場合もあります。取引先に債務免除要請により迷惑をかけることは対象会社の取引上の信用を劣化させることにもなるからです。

　金融債務についてのみ債務免除を求める私的整理手続においては、金融債権者全員の債務免除についての同意が必要とされることに留意する必要があります。後述の再建型手続であれば、債務免除の対象となる債権者全

員からの同意は不要であり、各法律手続の定める法定多数の同意があれば債務免除を含む再建計画案は多数決原理で可決承認されますが、私的整理手続は、対象債権者全員の同意が必要となるのです。

近時利用が急増している事業再生ＡＤＲ手続は、手続の透明性・公平性を高め、手続中の金融債権者間の公平や対象会社からの適切な情報開示、合理的な事業再生計画案の策定等が確保される制度として、同手続への信用が高まっています。しかしながら、全員同意を前提とする点で金融債権者間の意見調整がつかないリスクや、担保権の処遇や評価をめぐって一部金融債権者が最後まで反対するリスクを払拭できないという問題があります。私的整理手続が頓挫した場合には再建型手続に移行することとなりますが、いたずらに手続が長期化することで事業自体の信用が劣化するおそれもあります。

（２）民事再生手続で債務免除を求める場合の留意点

民事再生手続は、金融債務に限らず取引債権者に対する債務を含むすべての債務についての債務免除を求める再生計画案を提示し、法定多数の同意をとることで可決承認される点で、私的整理手続と異なります。

取引債権者をも手続の対象とすることについて事業継続上不安がある場合には、一定の要件を前提としながらも少額弁済制度を利用して事業維持を図ることも可能です。また、民事再生手続は従前の経営者が続投し経営を継続すること（DIP型）が原則であり、中小企業のように現経営者に代替する経営者を新たに選任することが事実上困難である場合にも事業再生の手法としては使いやすさがあります。

しかしながら、民事再生手続においては、担保権は別除権とされ民事再生手続に取り込むことができず、担保権者との間で担保権の評価額や被担保債権の免除、免除後債務の弁済方法等について個別に別除権協定を合意し解決を図らなくてはなりません。事業継続に不可欠な対象会社資産を担保に供している場合等には、かかる別除権協定の成否が民事再生手続の帰

趨に大きな影響を与えます。

(3) 会社更生手続で債務免除を求める場合の留意点

会社更生手続は、担保権者も会社更生手続のなかに取り込まれ、更生計画案の可決については法定多数の同意があれば足りることとなります。更生担保権者に対しては、更生管財人側の行った担保評価額について100％弁済する更生計画案が策定される場合が多いのですが、担保評価額をめぐって更生担保権者からの同意を得ることが重要となります。

会社更生手続は、手続の透明性・公平性を高めるために、手続開始後に経営者が交代し、第三者たる管財人が更生裁判所により選任されて、管財人に事業経営と財産管理の権限が与えられるのが原則です。近時、会社更生手続においても民事再生のDIP型を導入する運用実務が始まっていて、中小企業等で現在の経営者にとって代わる経営者が対象会社内部にいない場合には、DIP型会社更生での申立てを検討する必要があります。東京地裁会社更生部では、主要な債権者の反対や、スポンサー候補者からの反対がないこと、現経営者に公私混同型の顕著な経営責任がないこと等を要件として、DIP型会社更生を認めるとの運用がされています。

2．スポンサーによる財務的支援の方法

スポンサーが対象会社を財務的に支援し、債権者に対し債務の一部免除を要請する際には、免除を受けたい額（債権カット率）を示した上で、弁済予定債務額とその弁済方法を事業計画案に記載して債権者に提示することとなります。

旧債務の一部免除後の債務額を弁済する方法としては、大別して、①専ら対象会社事業の将来収益に基づき長期分割弁済を行う方法と、②スポンサーが対象会社に差し入れる資金を原資として一括弁済を行う方法とがあります。

後者の方法は、債権者にとっては早期弁済を受けることでのメリットが

大きく、また対象会社自体の信用が早期に回復し、迅速な事業再建に資することとなります（対象会社が法的手続に入っている場合にも早期弁済により当該法的手続が早期終結すれば、倒産会社のレッテルから脱却し正常会社に戻ります）。

　次に、スポンサーが倒産債権の一括弁済のために、対象会社にその弁済資金を差し入れる方法について説明します。対象会社の事業全体をスポンサーが支援しその事業全体を継続する場合には、対象会社に出資する方法で出資金を一括弁済原資とするのが一般的です。これに対して、対象会社の事業の一部をスポンサーが支援しそれ以外の事業は廃止する場合があります。この場合には、スポンサーが支援する事業自体を事業譲渡もしくは会社分割のスキームにより切り出して、スポンサーは事業譲渡対価または会社分割の対価を支払い、それを対象会社の旧債務の弁済原資とする方法がとられます。

第3　スポンサーの探し方と選定方法

ケース3

　A社は、主要売掛先B社にスポンサー支援を求めましたが、正式に断られました。A社は、スポンサー候補会社を探したり、スポンサーの選定手続を自分で仕切ることができないですが、どうすればよいのでしょうか。
　スポンサーの選定プロセスについても教えてください。

1．FAの起用

経営危機に陥った対象会社が、自主再建型スキームでの再建が見込めず

スポンサーを探す必要があると判断した場合でも、**ケース3**のように主要取引先等のスポンサー候補には限りがあり、対象会社自身でスポンサー候補を発掘することは困難な場合が多いというのが実情です。

スポンサー候補を探し出し、その候補者に対して対象会社支援に興味を持ってもらうためのオファーやプレゼンテーションを行い、スポンサー選定プロセスのコーディネイト役を担うのが、ＦＡと呼ばれるファイナンシャルアドバイザーです。ＦＡ業務を行っているのは、銀行、証券会社、大手監査法人、Ｍ＆Ａコンサルタント等のなかにあるＦＡ専門部門です。

対象会社がＦＡ起用を必要とするのは、再建型法的手続か私的整理手続かを問わず、およそ事業再生スキームとしてスポンサーによる支援を必要とする場合であり、債務免除を要請される債権者の側からしても、対象会社の事業再建について有力で適切なスポンサーを選ぶことは極めて重大な利害関係を有します。スポンサーの信用や力次第で対象会社への支援内容は異なり、スポンサー支援のもとでの対象会社の将来の事業収益力次第で、既存債務の弁済率は左右される関係にあります。

ＦＡに期待される役割は大きいゆえに、対象会社がＦＡに委任するＦＡ業務の報酬等も、成功報酬の体系をとりながらもかなり高額のものとなります。したがって、スポンサー選定プロセスの一つとしてＦＡ契約締結自体も透明性が要請され、その内容が債権者や手続監督者たる裁判所にとって公明正大なものでなければなりません。

2．スポンサー選定プロセス

スポンサーの選定においては、できる限り複数の候補者に入札（ビット）に参加してもらい、スポンサー側の支援条件を競わせて、そのなかで最も対象会社およびその債権者に利益の大きい条件を提示した企業をスポンサーとして選定することが重要です。

以上の目的を達するため、ＦＡと対象会社が行うスポンサー選定のプロ

セスの概要は、下記の順序のとおりです。

① 対象会社自身の事業分析とスポンサー候補対象会社の発掘
② 入札候補者に提示してもらう入札条件の対象項目等入札方法の事前決定
③ 入札要領の公示による入札参加の受付
④ 守秘義務契約の締結
⑤ 入札参加者による対象会社のデューデリジェンス
⑥ 入札
⑦ 入札結果に対するＦＡ／対象会社による審査・評価
⑧ スポンサー会社の決定
⑨ 対象会社とスポンサー会社間のスポンサー契約の締結

とりわけ、対象会社の事業分析を入札前に十分に行うことは極めて重要です。対象会社にとって、いかなる点でスポンサーの支援を受けることが将来の事業収益力を向上させるポイントとなるか、また、対象会社自身の事業の強みと弱みをしっかり把握して、対象会社の支援に関心を持ちそうな入札候補者を少しでも多く発掘し、対象会社の事業支援への関心を喚起することで支援条件を最大化し、事業価値を高めることに繋がるからです。

その上で、入札要領を十分に検討し、入札参加者にいかなる項目についての支援条件を入札時に提示してもらうかを決定しておくことも大切な作業となります。スポンサー選定の判断基準を、入札前に対象会社内部において明確に意識して入札を実行することが必要です。

第4 スポンサー選定の判断基準

ケース4

Ａ社は、複数の候補者からスポンサーを決定する上で、何を基準に

判断すべきでしょうか。以下の場合について、どのような判断をするべきか教えてください。

① 候補者は甲社と乙社の2社です。甲社は、支援金額（減資後の新たな出資額）が100ですが、A社事業の経験がありません。乙社は、支援金額が60ですが、A社事業に精通しています。

② 候補者は丙社と丁社の2社です。丙社と丁社とで支援金額はほぼ同等ですが、丙社は丁社よりもA社従業員の雇用継続人数を多く提示しています。丁社は、将来的にはA社の不動産を活用することに投資目的を有していて、事業の切り売りないし段階的縮小を計画しているようです。

スポンサーを選定する上での選定基準をどのように考えるべきかが問題となります。

ケース4の①については、支援金額は明らかに甲社が高く、対象会社の事業についての経験は支援金額の低い乙社が有しているというケースです。スポンサーによる支援を求める目的は、対象会社の事業収益力を最大化することであり、債権者に対する弁済原資を最大化することにあります。したがって、支援金額の多寡がスポンサー選定において最も優先して判断する基準となるべきことは明らかです。仮に、支援金額が同額もしくは僅差であった場合に初めて、対象会社の事業についてのスポンサーの経験の有無が問題となると考えるべきでしょう。

ケース4の②については、支援金額が同等である以上、雇用継続人数をより多く提示している丙社をスポンサーとして選定すべきと考えます。事業を継続し結果的に雇用を確保することは、事業再生の大きな目的の一つであることも言を要しません。

スポンサー選定自体は、そのプロセスが透明性を有し公平公正なものでなければならないだけでなく、当該スポンサーを選定した理由自体に合理

的な説明がつかなければなりません。経営危機に陥った対象会社が債権の一部免除を要請する上で、スポンサー支援のもとでの事業再建について債権者が十分納得できるものである必要性を十分銘記すべきでしょう。

スポンサー選定に関する情報開示　COLUMN

ケース4において、A社がスポンサーを選定する経緯で、選定に関する情報を金融機関等の債権者から説明するよう求められた場合、情報開示にあたっての留意点は以下のとおりです。

(1) 問題の所在

　スポンサー選定過程や選定理由について、債務の一部免除を求められる債権者が極めて大きな関心を持つことはすでに説明したとおりです。最も条件のよいスポンサーを選定してもらうことが債権者全体にとって利益となるのは、旧債務の弁済額の極大化に加え、将来の対象会社の事業価値を最大化して二次破綻を回避する上でも必要なことだからです。

　近年、法的倒産手続、とりわけ会社更生手続において、更生債権者もしくは更生担保権者が更生会社に対し広く情報開示を求める動きが注目されています。そのなかでもスポンサー選定に関連する情報開示の要請は強く、スポンサーからの支援条件の改善を引きだしたケースも現に存在します。適切な情報開示は会社更生手続だけでなく、民事再生手続や私的整理手続において対象会社自身その必要性は自覚していると考えられます。

　しかしながら、他面で、スポンサーの選定自体は、そのプロセス自体が極めてデリケートであって、多数の候補者との交渉も重ねていくなかで密行性が要求されることも否定できません。

　情報開示の要請に対してどのように対応すべきかが問題となります。

(2) プロセス自体の透明性と選定理由の合理性

　上記のとおり、スポンサー選定の過程において逐次すべての進捗状況について情報開示することは、適切なスポンサー選定を阻害する結果ともなりますし、その結果、最も適するスポンサーを選定できない結果が出るならば、それは債権者全体の不利益となるので回避すべきです。

　対象会社とすれば、スポンサー選定過程を事前に十分に債権者に開示して説明するとともに、最終的にスポンサーを決定した後に、その選定理由について十分な説明を行うことが重要と考えられます。

第5章
倒産手続と労働問題

1 労働条件の不利益変更

第1 はじめに

　経営の悪化によって人件費の削減をすることが急務の課題となった場合であっても、労働者の生活の糧である賃金や退職金の減額をすることは、労働者に対して非常に大きな負担を課すものであり、一律に許容されるものではありません。労働条件の不利益変更に関しては、判例の蓄積も相当数あり、これを明確化するための立法化も進んでいるところです。本稿では、労働条件の不利益変更を行う必要が生じた場合に、どのような手続によって履践する必要があるのか、また、その変更に関しての有効性の判断基準等について、具体的事案に即しながら検討していくこととします。

第2 就業規則による労働条件の不利益変更

1．就業規則による労働条件の不利益変更の判断枠組み

ケース1

　A社は、製造販売をしている中小企業です。ここ数年、経営の悪化が継続していたのですが、先月A社の主要取引先会社の一つであるB社が倒産したことに伴って、A社の経営はますます圧迫されました。そこで、苦渋の決断として、A社は労働者の賃金を何割か減

額することを企図しているのですが、どのような手続を履践する必要があるのでしょうか。なお、A社には就業規則およびそれに基づく賃金規定があり、A社労働者の労働条件はいずれも就業規則およびそれに基づく賃金規定で規律されています。

（1）労契法に定める原則と例外のルール

　中小企業の場合には、労働者の労働条件が就業規則（およびそれに基づく賃金規定等。以下同じ）で規律されているということが多数であると考えられますが、このような労働者の労働条件を変更する場合には、就業規則の変更によって行うのが一般的です。就業規則には最低基準効があるので（労契法12）、就業規則を下回る労働条件を労働者との間に個別に定めても無効であり、就業規則の定めが当該労働者の労働条件となります。ゆえに、就業規則で規律されている労働者の労働条件を、労働者に不利益に変更する場合には、通常は就業規則の変更という方法によることになります。

　就業規則の変更は、使用者が一方的に行うということもあるので、就業規則を変更することによっては、変更に同意しない労働者の労働条件を不利益に変更することはできないというのが原則です（労契法9）。もっとも、労働者の同意が得られない限りは就業規則によって労働条件を不利益に変更することができないとすることは、終身雇用制度をはじめ労働契約の解消が極めて困難な労働慣行を前提としたとき、社会情勢や当該会社を取り巻く経済環境の変化に対応することができない点で問題があります。ゆえに、就業規則を変更することが諸般の事情から合理的であるといった場合には、労働者の同意が得られていなくとも、就業規則を変更することにより労働者の労働条件を不利益に変更することが例外的に認められています（労契法10、9但書）。

　この就業規則の変更の合理性については、下記の五つの要素を総合考慮

して判断されます（労契法10）。

① 労働者の受ける不利益の程度
② 労働条件の変更の必要性
③ 変更後の就業規則の内容の相当性
④ 労働組合等との交渉の状況
⑤ その他の就業規則の変更にかかる事情

同条が定める就業規則の変更の合理性の判断要素は、就業規則による労働条件の不利益変更に関しての確立した判例法理（最大判昭43・12・25民集22巻13号3459頁、最判平9・2・28民集51巻2号705頁等）を立法化したものであり、過去の裁判例において就業規則の変更の合理性がいかに判断されているかが参考になります。

以下、各要素についての検討を**ケース１**を題材に行います。

（２）労働者の受ける不利益の程度

① 全体的・実質的な判断

労働者の受ける不利益の程度は、全体的・実質的にみることが重要であり、一部分をみて判断するべきではないと考えられています。たとえば、労働時間を延長するということは、労働契約に拘束される時間が増加するという点で労働者への不利益が大きいように見受けられます。しかし他方で、労働時間の延長をすることの引き換えに休日を増加するといった就業規則の変更が行われた場合には、労働から解放される日数が増加するという意味では労働者の利益となる変更といえます。このような場合には、労働時間の延長という一部分だけではなく、休日の増加に伴って得た労働者の利益をも加味して全体的・実質的にみて、労働者の受ける不利益の程度を判断することになります。

この点、**ケース１**では、単に労働者の賃金を減額する旨の就業規則の変更なので、実質的に労働者に不利益を与えるものといえます。

② 既得権と期待権との差異

また、既得権の変更になるのか、期待権の変更にすぎないのかという観点が重要になってきます。就業規則の変更によって既得権を奪うことになる場合には、それだけ労働者の受ける不利益は大きなものといえますが、期待権を奪うことに留まる場合には、労働者の受ける不利益は比較的小さなものということができます。たとえば、退職手当規程の変更の場合に、退職手当の減額をすることが既得権の変更と期待権の変更とのいずれになるのかは、当該会社のその規程の定め方によって変わってくることになります。

　この点、**ケース1**では、賃金の減額が問題となっています。賃金の算出方法は固定であり、不確定要素により増減するような規定が定められていることは通常はありません。賃金請求権は労働者からすれば、通常どおり労務を提供することで得ることのできたはずの既得権であるということが大半でしょう。

③　失職をする場合との比較

　当該会社の存続自体が危ぶまれたり、経営危機による雇用調整が予想される等といった状況にあるときには、労働者が失職をする場合との比較をすることで、不利益性の程度を図ることが許容されます（最判平12・9・7民集54巻7号2075頁）。

　この点、**ケース1**では、A社は経営難を理由に賃金の減額を検討しているわけですが、抽象的に経営難であるからといってただちに失職する場合と比較して労働者の不利益の程度を測ることができるわけではありません。すでに本格的な整理解雇を行っており、賃金の減額ができないと倒産手続に移行することが客観的に予見されるような場合等には、失職する場合と比較することが許され、この場合には、失職した場合に比べれば、労働者が受ける不利益は実質的には大きくないということができます。

(3) 労働条件の変更の必要性

① 高度の必要性が求められる場合

　賃金、退職手当のような労働者にとっての重要な権利、労働条件に関して、実質的な不利益を及ぼす就業規則の作成または変更については、「当該条項が、そのような不利益を労働者に法的に受忍させることを許容することができるだけの高度の必要性に基づいた合理的な内容のものである場合において、その効力を生ずるものというべき」とされています（最判昭63・2・16民集42巻2号61頁）。

　この点、**ケース1**の場合の労働条件の変更対象は賃金です。もちろん賃金の減額の程度によりますが、基本的に賃金の減額をすることによって労働者の受ける不利益は大きいものといえるので、就業規則の変更には高度の必要性が求められることになります。

② 労働条件の変更の必要性

　賃金や退職手当のような労働条件に関しては、当該会社が経営危機の状況下であるということは、労働条件の変更の必要性があることを意味します。前掲最判平成12年9月7日は、当該会社の存続自体が危ぶまれたり、経営危機による雇用調整が予想される等といった状況にあったりするときには、「労働条件の変更による人件費抑制の必要性が極度に高い」としています。

　この点、**ケース1**の場合、A社はここ数年にわたって経営の悪化が継続していて、A社の主要取引先会社の一つであるB社が倒産したことに伴って、A社の経営がますます圧迫されたとの事情があります。これだけの事情ではA社が経営危機の状況に陥っているのかは明らかではありませんが、今後のA社の予測キャッシュフロー等から判断し、人件費がA社の経営を相当に圧迫する見込みであるという状況にあれば、当該会社の業界を取り巻く時勢等をも考慮に入れつつ、A社は経営危機の状況下にあるということができ、労働条件の変更の高度の必要

性がある場合もあるでしょう。

(4) 変更後の就業規則の内容の相当性

　変更後の就業規則の内容の相当性においては、不利益性を緩和するための経過措置・代償措置の有無・内容が検討されます。特に、就業規則の変更によって特定の層の労働者にのみ不利益が生じるというような場合には、経過措置・代償措置を講じることによって不利益性を緩和する必要があります。

　労働者に対し賃金という重要な権利について不利益を被らせることになる**ケース1**においては、代償措置を講じたり、成果配分の約束等をすることによって労働者が被る不利益を緩和することが肝要になってくるものと考えられます。

(5) 労働組合等との交渉の状況

　労働者との合意にまでは至らなくとも、使用者としては、不利益を被ることになる労働者に対し、労働条件の不利益変更の必要性について十分な説明をし、理解を求めることが肝心です。たとえば、労働者の意見を聴取し、その労働者の意向を可能な限り代償措置に反映するといったことは、就業規則の変更の合理性を基礎づけるのみならず、就業規則による労働条件の不利益変更をめぐる紛争の防止に資するものであり、実務上、非常に重要な事項であるといえます。

担当者として留意すべき事項　　就業規則の労働者への周知

　就業規則による労働条件の不利益変更を有効に行うためには、就業規則の変更が合理的なものであることに加えて、その変更後の就業規則を労働者に周知しておく必要があります（労契法10）。ここでの周知は、労働者が知ろうと思えば知り得る状態にしておくことで足りるとされていますが、厳格に解する裁判例もあり注意が必要です。

2．就業規則による不利益変更と再建型手続

　就業規則による労働条件の不利益変更の規律は、再建型手続が開始しても変わりはありません。上記**1．**にみたとおり、労働契約法10条に定める五つの要素を総合的に考慮して就業規則の変更が合理的なものである場合には、変更後の就業規則を労働者に周知することで、就業規則による労働条件の不利益変更をすることができます。

　各要素を検討すると、①と②の要素の当てはめに特徴があります。まず、再建型手続が開始していることは、まさに、当該会社の存続自体が危ぶまれたり、経営危機による雇用調整が予想される等といった状況にあったりするときであり、類型的に「労働条件の変更による人件費抑制の必要性が極度に高い」と判断されるものと考えられます（②労働条件の変更の必要性）。また、**1．**に上述したとおり、当該会社の存続自体の危険等が存するときには、破産手続に移行して労働者が失職をする場合に労働者が被る不利益と比較をすることが許容されるところ、再建型手続が開始しているというのは、まさにこの状況下を意味しますので、破産移行に伴う労働者との不利益と比較して労働者の被る不利益が実質的に大きなものではないということができる場合も存し得るでしょう（①労働者の受ける不利益の程度）。

第3　個別合意による労働条件の不利益変更

1．賃金や退職手当についての個別合意がある場合

ケース2

　上記**ケース1**の事案で、A社にはヘッドハンティングによって雇用し始めた労働者Cがいたとします。A社・C間にて、CにはA社賃金規定の適用はなく、別途賃金について定めた労働契約書によると

の個別合意がされているような場合には、Cの賃金の減額をするためにはどのような手続を履践する必要があるのでしょうか。

(1) 個別合意による労働条件の不利益変更

使用者は、労働者と合意をすることにより、労働契約の内容である労働条件を変更することができます（労契法8）。労働契約はその名のとおり契約なので、あくまでも労使間での合意が基本であり、先にみた就業規則での労働条件の変更はイレギュラーな位置づけといえます。

就業規則には最低基準効があるので（労契法12）、就業規則より労働者に不利益な条件を定めている労働条件に関しては無効となり、就業規則に定めてある労働条件が当該労働者の労働条件となります。他方で、就業規則より労働者に有利な条件を定めている労働条件は有効です。就業規則よりも有利な労働条件を個別に定めている場合には、就業規則の変更によっては変更されない労働条件とするとの趣旨を含んで、当該労働条件を合意している場合が大半であると考えられます（労契法10但書参照）。したがって、就業規則より有利に定められている労働条件については、原則として当該労働者と個別に合意の上で変更をするということになります。

(2) 自由な意思に基づく意思表示

賃金や退職手当の減額について個別合意をする場合には、労働者に賃金や退職手当の一部または全部を放棄してもらうことになりますが、賃金の全額払いを定めた規定（労基法24Ⅰ）との関係が問題となります。

労働基準法24条1項が賃金の全額払いを定めている趣旨は、使用者が一方的に賃金を控除することを禁止し、労働者が賃金の全額を確実に受領することによって労働者の経済生活を脅かすことのないようにしてその保護を図ることにあります。労働者が賃金や退職手当を自ら進んで放棄するということは、何かしらの事情がない限りあり得ません。使用者から労働者への圧力が存したために当該労働者としてやむを得ず放棄をしたという場

合も想定できるところで、そのような放棄は無効であると解する必要があります。以上のことから、労働者の賃金放棄の意思表示は、労働者の「自由な意思に基づくものであると認めるに足る合理的な理由が客観的に存在」するときに限り有効であるとされています（最判昭48・1・19民集27巻1号27頁）。

（3）ケース2の検討

ケース2では、Cには A 社賃金規定の適用はなく、別途賃金について定めた労働契約書が締結されています。ゆえに、A 社が C の賃金を変更する場合には、就業規則の変更によってではなく、C との合意による方法をとるのが通例となります。

C に対して賃金減額の合意を取りつける際には、C が自由な意思に基づいて賃金放棄をしたといえる状況で協議をすることが肝要です。A 社の経営危機の状況や、就業規則の変更によって他の A 社労働者に対しても一律に賃金減額に応じてもらっていること等を説明しつつ、場合によっては C の経済生活への配慮としての代替措置・経過措置を講じていくことも必要になってきます。

Q&A

Q 弊社はいわゆる零細企業です。人件費が経営を圧迫しているため、今後景気が上向くまで賃金の2割を減額する旨を朝礼で全労働者に伝えました。その後、労働者には毎月2割減額した賃金を支給し続けていますが、この半年間、特に誰も異議は述べていません。労働者は皆納得してくれたものと理解していますが、何か問題があるのでしょうか。

A 後に、減額分の賃金の請求を受けるリスクが潜在しています。

解説

労働者が賃金等の減額をすることについて明示的に同意の意思表示をしていない場合でも、労働者の言動等から黙示的に変更に同意していると認

められる場合があります。もっとも、労働者のなかには、異議を述べることで解雇を含め不利益な取扱いを受けることをおそれている者も存し得ます。ある期間に渡って減額された賃金を受け取り続け、異議を述べなかったということのみをもって、黙示の同意があるとするのは困難な場合が多いと思われ、そのような場合には、会社に未払いがあることになります。

2．勤務地の限定についての個別合意がある場合
ケース3

　上記**ケース1**の事案で、A社に、勤務地をE事業所に限定する旨の合意をしている労働者Dがいたとします。A社の経営不振は深刻で、不採算事業所であるE事業所を閉鎖せざるを得ないとの判断に至りました。E事業所で勤務しているDに対し、F事業所に移ってもらうためにはどのような手続を履践する必要があるのでしょうか。

　不採算等を理由として事業所を閉鎖するような場合には、当該事業所で労務提供していた労働者については、別の事業所に配転してもらうのが原則となります。就業規則には、配点命令（転勤）に関する規定が含まれている場合が多いと考えられるので、その規定に基づいて使用者は当該労働者に対して別の事業所に配転命令をすることになります。もっとも、労使間において個別に勤務地を限定する旨の合意がある場合には、勤務地を変更させるのには、当該労働者との個別の合意が必要になります。

　ケース3では、A社とDとは、Dの勤務地をE事業所に限定する旨の合意をしています。ゆえに、A社はDに対して、F事業所に転勤するように配転命令をすることはできず、DにF事業所に転勤することを要請することとなります。DがA社の要請に応じれば、A社はDをF事業所に転勤させることができます。

　ところで、勤務地のような問題に関しては、その人のライフスタイルに

1　労働条件の不利益変更

も直結する問題なので、当該労働者の同意を得ることが困難な場合も少なくありません。使用者が勤務地の変更の要請をしたものの、労働者がこれを受け入れなかった場合には、使用者としては、やむなく、事業所の閉鎖を理由に解雇をすることになるものと考えられます。他方で、使用者が当該労働者に勤務地の変更の要請をすることなく、事業所の閉鎖を理由に解雇をすることは、解雇権濫用と評価される可能性が高いです（本書第5章**2**参照）。

第4 労働協約による労働条件の不利益変更

1．労働協約による労働条件の不利益変更

ケース4

上記**ケース1**の事案で、A社には過半数労働者で構成されたG労働組合があり、A社とG労働組合との間で締結された労働協約によって、賃金が定められている場合には、賃金の減額はどのような手続を履践することになるのでしょうか。G労働組合員に対する場合と、G労働組合員以外の労働者に対する場合とで、その取扱いが異なるのでしょうか。

（1）労働協約の効力と適用範囲

労働協約によって規律されている労働条件を不利益に変更するのには、その労働協約を解約するか変更することになります。労働協約に定める労働条件に反する個別合意や就業規則に定める労働条件は、労働者に不利なものは無効となり、労働協約に定める労働条件が適用となります（労組法16、労契法13、労基法92Ⅰ）。ゆえに、労働協約によって規律されている労働条件は、労働協約によってのみ労働者に不利益に変更することができる

のです。

　労働協約の効力が原則としてその労働組合員に及ぶことは当然ですが、一定の要件を満たす場合には労働組合員以外の労働者に対しても及ぶとされています。同一事業場に常時使用される同種の労働者の４分の３以上の数の労働者が労働協約の適用を受けることになった場合には、その他の同種の労働者にも当該労働協約が適用されます（労組法17）。これは、このような場合の労働協約の労働条件を公正かつ妥当なものとみなし、労働者の労働条件を統一する制度と理解されています。

　ケース４では、G労働組合員については労働協約で賃金が規律されているので、A社が当該労働者の労働条件を不利益に変更するためには、労働協約を解約するか変更するかの手続を行うことになります。他方で、G労働組合員以外については、まず労働協約の効力が及んでいるのかを判断する必要があります。上記労働組合法17条の規定に基づいて労働協約の効力が及んでいるということであれば、G労働組合員同様に、労働協約を解約するか変更するかの手続を行うことになります。労働協約の効力が及んでいないということであれば、当該労働者との賃金に関する労働条件は、個別合意か就業規則のいずれかによって規律されていることになります。その変更方法については、上記**第２・第３**をご確認ください。

　下記では、労働協約の効力が及んでいる労働者について、当該労働条件の変更のためにどのような点に留意をするべきかを、労働組合員である場合と、労働組合員以外である場合とに分けて説明します。また、労働協約の解約については労働組合法15Ⅲ・Ⅳに定めるとおりなので（**２．**にて後述）、下記では労働協約の変更に絞ります。

（２）労働組合員に対しての不利益変更

　労働協約を使用者と労働組合との合意の上で変更する場合には、組合内の意見集約・調整のプロセスの公正さが存するのであれば、有効に労働条件を変更することができます。

もっとも、労働協約の変更により当該労働組合員が他の組合員に比して殊更に不利益を被るというような場合には、変更後の協約の内容が当該労働者に及ばない場合があり得るので注意が必要です。

　この点につき、定年および退職手当算定方法を不利益に変更する内容の労働協約の効力が争われた事案で、当該労働者の被る不利益は決して小さいものではないとしながら、①同協約が締結されるに至った経緯、②締結当時の会社の経営状態、③同協約に定められた基準の全体としての合理性からして、同協約は「特定の又は一部の組合員を殊更不利益に取扱うことを目的として締結されたもの」とはいえないとして、同協約の効力の有効性を肯定した判例が参考になります（最判平9・3・27労判713号27頁）。

（3）労働組合員以外に対しての不利益変更

　他方で、労働協約を変更した結果、労働組合員ではない労働者の労働条件が不利益に変更される場合には、若干問題があります。すなわち、労働組合員ではない労働者は、当該労働協約を締結することの労働組合の意思決定に関与しておらず、また当該労働組合としても組合員以外の労働者のために活動をするわけではないので、その変更の有効性に関しては別途の視点が必要となります。

　この点につき、同じく定年および退職手当算定方法を不利益に変更する内容の労働協約の効力が争われた事案で、①当該労働者が被る不利益の程度・内容、②労働協約が締結されるに至った経緯、③当該労働者の労働組合の組合員資格の有無等に照らして、「労働協約を特定の未組織労働者に適用することが著しく不合理と認められる特段の事情」がある場合には、同協約の効力は当該労働者には及ばないとした判例が参考になります（最判平8・3・26労判691号16頁）。

2．労働協約の不利益変更と再建型手続

　労働協約による労働条件の不利益変更の規律は、再建型手続が開始して

も変わりはありません。労働組合内にて意見集約・調整のプロセスを公正に辿っているのであれば、労働協約の変更合意によって、労働条件を不利益に変更することができます。

また、労働協約の解約についても再建型手続が開始しても変わりはありません。再建型手続においては、双方未履行の双務契約に関して、再生債務者や管財人に解除する権限が与えられますが（民再49Ⅰ、会更61Ⅰ）、労働協約に関しては適用除外とされています（民再49Ⅲ、会更61Ⅲ）。ゆえに、労働組合法上の定めにより、当該労働協約が期間の定めをしていない場合に限って解約をすることができるにとどまります（労組法15Ⅲ・Ⅳ）。

ところで、労働協約の有効期限は最大でも3年と比較的短いものです（労組法15Ⅰ・Ⅱ）。有効期限を1年としている（自動更新条項が入っている）労働協約を比較的よく目にするので、労働条件の不利益変更の緊急性と、労働協約の有効期間の残存期間の長さとの兼ね合いではありますが、労働協約の不利益変更や解約の問題が露見する場面は、実際のところはそんなには多くはないともいえます。

第5 労働条件の規律と変更対象

【労働条件の規律と変更対象】

当該労働条件を規律しているもの	条件	個別合意(変更)	就業規則の変更	労働協約の解約	労働協約の変更(新たな締結含む)
個別合意	就業規則の変更によっては変更されない労働条件として合意していた場合	◎	×(労契法10但書)	×	○(※)(労組法16)
	就業規則の変更によっては変更されない労働条件として合意していない場合	◎	○	×	○(※)(労組法16)
就業規則		×(労契法12)	◎	×	○(※)(労組法16、労契法13、労基法92Ⅰ)
労働協約		×(労組法16)	×(労組法16、労契法13、労基法92Ⅰ)	◎(労組法15Ⅲ・Ⅳ)	◎

※ただし、有利原則を否定した場合
◎：実務上の通例、○：理論上は検討対象となるもの、×：検討対象とならないもの

　就業規則で労働条件が規律されている場合に、当該労働条件を変更することを検討するときには、就業規則によって変更するのが通例といったように、変更を検討する労働条件が何で規律されているのかを確認することが理論的には第一作業となります。規律しているものが判明したら、基本的にはその規律しているものを変更するないし解約するということを検討することになります（上記図を参照）。変更について留意するべき点は**第2**ないし**第4**のとおりです。

COLUMN　再生債務者および管財人の使用者性

　労働契約における使用者とは、その使用する労働者に対して賃金を支払う者をいいます（労契法2Ⅱ）。また、労働組合法上の使用者とは、基本的には労働契約関係を基盤として成立するものと解されています（菅野和

夫『労働法（第10版）』弘文堂、753・754頁、最判平7・2・28民集49巻2号559頁）。この点、民事再生手続においては、原則として再生債務者が業務遂行権および財産管理処分権を有し（民再38Ⅰ）、会社更生手続においては、原則として管財人が事業の経営および財産の管理処分権を有しますので（会更72Ⅰ）、再生債務者や管財人が労働者に対して賃金を支払う者であり、民事再生・会社更生手続において労働契約上・労働組合法上の使用者となります。すなわち、労働者との間で労働条件の変更合意をしたり、労働組合等との間で労働協約を締結したりするのは、再生債務者や管財人ということになります。

2 再建型手続と整理解雇

第1 事 例

ケース1

　A社は家電販売を事業目的としている会社です。A社はただちに経営破綻に陥るという状況にまでは至っていないものの、今後の家電販売事業は業界全体として冷え込みが続くものと予測しており、このままの状態では近い将来経営危機に陥る危険が高いと判断しています。切り詰めることのできる経費の削減は行いましたし、役員報酬はここ数年全額放棄する等の経営改善の努力はしてきましたが、一向に経営環境を取り巻く改善は図れず、経営を圧迫している人件費の削減が急務課題となっています。現在のA社の資金繰りでは、希望退職を促そうにも割増退職手当の支払いに限界があると感じています。

　そこで、A社としては、やむなく整理解雇を行うことを決定したいのですが、どのような点に注意をする必要があるでしょうか。

第2 解 説

1.整理解雇とは
(1) はじめに(人員削減施策としての整理解雇)
　経営危機にある会社が人員削減を行うことにより、事業構造の改革とコスト削減を図ることは経営者の判断として広く実施されています。希望退職や特別早期退職といった会社側の応募に対し従業員側が任意に応じることで合意退職によって人員削減が進められることも多いのですが、それでも削減目標が未達な場合には、会社は整理解雇によって人員削減を図ることを検討せざるを得ません。整理解雇は経営側の事由に基づく解雇であって、労働者側の事由や落ち度によるものではないことが特徴です（労働者の労働能力を理由とする解雇や会社の就業規則等社内ルールに違反したことを理由とする解雇は、普通解雇、懲戒解雇とされます）。

(2) 解雇権濫用が許されないこと(労契法16)
　期間の定めのない労働契約は、民法上は解雇が自由に行えるのが原則です（民627）が、経営者と労働者は対等ではないので契約自由の原則は労働者保護の目的から修正されています。

　すなわち、解雇権の行使が権利の濫用に該当する場合には、当該解雇は無効とされます。この解雇権濫用法理は、1960年代に下級審で確立され、最高裁判例で認められています（最判昭50・4・25民集29巻4号456頁、民1Ⅲ）。平成20年3月施行の労働契約法16条は、この解雇権濫用法理を確認的に規定したもので、「解雇は、客観的に合理的な理由を欠き、社会通念上相当であると認められない場合は、その権利を濫用したものとして、無効とする」と規定されています。

(3) 就業規則の合理的変更法理等による労働条件の柔軟な調整と雇用調整
　経営危機に直面する会社にとって、その対応手段としては、賃金等の労

働条件を一律に下げるという方法によってコスト削減を図ることや自発的な退職を促すことも選択肢の一つです。戦後の日本の経済社会はオイルショック等の不況期に、賃金等の労働条件を調整する方法で難局を乗り切ることが多かったといわれています。終身雇用制度を前提として雇用の確保だけは最低限守るかわりに、別稿にて説明しているとおり、就業規則や労働協約の変更による労働条件の不利益変更を一定の要件のもとに許容する法理が形成されているのです（本書351頁参照）。

このように就業規則の合理的変更法理等によって労働条件の柔軟な調整の途があることは、労働者の生活の基盤を奪うことを意味する整理解雇に対して、一定の抑止的効果があったものといえるでしょう。

2．整理解雇法理とは

(1) 整理解雇法理の4要素

整理解雇についても解雇権濫用法理が適用されます（労契法16）。整理解雇の有効性についての判断枠組みを示した最高裁判例は未だありませんが、「客観的に合理的な理由を欠き、社会通念上相当でない解雇」として無効となるかどうかのポイントについて裁判例が集積され、そのポイントは以下の四つに類型化されています。この四つのポイントを考慮要素として解雇権濫用を判断する法理が整理解雇法理と呼ばれています。

① 人員削減の必要性
② 解雇回避努力義務
③ 解雇対象者選定基準の合理性
④ 解雇手続の相当性

上記四つのポイントの法的性質については見解の対立があります。これを要件と位置づけ、このうちの一つでも満たさない場合には当該整理解雇は無効と判断されるという見解（要件説）と、これを要素と位置づけ、4要素を総合的に考慮して有効性を判断すべきとする見解（要素説）です。

整理解雇法理が解雇権濫用法理に基礎を置いていることや、個別案件に即した柔軟な判断を行う意義に鑑みれば要素説が妥当であり、近時これを明示する裁判例もあります。ただし4要素の関連性や、総合判断における各要素のウエイトについては一義的な説明は難しく、整理解雇を経営者が決断する際の予測可能性が小さいことは否めません。それだけに、整理解雇の実施に先立ち十分な検討を行う必要があります。

> **立証責任** COLUMN
>
> 　4要素はいずれも解雇権濫用の有無という法的評価に関連しこれを基礎づける事実ですが、この立証責任が労使間のいずれにあるかが問題となります。①人員削減の必要性、②解雇回避努力義務、③解雇対象者選定基準の合理性の3要素については整理解雇を実施した使用者側が立証責任を負い、④解雇手続の相当性がないことについては解雇対象者の側で立証責任を負うと考える見解が有力です。労働者の保護や立証責任の公平な分担から妥当な見解と考えます。

(2) 第1要素：人員削減の必要性

① 整理解雇の必要性でないこと

　整理解雇を行うには人員削減の必要性がなければなりません。ところで、整理解雇法理における第1要素たる人員削減の必要性は、手段として整理解雇を選択することの必要性とは異なります。人員削減の手法としては、定年退職者による自然減に期待する以外にも有期契約社員の雇止めとか、余剰人員の出向・転籍といった方法もありますが、整理解雇を行う必要性については第2要素たる解雇回避努力義務のなかで問題とされます。ここでは当該会社にとってその目的が下記②記載の3類型のいずれかに関わらず、人員削減を行う必要性があるかどうかが問題となります。そして、その必要性の基準時は当該整理解雇を行った時点が基本となります。

② 倒産必至の状態にあることまでは必要としないこと

　かつての裁判例においては、人員削減の必要性について対象会社が倒産必至の状態にあることまで必要とするものもありましたが、そこまで要求することは企業の人員施策の弾力的運用を委縮させることとなりますので妥当とは思えません。「企業の合理的運営上やむを得ない必要があれば足りる」との東洋酸素事件控訴審判決（東京高判昭54・10・29労判330号71頁）の基準が参考になります。また、会社全体が経営危機にはなくとも、採算性の観点から事業所や営業所を閉鎖して人員削減を図るという戦略型の整理解雇も人員削減の必要性自体が否定されることはなく、他の要素との総合判断で整理解雇の有効性が評価されることになります。

　このように考えると、整理解雇は三つの目的での人員削減に大別されます。

【整理解雇における主な目的】

緊急避難型	現在直面している経営危機から脱却する目的
予防型	将来経営危機に陥る危険を回避する目的
戦略型	専ら採算性を向上させる目的で行う場合

　ケース1の場合、A社の主張によれば、近い将来経営危機に陥る危険を回避する目的で整理解雇を行おうとしています（予防型）。

　整理解雇の有効性が争いになった場合に、裁判例では、人員削減の必要性に関する判断については、経営専門家である経営者の判断が尊重されています。もっとも、その判断過程の基礎資料の分析や、判断過程それ自体に不合理な点が存する場合には、人員削減の必要性が否定される場合もあります。**ケース1**の場合にも、この点に注意が必要です。

Q&A

Q 整理解雇の直後に新規雇用を行うことはできないのでしょうか。

A 新規に大量の新人を採用することは、整理解雇の人員削減の必要性と矛盾する行為であり避けるべきです。

解説

整理解雇は人員削減の必要性がある場合にのみ行うことができるものです。たとえば、整理解雇直後に新規に大量の新人を採用したり、残った社員の給料を一律に大幅に昇給させる等一見して人員削減の必要性に重大な疑問を想起させる行動があれば、人員削減の必要性が否定されることになるでしょう。ただし、整理解雇後の全社的努力により危機を回復した会社が相当期間経過後に採用を再開する行為や、整理解雇前に切り下げていた賃金水準を回復させる行為は、人員削減の必要性を否定する事情には該当しません。

(3) 第2要素：解雇回避努力義務

① 解雇回避措置の種類と裁判例

使用者は整理解雇に先立って、整理解雇を回避するための措置を十分に講じる必要があります。これを解雇回避努力義務といいますが、一般的に想定される解雇回避措置の具体例を例示すれば、以下のとおりです。

【解雇回避措置の具体例】

人員削減以外の コスト削減措置	経費の削減
	役員報酬の削減
	賃金の切下げ（人事賃金体系の変更含む）
	賞与の支給中止
	昇給停止
	時間外労働の中止や労働時間の短縮
	ワークシェアリング・一時帰休
正社員の整理解雇以外の 人員削減措置	新規採用の中止
	非正規社員の雇止め
	希望退職の募集
余剰人員の活用による 余剰の解消	出向
	配置転換

　日本においては諸外国と比して就業規則の不利益変更法理が定立され、労働条件の切下げが比較的容易に行えることからしても解雇回避措置の種類は広範囲に及んでいます。

② 会社の規模や職種による解雇回避措置の限界

　解雇回避努力義務については、個別の事案によって求められる具体的解雇回避措置が異なるものと考えられます。当該会社にとっておよそ期待し得ない解雇回避措置を、一律に整理解雇法理が求めているものではないことは明らかです。たとえば、希望退職措置を講じることで事業の維持に必要である有能な社員が流出する危険があったり、中小企業等で希望退職措置に必要な割増退職金の支払余力がない場合には、希望退職措置をとらなくとも解雇回避努力義務に反するものとはいえないでしょう。

　また、一定の部門自体の廃止や部門における人員削減の必要性がある

場合に、当該部門の余剰人員を配置転換することが解雇回避努力義務の対象とならない事案もあります。他部門の受入れ需要が全社的にない場合や、当該削減部門の余剰人員が特定の職種に限定されていて他部門での転用が難しい場合等、およそ期待可能性のない解雇回避措置を強いることまで要求されるものではありません。

ケース1の場合、A社は、経費の削減や役員報酬の削減を行ってきていますが、これだけで十分というわけではなく、他に整理解雇を回避するためにA社としてできることがないかを模索していくことになります。その際、A社が主張するように、実際に希望退職措置に必要な割増退職金の支払余力がないのであれば、A社において希望退職措置を講じることは期待可能性のない措置ということになるので、そのような措置をもって解雇回避をする必要まではないということになります。もっとも、**ケース1**のような予防型の場合には、その額の多寡は事案によりますが、割増退職金の支払余力との関係で、希望退職措置を講じることができないと認められる場合は多くはないでしょう。

③ 人員削減の必要性と解雇回避努力義務の相関関係

整理解雇法理は4要素についての総合判断であり、とりわけ第1要素の人員削減の必要性と、第2要素の解雇回避努力義務は相関する程度が強いと解されます。

この点、人員削減の必要性がそれほど強くない場合に当該整理解雇が有効と評価されるためには、高度の解雇回避努力義務が課せられる旨示唆する裁判例があります。

これとは逆に人員削減の必要性が極めて強い場合には、解雇回避努力義務のハードルは多少下がっても当該整理解雇は正当化されるか否かについては裁判例がなく、意見の分かれるところです。解雇権濫用法理としての総合判断であれば、かかる相関関係も是認さるべきと思われますが、少なくとも解雇回避措置について経営側の裁量の余地は広がるで

2 再建型手続と整理解雇

しょう。

(4) 第3要素：人選基準の合理性

整理解雇対象者の人選基準が合理的であることが必要となります。解雇対象者の選定が使用者側の恣意性に基づくものであってはならないことは当然ですが、客観的に合理的な基準を一義的に定立することは極めて困難です。個々の会社の状況（事業に必要な労働力の特性・職種・資格・専門性等）、従業員の構成（年齢、管理職と一般職等）に応じて当該人選基準の合理性は個別的に判断せざるを得ません。

> **担当者として留意すべき事項　人選基準の設定と事前提示**
>
> 　人選基準を設定したときには、特段開示ができない事情のない限りは、当該人選基準を整理解雇前に労働者に提示することが重要です。労働者に開示をすることができる人選基準であることは、それだけ恣意的なものではないことを意味する場合が多いと思われますし、下記第4要素（手続の相当性）との関係で、整理解雇の有効性の判断においての肯定材料となり得ます。

　一般論でいえば、人選基準の要素として「会社への貢献度」と「解雇により受ける経済的打撃（被害度）」が考えられます。貢献度も過去の貢献度を重視するのか、将来の貢献度を重視するかによって人選基準は異なるものと思われますが、たとえば「過去の欠勤・遅刻率」「勤務評定結果」「資格の有無や内容」等が想定されます。

　「会社への貢献度」が相対的に低い人のなかで、次に「解雇により受ける経済的打撃（被害度）」が比較的小さい人を選定することが、比較的合理性が高い方法と考えられるといえるでしょう。

Q&A

Q 整理解雇の人選基準において、年齢基準を設けることは合理的な基準といえるのでしょうか。

A 難問ですが、退職に伴う補償を行う等によって退職対象者の被害度を軽減する措置が求められる場合もあると考えられます。

解説

　年齢基準それ自体は恣意性が入らない基準といえますが、年齢基準が基準として合理性を持つかは難問です。類型的に、高齢者は過去の会社に対する貢献度が大きく、若年者は将来の貢献度を期待できるという特性があります。一般に子育てが終了し、貯金額が多く、年金自体の受領も近い高齢者の方が被害度は小さいともいえますが、再就職の困難性等に鑑みたとき、必ずしも高齢者の方が被害度が小さいと決めつけることができない面もあります。

　もっとも、たとえば、会社として将来の貢献度を重視するべきとの経営判断がある場合で、整理解雇対象者の被害度を軽減する措置（再就職支援や退職手当の上積み等）が講じられているような場合には、高年齢を基準とすることも、一つの合理的な基準になると考えられます。

(5) 第4要素：手続の相当性

　使用者は、整理解雇について労働者や労働組合に対し十分な説明や協議を行わなければなりません。労働協約のなかに解雇手続について労働組合と協議するもしくは労働組合の同意を要する旨の約款があるか否かに関わらず、労働者や労働組合に対し誠実な説明・協議が求められています。

　なお、労働協約のなかに解雇手続をするには労働組合の同意を要する旨の約款がある場合で、使用者側が整理解雇に関し十分な説明と協議を労働組合に行ったにも関わらず、なお労働組合が同意しない場合には、この一事をもって整理解雇が無効となることはないでしょう。この場合には、労働組合が同意約款に基づく同意権の行使を濫用したものと評価されるべき

です。

　使用者が整理解雇に先立って、いかなる説明や、協議を行えば解雇手続の相当性が認められるのかについては、その頻度・回数、説明内容、協議内容について具体的事案ごとに評価されるべきことで一律な基準があるものではありません。経営危機にあって事業再建の生き残りを賭けている中小企業においては、その説明回数や協議回数が少なかったり、協議期間が短いことでただちに整理解雇が無効となるとは考えにくいと思います。ただし、使用者側では最大限の誠意をもって説明と協議にあたる姿勢が重要です。

3．再建型手続における整理解雇

　以上に説明した整理解雇法理について、法的倒産手続内において整理解雇を実施する場合の留意点を説明します。

（1）再建型手続における人員削減の意義

　第1に、破産による事業廃止で雇用契約がすべて終了することを回避するためには、事業自体の再構築が必要となります。会社の状況や事業の特性次第では、二度と破綻しない会社にするために、事業自体の再構築に伴った人員削減施策を中核とする事業再生計画を立案、遂行することが不可欠な場合も少なくないと思われます。

　第2に、再建型手続に入っている会社においては、法的倒産手続を申請する前にすでに人員削減以外のあらゆる事業合理化施策を行っているケースが少なくないでしょう。経営危機状況のなかですでに人件費を切り下げたり、一部事業部門を閉鎖したり、賞与の支給を停止する等、人員削減以外に事業の再構築手段がみつからない状況にあります。

　第3に、再建型手続において当該会社の事業支援を行うスポンサー（本書第4章3参照）候補が登場した場合、事業の再構築のための人員削減の実施を支援条件の大前提として申し出ることも少なくないでしょう。ま

た、法的倒産手続のなかで倒産債権の大幅な免除を求められる金融機関が、更生計画または再生計画のベースとなる事業再生計画案において、厳しい人員施策を含む事業リストラを要請することも多いと思われます。

（2）再建型手続の特性

再建型手続における整理解雇が、平時の会社による整理解雇と比べて、いかなる特性を有するか、その特性を説明します。

第1に、会社更生手続における管財人は、平時の会社の代表機関と異なり、すべての利害関係人の利害関係を公正、衡平に調和させる手続機関であり、人員削減もその職務遂行として行われると指摘されています（伊藤眞「事業再生手続における解雇の必要性の判断枠組み」東京弁護士会倒産法部編『倒産法改正展望』商事法務、9頁）。民事再生手続において人員削減する場合でも、再生債務者に手続機関として公平誠実義務が課され（民再38Ⅱ）、監督委員や裁判所の監督を受ける以上同様に考えてよいとされます。

第2に、会社更生手続でも民事再生手続でも、更生計画案や再生計画案のベースとなる人員削減施策を含む事業計画案の立案については、主要債権者等の利害関係人や、スポンサー等からの意見も反映され、裁判所の検証を経て多角的視点から十分に検討されていると考えられます。管財人等の人員削減、解雇実施の判断自体、客観的な正当性を有することが指摘されています（伊藤眞「事業再生手続における解雇の必要性の判断枠組み」東京弁護士会倒産法部編『倒産法改正展望』商事法務、10・11頁）。

第3に、管財人は事業遂行権と財産管理権を与えられるところ、人員削減施策の立案と遂行についての管財人の判断は事業遂行権の行使の問題です。管財人の事業遂行権は、平時の会社経営者に認められている経営判断原則よりも裁量が広いものと考えられます。上述のとおり、管財人は公正衡平な立場にあり、人員施策を含む事業計画案の策定について客観的な正当性が担保されていることから、恣意的な人員削減や整理解雇の懸念が乏しいためです。

また、管財人は事業の維持更生による雇用の最大確保を図る目的で人員削減施策を立て、それをベースとした更生計画案が債権者の多数の賛成により可決認可された以上は当該人員削減施策を遂行する責務を負っています。

(3) 再建型手続における整理解雇法理の解釈

　再建型手続における人員削減の必要性の背景や、再建型手続自体の特質を前提とした場合、整理解雇法理の適用において平時の会社経営者による整理解雇と相違があるべきでしょうか。近時、労働法規と倒産法規の交錯する場面として注目を集めているテーマです。いくつかの考え方を紹介します。

　最新の裁判例として、日本航空事件の二つの東京地裁判決（運航乗務員について：東京地判平24・3・29労判1055号58頁、客室乗務員について：東京地判平24・3・30労経速2143号3頁）は、いずれも会社更生手続のなかで管財人が更生計画案の遂行として行った整理解雇の判断について、従前の整理解雇法理と異なる判断枠組みをとる必要はないと判示しました。両判決は、整理解雇法理の4要素を個別に判断し当該解雇を有効としています。

　倒産法学者からは、再建型手続の特性に鑑み、更生計画の遂行としてなされる整理解雇については、その地位確認訴訟において裁判所の審査は更生計画認可から解雇の意思表示がなされるまでの間に、人員削減の根拠となった事業リストラ計画そのものが見直すべき必要性があったかどうかに焦点をあてるべきであるとの提言もされています（伊藤眞「事業再生手続における解雇の必要性の判断枠組み」東京弁護士会倒産法部編『倒産法改正展望』商事法務、11頁）。

　また、会社更生法、民事再生法が倒産解除権（会更61、民再49）を管財人もしくは再生債務者に付与している趣旨から、双方未履行契約の解除権行使として行われた解雇については、労働契約法16条の適用はあっても従前の整理解雇法理は適用されないという見解も倒産実務家から出され注目されています（森倫洋「倒産手続における解雇」「倒産と労働」実務研究会編

『詳説 倒産と労働』商事法務、135頁)。ただし、この見解は解雇権濫用の具体的事由の立証責任を労働者側に負わせるものの、判断要素として従前の4要素が勘案さるべきものとされています。

労働法学者からは、再建型手続において整理解雇法理をそのまま適用するのが裁判例の大勢であり、整理解雇法理を適用した上で、企業が倒産状態にあるという事情を整理解雇法理の4要素の判断において十分に考慮することが重要である旨提言されています（荒木尚志「倒産労働法序説」「倒産と労働」実務研究会編『詳説 倒産と労働』商事法務、18頁)。この見解は、整理解雇法理は予測可能性が低いという意見はあっても、法的倒産手続下における事態にも十分対処可能な柔軟性のあるルールであることにも言及しています。

業績回復と人員削減の必要性 COLUMN

　更生計画認可後、業績の回復が著しい更生会社の行った整理解雇の有効性判断において、業績回復がその判断に影響を与えるかについて検討してみます。再建型手続において人員削減施策を再建計画として立案し、これをベースとする更生計画案が可決認可した後に、人員削減施策の目標を達成するため行った整理解雇の有効性です。

　裁判所の審査の対象は人員削減施策を含む事業計画の見直しを図る必要があるかを中心とするべきとの前述の見解によっても、単に更生計画認可後の業績回復により人員削減の必要性がなくなったとはされません。人員削減施策を含む事業計画の見直しをするには、事業部門の再編や縮小計画そのものを見直すべき著しい事情の変化が計画認可後に生じ、また、事業計画の見直しを必要とする管財人判断についてその方針変換を利害関係人が了解する等の厳しい条件が満たされることが要求されます（伊藤眞「事業再生手続における解雇の必要性の判断枠組み」東京弁護士会倒産法部編『倒産法改正展望』商事法務、15頁)。

　そもそも、再建型手続は債権者の債権放棄等の犠牲のもとに、更生会社等が最大限コスト削減や事業リストラ等の自助努力を図り、利益の出せる経営基盤をつくり事業の維持存続を目的とするものです。更生計画認可後

に利益が一時的に回復しても、それはたとえば解雇回避措置たる希望退がって、事業計画策定時点での人員削減施策の目的が解雇時点での業績回復によって消滅したものと判断することは難しく、業績回復自体は人員削減施策をはじめとする事業計画自体の結果であって、これを過大評価して当該整理解雇を無効とすることはできないと考えられます。

3 倒産手続における労働債権の取扱い

第1 労働債権の特殊性

1．労働債権とは

　本稿において、労働債権とは、給料や退職手当の請求権等雇用関係に基づいて生じた債権を指します。これらの労働債権が履行されなければ、労働者の生活が立ち行かなくなってしまいます。そこで、民法は、労働債権に関し優先的な取扱いを定めています。

　民法308条は、「雇用関係の先取特権は、給料その他債務者と使用人との間の雇用関係に基づいて生じた債権について存在する」と定め、「雇用関係」に基づいて労働者が有する債権に一般の先取特権を認めています。一般の先取特権とは、債務者の総財産を担保対象財産とする担保権を指します（民306）。一般の先取特権者は、判決等の債務名義（民執22）を取得せずとも、担保権の存在を証明する文書を提出することによって雇用主の一般財産に対して強制執行を行うことができます（民執181、190、193）。この意味で、一般の先取特権者は一般債権者よりも優先的な地位が与えられています。

2．倒産手続における取扱い（総論）

　破産、民事再生、会社更生等の倒産手続においては、手続開始前の原因に基づいて生じた債権は倒産債権となり、原則として個別的権利行使が禁

止されます。しかし、前項で述べたとおり労働債権が民法上優先的な地位を与えられていることを反映して、倒産手続においても労働債権を一般の倒産債権より優遇する取扱いがとられています。

また、企業が破たんした場合（特に破産の場合）には、一般債権の枠内でより優遇するという程度では労働債権の履行が全くなされないことも想定されます。そこで、それぞれの倒産手続では労働債権のうち給料や退職手当の請求権を最優先の債権として取り扱っています。以下は破産、民事再生、会社更生の各手続において労働債権の代表例である給料債権と退職手当請求権がどのように取り扱われるのかを概観していきます。

第2 各手続における労働債権の取扱い

1．破産手続

ケース1

　Aの勤務していた不動産会社Bは業績不振のため1年ほど前から給料が遅れがちになり、今月末（6月）の時点でちょうど4か月の遅配となりました。そこで、Aは6月末をもってB社を退職し同業他社に転職をしました。なお、給与の支払条件は毎月末締め毎月末日払いです。

　B社は、資金繰りの悪化により事業の継続が困難となり、破産手続開始の申立てを行い、8月1日に破産手続開始決定を受けました。

　Aは遅配となっていた給料債権をまだ受け取れていません。また、退職金に関しても未払いのままです。Aの未払給料（4月～7月分）や退職金は、破産手続のなかでどのように取り扱われるでしょうか？

(1) 総論

　破産手続では、破産手続開始前の原因に基づいて生じた「雇用関係に基づいて生じた請求権」（民法308。以下「労働債権」といいます）は、原則として優先的破産債権（破98）として取り扱われます。優先的破産債権は、破産債権よりも優先して配当を受けることができます（破190Ⅰ）。

　他方で、破産手続のなかでは優先的破産債権よりも税金等の財団債権が優先しますので（破151）、破産財団が財団債権を弁済するに足りない場合には、優先的破産債権者である労働債権者は配当を受けられないことになります。しかし、労働債権のうち給料や退職手当の請求権に関しては、この支払いが受けられないと労働者の生活が立ち行かなくなってしまいます。そこで、破産手続では、給料そして退職手当の請求権それぞれのうちの一部を財団債権に格上げする措置を講じています（破149）。

　また、破産手続では、給料や退職手当の請求権のうち、財団債権にならない（優先的破産債権）ものについても、一定の場合に早期弁済が受けられる制度（許可弁済）を設けています（破101）。

(2) 破産手続開始前に生じた給料の請求権

　破産法149条1項は、「破産手続開始前3か月間」の「給料の請求権」を財団債権としています。「給料の請求権」には、賃金、給料、手当、賞与等名称を問わず、労働の対価として雇用者が労働者に対して支払うすべてのものが含まれると考えられています（小川秀樹編著『一問一答新しい破産法』商事法務、201頁）。

　財団債権とされる範囲については、破産手続開始前3か月間に発生した給料であり、3か月分の給料債権が財団債権となるわけではありません。例えば8月1日に破産手続開始決定がなされた場合、5月1日から7月31日までに生じた給料の請求権が財団債権となり、4月30日より前に生じた給料の請求権は、優先的破産債権となります。したがって、事業閉鎖に伴って全従業員が解雇されてから破産手続開始決定までに3か月以上が経

過してしまっている場合には、すでに解雇された労働者の関係で財団債権として取り扱われる給料の請求権は存在しないことになります。

また、破産手続開始前3か月間に生じた給料の請求権であっても、労働者がその一部の支払いを受けている場合には、残額の給料の請求権が財団債権として取り扱われることになります。

なお、破産手続開始決定前に生じていた給料の請求権のうち財団債権として取り扱われないものは、優先的破産債権として取り扱われます(破98)。

(3) 解雇予告手当

破産手続を申し立てることが決まった場合、開始決定前に全従業員を解雇することがあります。労働者を解雇する場合には、30日前に解雇予告をするか、即時解雇をする場合には30日分以上の解雇予告手当を支払う必要があります(労20)。30日前の解雇予告を行っていた場合には、破産法149条(手続開始前の給料)、148条1項4号、7号または8号(手続開始後の給料)にしたがって財団債権の範囲が決まることになります。

これに対し、破産手続の開始決定前に即時解雇を選択した場合、解雇をした時点で支払われるべき解雇予告手当が未払いのまま破産手続開始決定が発令されることも実務上見受けられます。このような場合、解雇予告手当の請求権が「給料の請求権」(破149)に該当し、財団債権として取り扱われるかについては議論があります。

この点、解雇予告手当が労務の対価としての性質を有するものではないこと等から、理論上は「給料の請求権」にあたらないとする考え方が有力です。しかし、破産手続開始後に破産管財人が解雇をした場合には解雇予告手当も財団債権となることとの均衡や労働者の生活の維持といった観点から、実務上は、財団債権として取り扱われる例もあります。

(4) 破産手続開始後に生じた給料の請求権

破産手続開始後に給料の債権が生ずる場合として、破産管財人がすでに解雇した元経理担当者を改めて雇用する場合や破産手続開始前に解雇され

なかった従業員をそのまま雇用し続ける場合が考えられます。

　これらの労働者は破産管財業務遂行のために労務を提供しているので、いずれの場合であっても給料の請求権は財団債権として取り扱われることになります。新たに雇用する場合には破産管財人がした行為によって生じた請求権（破148Ⅰ④）として財団債権となりますし、引き続き雇用を継続する場合には双方未履行契約の履行を選択することになりますので、破産法148条１項７号に基づいて労働者の給料の請求権は財団債権となります。

（５）退職手当請求権

　破産法149条２項は、「破産手続の終了前に退職した破産者の使用人の退職手当の請求権」については、原則として「退職前３月間の給料の総額に相当する額を財団債権とする」と定めています。

　本項が定める「退職手当の請求権」とは、労働者の退職に伴って支払われる給付であり、就業規則、労働契約、労働慣行等により雇用者が支払義務を負っているものを指します。

　財団債権とされる範囲は、原則として退職前３か月間の給料の総額に相当する額です（破149Ⅱ）。もっとも、破産法149条２項は、その「退職前の３か月間」の給料の総額が「破産手続開始前３か月間の給料」の総額よりも少ない場合には、「破産手続開始前３か月間」の給料の総額を財団債権とすると定めています。この定めは以下のような場合を想定して設けられています。つまり、破産会社の労働者が破産手続開始後も引き続き破産管財業務を手伝うために破産会社に勤務し続けている場合、破産手続開始前よりも手続開始後の給料が下がってしまうことがあります。このような場合に退職手当請求権の財団債権となる範囲を「退職前３か月間の給料の総額」とすると、管財業務のために引き続き破産会社に残っていた人のほうが破産手続開始前に退職した人よりも不利に取り扱われてしまう可能性があります。そこで、上記のような規定を設けて破産手続開始前に退職し

た人と破産手続開始後に退職した人との間の不均衡をできる限り解消しようとしています。

　以上解説した破産法149条2項は、破産手続開始前に破産会社との間で雇用関係がある場合の規定です。これに対し、破産手続開始後に破産管財人が新たに雇用した労働者の退職手当は、「財団に関し破産管財人がした行為」として財団債権になります（破148Ⅰ④）。

（6）弁済の方法

　上記の労働債権が破産手続のなかでどのように弁済されるかは、労働債権が財団債権なのか優先的破産債権なのかによって大きく変わります。

　まず、労働債権が財団債権として取り扱われる場合、その労働債権は、破産債権に先立って（破151）、配当を待たずに随時弁済されることになります（破2⑦）。つまり、破産財団として十分な資産があれば速やかに全額が支払われることになります。しかし、破産手続の事案によっては、破産財団が財団債権の全額を支払うのに足りない額しか形成できない場合もあり得ます。このような場合には、破産法の定める順序にしたがって財団債権間で按分弁済が行われます。具体的には、破産法148条1項1号及び2号に定める財団債権がまず優先的に弁済され、労働債権を含むそれ以外の財団債権は債権額の割合によって按分弁済されます（破152）。

　これに対し、優先的破産債権に該当する労働債権は、配当手続によって弁済を受けることになります。優先的破産債権は、その他の破産債権に優先して配当されます（破98）。ただし、配当手続に至るまでには相当程度の時間を要することが想定されますし、給料や退職手当の支払いが遅れてしまえば労働者の生活に多大な影響を与えてしまいます。そこで、破産法は、優先的破産債権となる給料や退職手当の請求権の「弁済を受けなければその生活の維持を図るのに困難を生ずるおそれがある」（破101Ⅰ）こと等の条件のもと、その一部または全部を配当手続に先立って弁済することができる制度を設けています（破101。許可弁済）。この許可弁済は、職権

または破産管財人の申立てによって行われるのが原則ですが、優先的破産債権たる給料や退職手当の請求権を破産管財人に届け出ている労働者は、破産管財人に対し、許可弁済の申立てをするよう求めることができます。この申出を受けた破産管財人は、裁判所にその旨を報告しなければなりません（破101Ⅱ）。

(7) 設問の検討

　Aの未払給与のうち、5月分、6月分の未払給与は財団債権となり、それ以前の未払給与は優先的破産債権になります。

　また、未払いの退職金のうち、4月～6月分までの給料の総額に相当する額が財団債権として取り扱われ、その額を超える部分は優先的破産債権となります。

　財団債権として取り扱われる部分に関しては、破産債権に先立って弁済され、優先的破産債権に関しては原則として配当手続によって弁済されることになります。

2．民事再生手続

ケース2

　Aの勤務していた不動産会社Bは業績不振のため1年ほど前から給料が遅れがちになり、今月末（6月）の時点でちょうど4か月の遅配となりました。そこで、Aは6月末をもってB社を退職し同業他社に転職をしました。なお、給与の支払条件は毎月末締め毎月末日払いです。

　B社は、資金繰りの悪化により事業の継続が困難となり、民事再生手続開始の申立てを行い、8月1日に民事再生手続開始決定を受けました。

　① 遅配となっていたAの給料は未払いのままです。また、退職金に関しても未払いのままです。Aの未払給料（4月～7月分）や

退職金は、民事再生手続のなかでどのように取り扱われるでしょうか？

② B社の民事再生手続は資金繰りがうまく行かず、破産手続に移行することになりました。その場合、Aの未払給料や退職手当は後の破産手続においてどのように取り扱われるでしょうか？

(1) 総論

民事再生手続では、再生手続開始前の原因に基づいて生じた「雇用関係に基づいて生じた請求権」は一般優先債権として取り扱われます（民再122）。また、民事再生手続開始後の労務の対価としての給料や退職手当の請求権は共益債権として取り扱われます（民再119②）。

破産手続の場合には、財団債権に該当するか優先的破産債権に該当するかによってその取扱いが大きく変わることは上述のとおりですが、民事再生手続の場合には、一般優先債権と共益債権の双方が随時弁済されることになっており（民再121Ⅰ、同122Ⅱ）、また、その両者に優劣はないと考えられています（伊藤眞『破産法・民事再生法』有斐閣、669頁）。したがって、民事再生手続が継続している限りは給料や退職手当の請求権が共益債権になるのか一般優先債権になるかによって労働者が影響を受けることはありません。

両者の違いが問題となるのは、民事再生手続が頓挫し、破産手続に移行した場合です。なぜなら、移行後の破産手続では、民事再生手続で共益債権と取り扱われていた債権は財団債権となり、また、一般優先債権と取り扱われていた債権は優先的破産債権となるのが原則ですので、この場合には労働債権が民事再生手続のなかで共益債権となるか一般優先債権となるのかは大きな意味を持つことになります。

そこで、本稿では、給料・退職手当の請求権の共益債権となる範囲、一般優先債権となる範囲を説明し、続いて破産手続に移行した後の取扱いに

ついても解説します。

（2） 給料の債権

前述のとおり、再生手続開始前の原因に基づいて生じた給料（手続開始前の労務の対価）の債権は一般優先債権となり（民再122、民308）、再生手続開始後の労務の対価である給料の請求権は共益債権となります（民再119②）。

（3） 退職手当の請求権

再生手続開始前に退職した労働者の退職手当の請求権は、手続開始前の労務の対価ですので一般優先債権となります（民再122、民308）。再生手続開始後に退職した労働者の退職手当の請求権に関しては、全額を共益債権とするとの見解と、退職手当の請求権のうち手続開始後の労務の対価に相当する部分を共益債権とし、手続開始前の労務の対価に相当する部分を一般優先債権と考える立場が対立しています。この点については、裁判例も乏しく、実務上は事案に即した処理が行われることになるでしょう。

（4） 破産手続移行後の帰趨

民事再生手続が頓挫し破産手続に移行した場合、民事再生手続において共益債権として扱われた債権は財団債権として取り扱われ（民再252Ⅴ）、一般優先債権として取り扱われた債権は優先的破産債権として取り扱われるのが原則です。もっともいくつかの例外があります。

① 給料の請求権

まず、再生手続開始前の給料の請求権のうち民事再生手続開始前3か月間の給料の請求権は後の破産手続では財団債権として取り扱われます（民再252Ⅴ）。民事再生法では手続開始前の給料の債権を共益債権化する措置が講じられていないことから、この規定は、破産法149条1項と同じ範囲で優先的破産債権を財団債権に格上げしたものです。

また、再生手続廃止決定後の保全管理期間中に生じた給料の請求権は、破産法148条に基づいて財団債権として取り扱われます。

② 退職手当の請求権

次に、移行後の破産手続における退職手当の取扱いに関しては、再生手続において共益債権であったものは財団債権、一般優先債権であったものは優先的破産債権となるのが原則です（民再252Ⅴ）。ただし、移行後の破産手続では破産法149条2項が適用されますので、再生手続において一般優先債権とされている退職手当のうち、同条項の適用によって財団債権となる部分があれば（たとえば、再生手続開始前に退職している場合等）、その部分は財団債権として取り扱われます。

(5) 設問の検討

ケース2の①については、未払いとなっている給料および退職手当のいずれもが手続開始前の労務の対価ですので一般優先債権となります。民事再生手続では、一般優先債権は共益債権と同様に随時弁済されます。

ケース2の②については、Aの未払給与のうち、5月分、6月分の未払給与は手続開始前の3か月間に生じた給料として財団債権となり（民再252Ⅴ）、それ以前の未払給与は優先的破産債権になります。また、上記のとおりAの未払いの退職金は再生手続では一般優先債権になりますので、移行後の破産手続においては優先的破産債権となるのが原則ですが破産法149条2項の適用により4月～6月分までの給料の総額に相当する額が財団債権として取り扱われ、その額を超える部分は優先的破産債権となります。財団債権として取り扱われる部分に関しては、破産債権に先立って弁済され、優先的破産債権に関しては原則として配当手続によって弁済されることになります。

3．会社更生手続

ケース3

　Aの勤務していた不動産会社Bは業績不振のため1年ほど前から給料が遅れがちになり、今月末（6月）の時点でちょうど4か月の遅配

となりました。そこで、Aは6月末をもってB社を退職し同業他社に転職をしました。なお、給与の支払条件は毎月末締め毎月末日払いです。

B社は、資金繰りの悪化により事業の継続が困難となり、会社更生手続開始の申立てを行い、8月1日に会社更生手続開始決定を受けました。

ケース1の場合、

① 遅配となっていたAの給料は未払いのままです。また、退職金に関しても未払いのままです。Aの未払給料（4月〜7月分）や退職金は、会社更生手続のなかでどのように取り扱われるでしょうか？

② Aが手続開始前に自主退職したのではなく、手続開始後まで勤務を継続し、その後に管財人が会社都合で解雇した場合、Aの未払給料や退職手当はどのように取り扱われるのでしょうか？

(1) 総論

会社更生手続における給料・退職手当の請求権の枠組みは、基本的には破産法と同様です。つまり、「雇用関係に基づいて生じた請求権」のうち手続開始前の原因に基づくものは原則として優先的更生債権となり（会更168Ⅰ②）、そのうち給料や退職手当の請求権が一定の範囲で共益債権化されます。破産手続との違いは、破産手続の場合よりも共益債権化される範囲を拡張している点にあります（特に退職手当の請求権）。これは、会社更生手続を通じて事業の再建を目指すためには労働者の協力が不可欠であることを反映したものです。

(2) 給料の請求権

会社更生法130条は、「更生手続開始前6月間の当該株式会社の使用人の給料の請求権」を共益債権とすると定めています。ここでいう「給料」の

意義、また、6月間の期間の考え方は破産手続の項で説明した内容と同様です。手続開始前の労務の対価としての給料の請求権のうち、この範囲に含まれないものは優先的更生債権となります（会更168Ⅰ②）。

また、手続開始後の給料の請求権が共益債権（会更127②、⑤または同法61Ⅳ）となることについても破産手続と同様です。

(3) 退職手当の請求権

退職手当に関しては、退職の時期および理由によってその取扱いが異なると考えられています。

① 更生計画認可前の退職

会社更生法130条2項は、「更生計画認可の決定前に退職した当該株式会社の使用人の退職手当の請求権」は、「退職前6月間の給料の総額に相当する額またはその退職手当の額の3分の1に相当する額のいずれか多い額を共益債権とする」と定めています。退職手当の意義については、破産法149条2項の説明で述べた内容と同じです。「退職」の意義については、手続開始前の退職に関してはその事由を問わず、手続開始後の退職に関しては自主退職を指すと考えられています。

また、手続開始後・計画認可前に管財人が解雇した場合には、破産手続の場合と異なり、その全額が共益債権となると考えられています（会更127②、130）。

なお、定年退職により手続開始後・計画認可前に退職した労働者の退職手当の請求権については、自主退職した場合と同様に扱われると判断した裁判例があります（東京高裁平22・11・11金判1358号22頁）。

② 更生計画認可後の退職

会社更生法130条2項は、認可前に退職した場合の定めであり、認可後に退職した労働者の退職手当の請求権に関しては定めがありません。よって、認可後に退職した労働者の退職手当の請求権の取扱いは解釈論に委ねられています。この点、共益債権化の根拠である会社更生法130

条2項の適用を受けられない以上、全額優先的更生債権となるとの考え方や更生手続開始前の労務に相当する部分は優先的更生債権になり、手続開始後の労務の対価に相当する部分は共益債権になるといった考え方があります（伊藤眞『会社更生法』有斐閣、481頁）。

(4) 設問の検討

ケース2の①については、退職前6月間の給料が共益債権と取り扱われることから（会更130Ⅰ）、Aの未払給与はその全額が共益債権となります。退職手当に関しては、「退職前6月間の給料の総額に相当する額またはその退職手当の額の3分の1に相当する額のいずれか多い額」が共益債権となります。

ケース2の②については、手続開始前の未払給与は①と同様に全額共益債権となり、開始後の労務の対価についても共益債権となります（会更61Ⅳ）。また、退職手当に関してはその全額が共益債権となります。

第3 賃金立替払い制度

　これら以外にも、雇用主が倒産したために給料や退職手当が未払いのままとなっている場合のために、行政が未払いの給料や退職手当の一定の範囲で立て替えてくれる制度があります。この制度と「賃金の支払いの確保等に関する法律」に基づく「未払い賃金の立替事業」（賃金の支払いの確保等に関する法律第3章）と呼ばれています。

　労働者が立替払いを受けられる限度は、未払い賃金等の総額の8割です。また、労働者が立替払いを受けられる要件は、主に以下のとおりです。

① 雇用主が労災保険の適用事業で1年以上の事業活動を行っていること

② その雇用者が倒産（法律上、事実上のいずれをも含みます）したこと

③ 労働者の退職した時期が、裁判所に対する倒産手続の申立てがなされた日（事実上の倒産の場合には労働基準監督署長の認定があった日）から遡って6か月の日を起算日としてその日から2年間の間であること（たとえば、平成26年7月1日に倒産手続の申立てがなされた場合には、平成26年1月1日から平成27年12月31日までの間に退職していなければならないという意味です）

④ 2万円以上の未払い賃金があること

その他の詳細については、同事業を運営している独立行政法人労働者健康福祉機構のホームページを参照ください。

URLは以下のとおりです。

(http://www.rofuku.go.jp/chinginengo/miharai/tabid/417/Default.aspx)

4 企業の倒産における退職手当と企業年金の取扱い

第1 企業の倒産における退職手当の取扱い

ケース1

　A社は、平成25年6月×日甲地方裁判所より会社更生手続開始決定を受けて、同年12月×日、更生計画認可決定を受けました。A社には退職金規定があり、A社従業員は、退職時に会社から退職手当の支給を受けることになっています。

　以下の①・②の場合における退職手当の取扱いはどのようになりますか。

① A社の従業員であるBは、A社の会社更生手続開始決定を受ける2か月前の平成25年4月×日同社を自己都合退職しました。なお、Bの退職手当は1,200万円であり、Bが退職する前6か月間の賃金の総支給額は240万円でした。

② A社の従業員であるCは、A社の更生計画認可決定後の平成26年1月×日同社を自己都合退職しました。なお、Cの退職手当は1,200万円であり、Cが退職する前6か月間の賃金の総支給額は240万円でした。

1．はじめに

本稿では、破産手続、民事再生手続、会社更生手続における従業員の退職手当がどのように取り扱われるかについて解説することを目的としています。倒産手続後に生じる退職手当といっても、従業員の退職手当が、**ケース1**の①のように倒産手続が開始される以前に発生している場合もありますし、②のように倒産手続の認可後に発生している場合等があります。

以下、各種の倒産手続における退職手当の取扱いについて説明します。

2．民法上の退職手当債権の先取特権性

民法では、「雇用関係によって生じた債権」は、債務者の総財産について先取特権を有する（民306②）と定め、「雇用関係の先取特権は、給料その他債務者との間の雇用関係に基づいて生じた債権について存在する」（民308）と定められています。従業員の退職手当は、「その他債務者との雇用関係に基づいて生じた債権」とされ、一般の先取特権を有するものとされています。

3．各種倒産手続における退職手当の取扱い

（1）破産手続における退職手当の取扱い

破産法では、破産手続の終了前に退職した破産者の使用人の退職手当の請求権は、退職前3か月間の給料の総額に相当する額を財団債権とする（破149Ⅱ）としています。これに対し、退職手当のうち退職前3か月間の給料の総額を超える部分の退職手当は、「破産財団に属する財産につき一般の先取特権その他一般の優先権がある破産債権」（優先的破産債権）として取り扱われています（破149、民306②、308）。この優先的破産債権としての退職手当は、破産債権の届出が必要になります。

(2) 民事再生手続における退職手当請求権の取扱い

　民事再生法での開始決定前の退職手当は、「一般の先取特権その他一般の優先権がある債権」として民事再生手続によらず、一般の優先権のある債権として随時弁済できる取扱いとなっています（民再122、民306②、308）。一方、開始決定後の退職手当は、「民事再生手続開始後の再生債務者の業務、生活並びに財産の管理及び処分に関する費用の請求権」（民再119②、121Ⅰ）として共益債権となり、民事再生手続によらず随時弁済できる取扱いとなっています。

(3) 会社更生手続における退職手当の取扱い

　会社更生法での退職手当も、更生計画認可決定前に退職したか否かで取扱いを分けています。まず、更生計画認可の決定前までに退職した更生会社の使用人の退職手当の請求権は、退職前6か月間の給料の総額に相当する額またはその退職手当の額の3分の1のいずれか多い額を共益債権とするとされており（会更130Ⅱ）、更生計画の定めるところによらないで随時弁済できるものとされています（会更132Ⅰ）。また、共益債権を超える額の退職手当は、「一般の先取特権その他一般の優先権がある更生債権」（会更168Ⅰ②）（優先的更生債権）として取り扱われ、更生計画の定めるところにしたがい支払いを受けることになります。この優先的更生債権の退職手当は、更生債権の届出が必要になります。一方、更生計画認可決定後に退職した場合には、共益債権として取り扱われることになります（会更127②）。

【退職金の取扱い一覧】

	倒産手続外で権利行使できる退職金	倒産手続で権利行使しなければならない退職金
破産法	【財団債権】： 退職前3か月間の給与の総額に相当する額	【優先的破産債権】： 退職金のうち左記の財団債権の額を超える額
民事再生法	【一般優先債権】or【共益債権】	
会社更生法	（認可決定前） 【共益債権】： 退職前6か月間の給与総額または退職手当の3分の1の額のいずれか多い方	（認可決定前） 【優先的更生債権】： 退職金のうち左記の共益債権の額を超える額
	（認可決定後） 【共益債権】	

（4）設例の検討

ケース1の設例の場合、会社更生手続なので、認可決定前の退職か認可決定後の退職か分けて検討をする必要があります。

①のBは認可決定前の退職です。Bの退職前6か月間の給与総額240万円と、退職手当の額1,200万円の3分の1の額である400万円とを比較すると、後者の金額のほうが大きいので、Bの退職手当のうち400万円が共益債権となり、800万円が優先的更生債権となります。

一方、②のCは認可決定後の退職なので、このような計算をすることなく1,200万円全額が共益債権となります。

第2 企業年金における年金一時金の取扱い

ケース2

D社は、平成25年6月×日、甲地方裁判所より会社更生手続開始決定を受けて、同年12月×日、更生計画認可決定を受けました。D社には、年金制度として、D社労働組合と締結したD社確定給付企業年金規約に基づいて規約型確定給付企業年金制度を設けています。D社の退職手当規定には、「1．会社は、従業員が退職した場合には退職手

当額の50％相当額を会社が支給し、その余の50％をＣ社確定給付企業年金から支払う」旨規定をしています。

　以下の①・②の場合における、退職手当の取扱いはどのようになりますか。

①　Ｄ社の従業員であるＥは、Ｄ社の会社更生手続開始決定を受ける２か月前の平成25年４月×日同社を自己都合退職しました。なお、Ｅの退職手当は1,200万円であり、Ｅが退職する前６か月間の賃金の総支給額は800万円でした。

②　Ｄ社の従業員であるＦは、Ｄ社の更生計画認可決定後の平成26年１月×日同社を自己都合退職しました。なお、Ｆの退職手当は1,200万円であり、Ｆが退職する前６か月間の賃金の総支給額は240万円でした。

1. はじめに

ケース2では、退職手当の支払方法として、会社からの支給分の他に、企業年金からの支給分があります。倒産手続における退職手当の取扱いが破産、民事再生、会社更生の各手続で異なることは前稿で解説をしたとおりです。本稿では、会社が企業年金をかけていた場合、倒産手続において、企業年金から年金一時金として受給する退職手当の取扱いが、どのようになるのかを解説します。

2. 企業年金制度について

　年金制度は、国民年金（老齢基礎年金）、厚生年金保険（老齢厚生年金）の２段階の構造になっていますが、企業は、従業員の老後の生活の安定を図ることを目的として、２段階構造に加えて、企業年金として独自の年金の上乗せをする場合があります。

　従来、企業年金は、厚生労働大臣の認可を得て設立された厚生年金基金

が国からの厚生年金保険部分も代行をして退職者に退職年金を支払う仕組み（厚生年金基金）、企業が信託銀行や生命保険会社等と法人税法令で定められた要件を満たす契約を締結して退職者に退職年金を支払う仕組み（税制適格退職年金）がありました（適格退職年金は平成24年度廃止）。しかし、厚生年金基金は、バブル崩壊後の年金資産の運用の悪化により、年金資産の積立て不足の問題が生じ、また適格退職年金も積立不足により解散する等の問題が生じました。

そこで、平成14年4月1日より確定給付企業年金法が施行され、国からの厚生年金保険の代行部分を持たない基金を設立して年金資金を管理・運用して一定の年金額を給付する「基金型企業年金」と、企業が信託銀行・生命保険会社等と契約を締結して年金資金を管理・運用して一定の年金額を給付する「規約型企業年金」の各制度が創設されました。一方、平成13年4月1日より確定拠出年金法が施行され、あらかじめ決定された掛金を運用し、運用期間と運用利回りによって受け取る年金額が変動する「確定拠出企業年金」も導入されました。

後述するとおり、企業年金は、倒産手続との関係において、別の法人格を設立して運営をする企業年金の仕組みか（基金型）、契約を締結して委託をする企業年金の仕組みか（規約型）により取扱いを異にします。

そこで、下記では、「基金型」（「厚生年金基金」と「基金型企業年金」）と「規約型」（「規約型企業年金」）の仕組みの違いに焦点をあてて解説します。

3.「基金型」と「規約型」の企業年金の仕組み

「基金型」と「規約型」のいずれも、事業主は、労働組合または過半数代表者の同意を得て確定給付企業年金の規約を作成し、「基金型」の場合には厚生労働大臣の基金の設立に関する認可、「規約型」の場合には規約の承認を受けて企業年金を実施しなければなりません（厚生年金保険法111、確定給付法3、確定拠出年金法3）。

また、企業年金の運営においては、「基金型」の場合には、「基金」という独立の法人格が事業主から掛金の徴収を行い、受給権者からの請求を受けて裁定を行い、受給権者に対し給付を実施することになります（確定給付法30）。一方、「規約型」の場合には、事業主が資産管理機関である信託銀行、生命保険会社等に対し掛金を拠出し、事業主が受給権者からの請求を受けて裁定を行い、外部機関に対し支払指図を行うことにより受給権者に対し給付を実施することになります（確定拠出年金法29）。「基金型」と「規約型」を整理すると下図のとおりとなります。

【基金型と規約型】

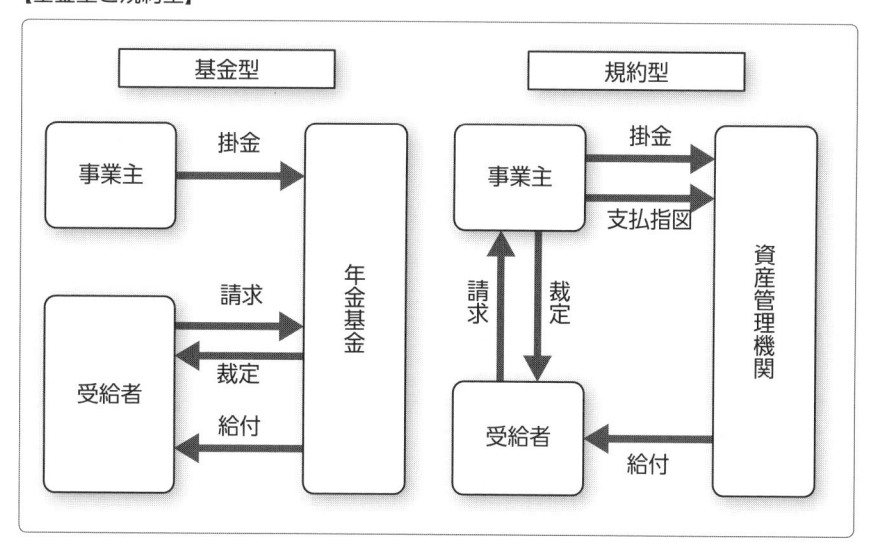

```
        基金型                          規約型

┌─────┐  掛金  ┌─────┐      ┌─────┐  掛金  ┌─────┐
│事業主│──────→│     │      │事業主│──────→│     │
└─────┘        │     │      │     │ 支払指図│資産 │
               │年金 │      │     │──────→│管理 │
┌─────┐  請求 │基金 │      │  ↑ ↓ │       │機関 │
│受給者│←─────→│     │      │請求│裁定│       │     │
│     │  裁定 │     │      │  │ │ │       │     │
│     │←──────│     │      ┌─────┐       │     │
│     │  給付 │     │      │受給者│←──────│     │
└─────┘←──────└─────┘      └─────┘  給付  └─────┘
```

　上記のとおり、「基金型」においては別個の法主体である基金が受給者に対して年金一時金を給付するものであり、企業が給付をするものでないことから、基金が行う給付は倒産手続の影響を受けません。しかし、「規約型」の場合には、受給権者が事業主である企業に年金一時金の請求権を有しているため倒産手続によって影響を受けるか否かが問題となります。

4. 年金一時金給付の場合の法的性格

「規約型」の確定給付企業年金法、確定拠出年金法のいずれも、倒産手続との関係を明らかにした定めがありません。そこで、「規約型」の企業年金の年金一時金が、会社更生法130条2項の「退職手当」に含まれるか否かと関連して問題となります。

この点、例として、「規約型」であるSpansion Japan株式会社の会社更生手続が参考になります。Spansion Japan株式会社では、年金一時金も会社更生法130条2項の「退職手当」に含まれると考えて処理をしています。その理由としては、「規約型」の場合には、受給者が会社に対して年金一時金を請求して資産管理機関から年金一時金の支払いを受けるという「会社に対する請求権」の仕組みを取っており、その年金一時金の請求権が、会社に対する退職手当の請求権に含まれるからのようです（宮本聡「会社更生手続と確定給付企業年金」事業再生と債権管理135号、きんざい）。

年金一時金が会社更生法130条2項の「退職手当」に含まれると解した場合の具体的な計算方法ですが、企業からの支給分に年金一時金の支給分の合計額を「退職手当」の額として、その合計額を「退職前6か月間の給料の総額に相当する額またはその退職手当の額の3分の1のいずれか多い額を共益債権」とし、それを超える額を優先的更生債権として処理しています。

5. 設問の検討

ケース2は、「規約型」の企業年金なので、会社更生手続における「退職手当」の額を計算するためには、会社支給分の給付額に加えて年金一時金の給付額を合計する必要があります。

ケース2の①のEについては、D社支給分と年金一時金の退職手当の合計額は1,200万円となります。Eの場合、退職手当1,200万円の3分の1である400万円よりも、退職前6か月間の給料である800万円が上回っていま

す。したがって、800万円が共益債権となりますが、このうち年金一時金としての給付が600万円あるので、D社は委託をしている信託銀行に指図をして600万円の年金一時金からEに給付をさせ、共益債権800万円から600万円を差し引いた200万円をD社から支給することになります。一方、退職手当1,200万円のうち共益債権800万円を超える会社支給分の400万円は優先的更生債権となるので、Eは債権届出をした上で、更生計画にしたがい弁済を受けることになります。

これに対し、**ケース2**の②のFについては、認可後に発生した退職手当請求権ですので、退職手当全額が共益債権となります。したがって、FはD社支給分600万円・年金一時金支給分600万円として、全額を会社更生手続によらず共益債権として支払いを受けることができます。

なお、民事再生手続において退職手当は全額随時弁済なので、会社更生手続のような問題は生じませんが、破産手続の場合には、退職前3か月間の給料の総額に相当する額を財団債権とし、それを超える部分を優先的破産債権としているので、会社更生手続と同様の問題が生じます。

COLUMN

年金一時金の優先的更生債権部分の取扱い

年金一時金の支給部分が共益債権の範囲を超えて、優先的更生債権の取扱いを受けた場合はどのようになるのでしょうか。

この点、年金一時金の受給額は規約に基づいて計算をされており、企業が加入者から請求を受けて資産管理機関に指図をした場合には、資産管理機関では規約に基づいて計算された額の年金一時金の支給をすることになってしまいます。そのため、優先的更生債権の年金一時金の支給も、現実には会社更生手続によらず、随時に弁済されることになってしまいます。

かかる事態が生じることを避けるために、株式会社武富士の会社更生事件では、年金一時金からの支給分のうち優先的更生債権にかかる部分につ

いては、あらかじめ裁判所の許可を得て会社更生手続によらずに弁済ができるよう取り扱ったようです。

第3　年金の掛金の倒産手続における影響

ケース3

　G社は、平成25年6月×日甲地方裁判所より会社更生手続開始決定を受けて、同年12月×日、更生計画認可決定を受けました。G社は、年金制度として、G社労働組合と締結したG社確定給付企業年金規約に基づいて規約型確定給付企業年金制度を設けています。G社の退職手当規定には、「1．会社は、従業員が退職した場合には退職手当額の50％相当額を会社が支給し、その余の50％をG社確定給付企業年金から支払う」旨規定をしています。
　以下の①・②の掛金等の支払いは、G社の会社更生手続によって、どのような影響を受けるのでしょうか。
　①　G社の年金事務所に対する厚生年金保険の保険料の拠出
　②　G社の確定給付企業年金の標準掛金、特別掛金の拠出

1．はじめに

　前稿では、従業員の企業に対する企業年金の年金一時金の請求について整理をしました。本稿では、企業が基金や資産管理機関に対し掛金の拠出を行う際の取扱いが、倒産手続によって、どのような影響を受けるのかについて解説をします。

2．厚生年金保険における「保険料」の取扱い

　法人の事業所で常時従業員を1名以上使用する場合、または、法令に定

められた業種で常時5人以上の従業員を使用する個人の事業所の場合には、厚生年金保険の適用事業所となることが義務づけられています。したがって、従業員が1名以上使用されている法人については、厚生年金保険料の支払義務が生じます。

　この厚生年金保険の掛金は、「国税徴収の例により徴収をする」(厚生年金保険法89)とされており、徴収金の先取特権の順位は、国税および地方税に次ぐものとされています(厚生年金保険法88)。なお、「基金型」である厚生年金基金の場合の「掛金」についても同様の取扱いがされています(旧厚生年金保険法141、86Ⅴ)。厚生年金保険の保険料は、倒産手続において、次のとおりの取扱いとなります。

(1) 破産手続の場合

　破産手続の場合には、破産開始決定時点で破産管財人が解雇により雇用契約を終了させることから、専ら厚生年金保険における保険料は破産開始決定前の未払保険料が問題となります。この点、破産法では、破産手続開始前の原因に基づいて生じた租税等の請求権であって、破産手続開始当時、まだ納期限の到来していないものまたは納期限から1年を経過していないものは、財団債権となるとされており(破148Ⅰ③)、この具体的納期限を経過しているものは優先的破産債権となります。

(2) 民事再生手続の場合

　民事再生手続では、開始決定前の未払保険料は、「一般の先取特権その他一般の優先権がある債権」として民事再生手続によらず、随時弁済することになります(民再122、民306②、308)。一方、開始決定後の未払保険料も「民事再生手続開始後の再生債務者の業務、生活並びに財産の管理及び処分に関する費用の請求権」(民再119②、121Ⅰ)として共益債権として扱われます。

(3) 会社更生手続の場合

　会社更生手続では、開始決定後の保険料は、「会社更生手続開始後の更

生会社の事業の経営並びに財産の管理及び処分に関する費用の請求権」として共益債権として取り扱われます（会更127②、132Ⅰ）。これに対し、開始決定前の未払保険料は、上記のとおり「国税徴収の例により徴収をする」ことが認められていますので、租税等の請求権として債権の届出をする必要があるものの（会更142①）、他の更生債権とは別に特別の取扱いが認められています（会更164Ⅰ、168Ⅳ、169等）。

なお、厚生年金基金における掛金の取扱いは、厚生年金の保険料と同様の取扱いになります。

3．確定給付企業年金における「標準掛金」「特別掛金」の取扱い

これに対し、確定給付企業年金における掛金には、厚生年金保険のような「国税徴収の例により徴収をする」との定めはなく、その債権の性質をめぐっては、「基金型」、「規約型」の仕組みとも関連して議論があるようです。以下では、まず、「標準掛金」と「特別掛金」の概念について解説をした上で、「基金型」と「規約型」のそれぞれについて「掛金」の法的性質について解説をします。

(1) 標準掛金、特別掛金とは

企業年金の掛金は、①標準掛金額、②補足掛金額、③その他の掛金額に分類されますが、一般には、標準掛金額および補足掛金額のうちの特別掛金額が掛金の支払いの大部分を占めています。このうち標準掛金とは、将来の加入員の期間にかかる給付に要する費用にあてるための掛金とされています。また、特別掛金とは、過去勤務債務等を償却するための掛金をいいます。そして、この過去勤務債務等とは、企業年金制度の発足以前の勤務期間を有する加入者の当該期間を通算して給付を行う場合に発生する積立不足や制度の発足後における予定利率と実績との乖離や制度変更により発生する積立不足をいいます。したがって、特別掛金とは、過去の事由によって生じた年金の積立不足を将来にわたって一定期間で解消するため

の支払いであるということができます。

(2)「基金型」と「規約型」の法的性質論

上記のとおり「標準掛金」と「特別掛金」は、厚生年金保険料のような特別の取扱いがありません。そのため、これらの「掛金」が「雇用関係によって生じた債権」として一般の先取特権の地位を有しているか否か（民306②）により、その結論に差異が生じます。

まず民法では、雇用関係によって「生じた債権を有する者は、債務者の総財産について先取特権を有する」（民306②）と規定しており、「掛金」が雇用関係によって生じた債権であるとすれば、破産手続、民事再生手続、会社更生手続において、共益債権もしくは財団債権としての取扱いを受け、また倒産手続において権利行使をする場合においても一般の優先権のある債権として取扱いを受けることになります。これに対し、「掛金」が性質上、他の一般債権と異ならないとすると、他の債権と同様に一般倒産債権の取扱いを受けることになります。以下、年金一時金の法的性質について「基金型」と「規約型」に分けて検討を加えます。

① 「基金型」の場合

まず、「基金型」の場合には、従業員は基金に対して年金一時金の請求を行い、基金は従業員に対して支払う旨の裁定を行うとともに、従業員に対し年金一時金の支払いを行います（401頁図表参照）。このように「基金型」の場合には、年金一時金の受給に関して、従業員と企業との間に何らの債権債務も認められません。そのため、この仕組みに着目をして、別法人である基金の企業に対する掛金の請求権は、標準掛金、特別掛金いずれも「雇用関係によって生じた債権」として取り扱われないという見解があります（否定説）。一方、企業年金は、「雇用関係によって生じた債権」である以上、その原資となる掛金はすべて労働債権として取り扱うべきである（肯定説）という見解もあります。

この点、株式会社日本航空の会社更生事件では、否定説を前提とし

て、開始決定後の特別掛金を一般更生債権として取り扱った上で、計画案において、その他の一般更生債権と衡平な差を設けたようです(「倒産と労働」実務研究会『詳説 倒産と労働』商事法務、384頁以下)。

以下、否定説を前提として、会社更生手続開始決定前、開始決定後それぞれ標準掛金、特別掛金がどのように取扱いを受けるのか概観します。

ア 開始決定前の掛金の未払いの取扱い

上記のとおり標準掛金、特別掛金ともに「雇用関係によって生じた債権」ではないので、一般更生債権となります。

イ 開始決定後の掛金の取扱い

標準掛金は、「会社更生手続開始後の更生会社の事業の経営」に関する費用の請求権として共益債権としての取扱いを受けます。これに対し、特別掛金は、上記のとおり過去の事由によって生じた年金の積立不足を将来にわたって一定期間で解消するための支払いであることからすれば、会社更生手続開始決定前の原因に基づく債権となります。そして、「基金型」の場合の掛金には、「雇用関係によって生じた債権」とは認められませんので、一般更生債権となります。

COLUMN 「掛金」の額の権利変更手続

更生計画案において「掛金」の額の権利変更をしたとしても、基金には年金受給者が存在しており、年金受給額の変更をしない限り積立不足の問題は解消されるわけではありません。

年金の受給額は、倒産手続の権利変更により当然減額できるものではなく、規約を変更しない限り年金一時金の受給額を減額することはできません(確定給付企業年金法6)。給付減額の規約の変更のためには、受給者への影響が大きいことから通常の議決要件よりも厳しく、給付の額を変更する法令上の要件を満たした上で加入者の3分の2以上の同意を必要としています(確定給付企業年金法施行規則6)。

加入者からの同意取得等で大きな話題となったJALの年金基金では、

> 確定給付企業年金法に基づいて、加入者の3分の2以上の同意を得て受給減額の変更をした上で積立不足を解消し、その解消された範囲で更生計画案において掛金の権利変更手続を行っています。

② 「規約型」の場合

 これに対して、「規約型」の場合には、従業員は、年金一時金の請求を事業主である企業に対して行い、企業は従業員に対して裁定を行うとともに、資産管理機関である信託銀行、生命保険会社等に対して支払指図を行うという仕組みとなっています（401頁図表参照）。したがって、「規約型」の場合には、年金一時金の受給に関して、従業員と企業との間には債権債務関係が認められます。この仕組みに着目すれば、「基金型」とは異なり、「規約型」における企業の掛金は「雇用関係によって生じた債権」といえそうです。

 この点、例として、「規約型」であるSpansion Japan株式会社、株式会社林原の会社更生手続が挙げられます。いずれも、掛金を「雇用関係によって生じた債権」として取扱いをしているようです。

 以下、「規約型」の掛金について「雇用関係によって生じた債権」であることを前提に開始決定前、開始決定後の掛金の取扱いについて検討をします。

　ア　開始決定前の掛金の取扱い

　　上記のとおり標準掛金、特別掛金ともに「雇用関係によって生じた債権」として取り扱われます。この場合、年金一時金は会社更生法130条2項の「退職手当」の一部と考えられますので、その「掛金」も会社更生法130条2項に準じて、未払掛金の3分の1を共益債権、3分の2を優先的更生債権として取り扱うものと考えられます。

　イ　開始決定後の掛金の取扱い

　　まず、標準掛金は、「会社更生手続開始後の更生会社の事業の経

営」に関する費用の請求権として共益債権として取扱いを受けます。これに対し、特別掛金は、会社更生手続開始決定前の原因に基づいた債権ですが、「規約型」の掛金の場合には「雇用関係によって生じた債権」として認められます。この場合にも、上記アと同様に会社更生法130条2項に準じて、特別掛金の3分の1を共益債権、3分の2を優先的更生債権として取り扱うべきと考えられます。

4．設例の検討

ケース3の①における厚生年金保険の保険料は、開始決定後は「会社更生手続開始後の更生会社の事業の経営」に関する費用の請求権として、共益債権として取扱いを受けます。また、厚生年金保険の保険料の徴収は、「国税滞納処分の例による」ものとされているので、開始決定前に生じた厚生年金保険の未払いの保険料は、租税等の特例の取扱いにしたがって債権届出を行いますが、その債権は特別の取扱いを受けることになります。

一方、**ケース3**の②は、「規約型」の確定給付企業年金です。まず、開始決定後の「標準掛金」は、「会社更生手続開始後の更生会社の事業の経営」に関する費用の請求権として共益債権として取扱いを受けます。また、開始決定後の「特別掛金」は、特別掛金のうち3分の1を共益債権、3分の2を優先的更生債権として取り扱います。また、開始決定前の「標準掛金」、「特別掛金」の未払分は、同様に掛金の3分の1を共益債権、掛金の3分の2を優先的更生債権として取扱いがされます。

外枠方式と内枠方式 COLUMN

　企業年金からの退職一時金の支払方法については、企業年金から支給される加算部分の給付を、既存の退職手当制度とは別に制度設計をする方法（外枠方式）と、企業年金から支給される加算部分の給付を既存の退職手当制度に基づく退職手当の内払いとして制度設計をする方法（内枠方式）の2通りの定め方があります。外枠方式の場合には、企業に対する年金一時金の請求権はありませんが、内枠方式の場合には、企業に対する退職一時金として年金一時金の請求権を併有しているものとされています。

　したがって、内枠方式を採用している企業が倒産した場合には、退職した従業員の退職手当請求権は企業に対する退職一時金としての請求権となり、倒産手続の影響を受けることになります。

　「基金型」の場合においても、内枠方式を採用している場合には、会社に対する請求権を有しているので、「雇用関係より生じる請求権」と解する余地もあり、「内枠方式」で「基金型」の場合には「規約型」と同様の取扱いになる可能性もあります。

■執筆者紹介

服部明人（はっとり あきと）
1958年生まれ
1982年3月　早稲田大学政経学部卒業
1989年3月　最高裁判所司法修習修了（第41期）
1989年4月　弁護士登録（現在 第一東京弁護士会所属）
2011年4月～2013年3月
　　　　　　第一東京弁護士会総合法律研究所倒産法部会部会長
主な取扱い分野：企業法務一般、倒産・M&A、特殊な不法行為、家事事
　　　　　　　　件一般
著作：「会社分割と倒産法」（清文社、2012年）、「概説倒産と労働」（商事法
　　　務、2012年）、「破産実務Q&A200問」（きんざい、2012年）、「詳説倒
　　　産と労働」（商事法務、2013年）、「会社更生の実務Q&A120問」（き
　　　んざい、2013年）、「倒産と担保・保証」（商事法務、2014年）、いずれ
　　　も共著。

岡　伸浩（おか のぶひろ）
1963年生まれ
1986年3月　慶應義塾大学法学部法律学科卒業
1993年4月　最高裁判所司法修習修了（第45期）
1993年4月　弁護士登録（第一東京弁護士会所属）
2000年3月　筑波大学大学院修士課程経営・政策科学研究科企業法学専攻
　　　　　　修了（社会人大学院）
2006年3月　筑波大学大学院博士課程ビジネス科学研究科企業科学専攻単
　　　　　　位修得（社会人大学院）

2010年5月～2012年3月　筑波大学大学院ビジネスサイエンス系教授
2012年4月～現在　中央大学大学院戦略経営研究科（ビジネススクール）
　　　　　　　　　兼任講師
2012年4月～現在　慶應義塾大学大学院法務研究科教授
2013年4月～現在　第一東京弁護士会総合法律研究所倒産法部会部会長
2014年2月　税理士登録（東京税理士会芝支部所属）
主な取扱い分野：企業法務、倒産法務、労働法務
著書・論文：多数。近刊に「平成25年会社法改正法案の解説―企業統治・親子会社法制等の見直しと実務対応」（中央経済社、2014年）がある。

岩知道真吾（いわちどう　しんご）
1970年生まれ
1994年3月　中央大学法学部法律学科卒業
1996年4月　最高裁判所司法修習修了（第48期）、弁護士登録（第一東京弁護士会）
現在、尾崎法律事務所に所属
主な取扱い分野：倒産、商事訴訟等

中原健夫（なかはら　たけお）
1970年生まれ
1993年3月　早稲田大学法学部卒業
1998年3月　最高裁判所司法修習修了（第50期）
1998年4月　弁護士登録（第一東京弁護士会）、原田・尾崎・服部法律事務所入所
2002年4月　アフラック（アメリカンファミリー生命保険会社）入社
2005年9月　あさひ・狛法律事務所入所

2007年3月　のぞみ総合法律事務所入所（パートナー）
2008年5月　弁護士法人ほくと総合法律事務所開設（代表パートナー）
主な取扱い分野：倒産・事業再生・M&A、保険業法・保険法、法令等遵守（コンプライアンス）関連業務、各種訴訟
著作：「保険業務のコンプライアンス」（金融財政事情研究会、2011年）、「製品事故にみる企業コンプライアンス態勢の構築～改正消費生活用製品安全法の理念と実務」（金融財政事情研究会、2007年）、「内部通報システムをつくろう～10の課題と111の対策」（金融財政事情研究会、2006年）、「公益通報者保護法が企業を変える～内部通報システムの戦略的構築と専門家の活用」（金融財政事情研究会、2005年）、「個人情報保護法と民暴対策～反社会的勢力情報の法理と活用」（金融財政事情研究会、2005年）等がある。

内田昌彦（うちだ　まさひこ）
1970年生まれ
1993年9月　早稲田大学法学部卒業
1998年12月　最高裁判所司法修習修了（第51期）
1999年4月　弁護士登録（第51期）（第一東京弁護士会）
1999年4月　原田尾崎服部法律事務所入所
2006年12月　服部明人法律事務所入所（現在まで）
2007年4月　明治学院大学法科大学院非常勤講師（現在まで）
2008年4月　東京簡易裁判所司法委員（現在まで）

勝亦康文（かつまた　やすふみ）
1977年生まれ
2000年3月　慶應義塾大学法学部法律学科卒業
2006年10月　最高裁判所司法修習修了（第59期）、弁護士登録（第一東京弁

	護士会)、竹川・岡・吉野法律事務所(現岡綜合法律事務所)入所
2013年1月	竹川・岡・吉野法律事務所(現岡綜合法律事務所)パートナー
2013年10月	岡綜合法律事務所パートナー(現在まで)

高木洋平(たかぎ ようへい)

1979年生まれ

2002年3月	早稲田大学法学部卒業
2006年10月	最高裁判所司法修習修了(第59期)
2006年10月	弁護士登録(第一東京弁護士会)、LM法律事務所入所

主な取扱い分野:企業法務、事業再生・倒産法、訴訟・争訟

壽原友樹(すはら ゆうき)

1981年生まれ

2004年3月	慶應義塾大学法学部法律学科卒業
2006年3月	慶應義塾大学大学院法務研究科(法科大学院)修了
2007年12月	最高裁判所司法修習修了(新第60期)、弁護士登録(第一東京弁護士会)、竹川・岡・吉野法律事務所(現岡綜合法律事務所)入所
2010年2月〜2012年3月	筑波大学大学院ビジネスサイエンス系(法科大学院)非常勤講師
2012年4月	慶應義塾大学大学院法務研究科(法科大学院)助教(現在まで)、中央大学大学院戦略経営研究科(ビジネススクール)兼任講師(現在まで)
2014年1月	岡綜合法律事務所パートナー(現在まで)

中田吉昭（なかだ よしあき）

1982年生まれ

2006年3月　東京大学法学部第一類卒業

2010年3月　慶應義塾大学大学院法務研究科（法科大学院）修了

2011年12月　最高裁判所司法修習修了（新第64期）、弁護士登録（第一東京弁護士会）、竹川・岡・吉野法律事務所（現岡綜合法律事務所）入所

2013年10月　岡綜合法律事務所所属（現在まで）

牧　恭弘（まき やすひろ）

1985年生まれ

2008年3月　早稲田大学法学部卒業

2010年3月　中央大学法科大学院（既習）卒業

2011年12月　最高裁判所司法修習修了（新第64期）

2011年12月　弁護士登録（新第64期）（第一東京弁護士会）

2011年12月　服部明人法律事務所入所（現在まで）

豊富な事例でリスクに備える　最新 企業活動と倒産法務

2014年8月11日　発行

編　者　服部 明人／岡 伸浩 ©

発行者　小泉 定裕

発行所　株式会社 清文社
　　　　東京都千代田区内神田1−6−6（MIFビル）
　　　　〒101-0047　電話 03(6273)7946　FAX 03(3518)0299
　　　　大阪市北区天神橋2丁目北2−6（大和南森町ビル）
　　　　〒530-0041　電話 06(6135)4050　FAX 06(6135)4059
　　　　URL http://www.skattsei.co.jp/

印刷：亜細亜印刷㈱

■著作権法により無断複写複製は禁止されています。落丁本・乱丁本はお取り替えします。
■本書の内容に関するお問い合わせは編集部までFAX（03-3518-8864）でお願いします。

ISBN978-4-433-55024-0